自昭和二十九年十二月十六日
至仝三十四年十二月二十五日満四年一ヶ月間
持田盛二先生に稽古を乞ひし記録
先生歳八十七十才至七十四才まで

自昭和三十四年一月
至仝三十六年十一月
持田盛二先生に稽古を願ひし記録
先生満七十四才より七十六才まで
余満五十八才より六十才まで

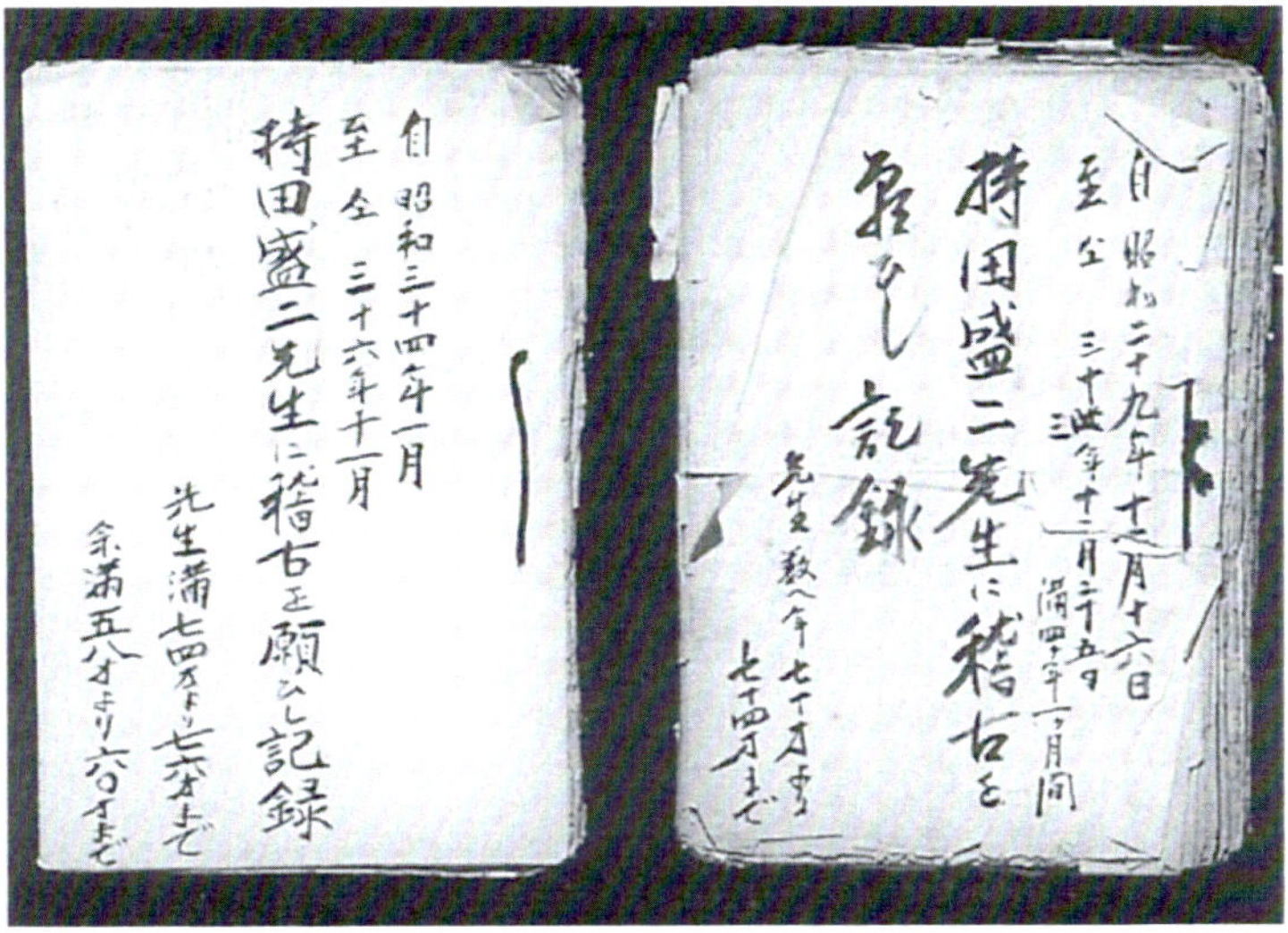

持田範士との百回稽古の内容を克明に記した小川範士の稽古日記

小川範士と百回稽古を行なった当時の持田範士（妙義道場にて）

小川範士の修行道に対する覚悟の程が窺える稽古衣

▼剣と禅の修行に打ち込んでいた頃の小川範士

百回稽古

持田盛二範士十段——小川忠太郎範士九段

師弟のきずな（序にかえて）

　昭和四年五月、御大礼記念天覧武道大会指定選士之部に優勝した持田盛二範士は、優勝に驕《おご》ることなく一層の精進を期して東京で修行をしなおそうと決意。翌五年、朝鮮総督府警察局師範の職を辞して講談社野間道場の師範となった。講談社の野間清治社長が天覧試合での試合ぶりと範士の人柄を見込んで師範に招いたのである。

　当時の剣道界は高野佐三郎範士の修道学院、中山博道範士の有信館など派閥色が強く、お互いの交流はほとんど行なわれていなかった。いつまでもこういうことをしていては剣道の普及発展が阻害されると見た持田先生は、師範就任と同時にいずれの派閥に属する人でも野間道場に受け入れることにした。この策は大いに功を奏し、日本一の腕前を持つ持田先生に稽古をお願いできるし、他の派閥の人達とも剣を合わせることができるということで、稽古に訪れる剣道家は遠近を問わず引きもきらず、野間道場は我が国剣道界の一大交流の場として大盛況をきたした。

　また持田先生は京都の武道専門学校で指導を受けた内藤高治範士ゆずりの遠間大技の稽古を野間道場で奨励した。そのため従来の東京の近間稽古の欠点が是正されるとともに、両々相俟って近代的な理合の剣道が広まっていった。

この頃、小川忠太郎範士は国士舘専門学校で剣道講師をつとめていたが、持田先生が野間道場の師範になると同時にその指導を受けようと通い始めた。

小川先生はそれまで修道学院で高野佐三郎範士に師事しながらも斎村五郎、大島治喜太、中山博道などの先生方に指導を仰ぎ、派閥にとらわれない修行に専念。そのため周囲からは節操がないなどと言われることもあったが、派閥を超越したその信念はゆるぎもなかった。だから小川先生が野間道場を訪れたのは当然のことであった。

こうして野間道場（昭和二十七年からは妙義道場）で持田先生に稽古をお願いしているうち、小川先生は次第に持田先生に傾倒するようになっていった。天下一品と言われた持田先生の技の素晴らしさや強くて気品のある剣風は勿論だが、それよりも強く心を惹きつけられたのは持田先生の人間性とその生き方であった。小川先生は当時、臨済正宗釈宗活老師に参禅して禅の修行に励んでいたが、一切の名利を求めず、ひたすら剣の道に精進する持田先生の姿に禅の心を見い出し、深い感動を覚えたのである。

持田先生の人柄を示すエピソードはたくさんあるが、一つを挙げる。

昭和三十二年に剣道十段制ができて、その最初の十段として斎村五郎、持田盛二、小川金之助、中野宗助の四範士が昇段した。持田先生に指導を受けている人々は師の十段昇進を祝って妙義道場で祝賀会を催すことにした。

当日は稽古終了後、ただちに祝賀会の準備にかかり、事前の打合せ通り、頃合いを見はからって十段の免状を持った使者が到着。そのとき初めてそれまで内緒にしていた持田先生に係の者が事のいきさつを伝えると、先生は免状を開いて見ることもせず、「私にはこんなものをもらう実力はありません。私はまだ修行の途中、日暮れて道遠しです」と言って免状をわきへポイと放り投げてしまった。先生が免状を受け取るのを合図に祝宴を始めようとしていた係の人達はどうしてよいかわからず本当に困ってしまったという。

この一事をもってしても、持田先生に名利の念がいかに薄かったか理解できるだろう。

こうした持田先生の考え方に共鳴していた小川先生もついに十段に昇ることはなかった。勿論十段受審の資格はあり、毎年のように申請をするよう周囲からすすめられたが、一度も地元剣連の推薦を承諾することはなかった。

十段といえば最高段位、それより上はない。いわばすべて完成された人物に対して与えられるものである。だが剣道が人間形成を目的とするものであるなら、完成された人間などというものがはたして存在するのであろうか。「釈迦彌陀も今に修行最中」で道の修行に終わりはないはず。持田先生も小川先生もこのように考えたのではないだろうか。「人間が人間に最高のものを与える。それは間違っている。八段、九段でさえその地位に安住して修行がおろそかになってしまうのだから」と言う小川先生の言葉がそれを裏付けている。

持田先生は晩年、自分の修行について次のように語っている。

「私の剣道は五十歳を過ぎてからほんとうの修行に入った。心で剣道をしようとしたからである。

六十歳になると足腰が弱くなる。この弱さを補うのは心である。心を働かせて弱点を強くするように努めた。

七十歳になると身体全体が弱くなる。こんどは心を動かさない修行をした。心が動かなくなれば、相手の心がこちらの鏡に映ってくる。心を静かに動かさないように努めた」

昭和二十九年十一月、小川先生に百回稽古をもちかけたのは持田先生六十九歳、ちょうど〝心を動かさない修行〟に入った頃であった。

小川先生はこのとき五十三歳。「剣は心なり、禅も心なり」と剣禅三昧で心を練る修行に勤しんでいたため、師の申し出はまさに〝我が意を得たり〟の思いであったに違いない。

小川先生はいつも「正師を得ざれば学ばざるにしかず」で、道の修行には正脈の師につくことが最も大切であると説いていたが、小川先生にとって持田先生はまさしく剣道における正脈の師であったと言えるだろう。

当時のある日、妙義道場で若い連中が集まって「小川先生は弱いから、いくらでも打てる」

と話していたところ、持田先生がそれをニコニコして聞いていたが「あなた方は何を話しているんです。私は先生方の稽古をほとんど拝見していますが、小川さんくらい理にかなった稽古をする人は少ないですね」と一言。これを聞いた人達はみなシュンとしてしまったという。

また持田先生が亡くなる二ヶ月前、小川先生が師の病床を訪れると、先生は「小川さん、あなたは私と同じ道を歩いているようですね」と言われた。この言葉を聞いて、小川先生は感激で胸がいっぱいになってしまった。

まさに師弟同行。肝胆相照らした師弟のきずなの強さがうかがわれる話である。

さて、阿吽の呼吸で心と心の剣道を志した両範士。百回の稽古で、それがどのように表現されるだろうか――。

平成四年盛夏

剣道時代編集局長　小澤　誠

編集にあたって

小川忠太郎範士の剣道は人間形成の剣道である。師と仰ぎ尊敬された持田盛二範士との「百回稽古」は、まさにそうした剣道の修行であった。範士は一回一回の稽古を記録することにより、己れの足らざるを知り、向上の糧とした。小川範士五十三歳、未だ修行の途上である。

日誌はあくまで範士ご自身の修行のために書かれたものであり、本来公開すべきものではない。しかし、人間形成を目指された範士の剣道日誌は、そのまま前途有為な若者の指針として貴重な資料であると信じ、これを生かすべく、ご遺族のご了解を得、敢えて公開するものである。

日誌は一字一句の誤りもないよう精読して原文に忠実に再現し、判読しにくい文字等はそのまま不明として××等で表わした。ただしカタカナ文はひらがなに改め、かな使いは新かな使いに統一した。また見出しは、読者の便宜を図るために編集子が付けたものである。なお、昭和二十九年〜三十六年当時の剣道を取り巻く時代背景等を織り混ぜながら、できるだけ多くの註（別冊）を付したので理解の一助としていただきたい。

剣禅一如の修行を貫徹され未在未在と歩まれた小川範士のご生涯、その修行の足跡を辿らせていただきながら、ほんとうの剣道を修行しようという勇猛の士が一人でも多く現われることを願って止まない。

目次

四、出発点は捨て身、到着点は相打ち也　*117*

七、真行草三つの間　211

十、剣道の大敵は自己也　*307*

口絵写真提供／徳江正之

一、最後の稽古と思い、合掌の心で願うべし

剣は打ち合いに非ず、命のやりとり也

第一回目

昭[註1]和二十九年十一月十六日、妙[註2]義道場にて願う。

事前の工夫——警[註3]視庁で一年八ヶ月間修行し体得した結果の試験。

即ち中段の構（足[註4]の指先に気を満たせる。勿論、丹田も）より先ず切先を出して、相手の顔を突き、元の中段に帰り、そこから四、五寸、足だけでじーっと出る。ここが勝負所也。

稽古——この切先と足とは出来るが、先生はじ[註5]ーっと攻めて一歩も引かぬ。余も引かぬ。面[註6]技を二、三本出したが届かぬ。先生が攻[註7]勢に出た。余が固[註8]まっている所を軽い面を二、三本打たれる。余は一本も当たらぬ。

約五分で止める。

反省――両刃交鋒[註9]、余の技は出にくい。只引かぬ気分で対しているだけ。切先がはたらかぬ。生きぬ。腹の気は負けぬが、只この負けぬという所に尻[註10]を据えているのがいかぬ。

本日の使い方は七分三分[註11]也。

昨日の不摂生と夜眠れぬため、頭が澄まなかった。只荒い[註12]気だけ也。稽古に少しの余裕もない。要するに体育館[註13]で下手[註14]を使っているそのままで先生に願ったことが否。

第二回目

十一月十七日に願う。
工夫[註15]――昨日使い損じたので工夫す。中段から技が出ないのは一つは間合で負けている。先生は長身、余は短身。長身の者に対して左拳が下がっているのは不利だ。
本日はまず大正眼[註16]（浩然之気）に構え、相手の切先を表または裏より柔らかく円に巻いて自分の切先を生かす事。即ち相手の水月を攻め（これは面）又は巻いた切先を相手の下腹で止めて攻めれば突の攻め。之で願う。而して相手に入る事を主とす。入れば勝ち。
稽古――両刃交鋒、大正眼より相手の太刀を（表より一円に柔らかく）巻く。この切先のはたらきをすると足も自然にかわる。軽い小手を打つ。之はただ小手にさわるだけ。先の気の現れだけ。

この切先で対すると、技が出易くなる。近間でも引かぬ。先生の攻勢を気にせず差し違えて突きを出す(二、三本)。先生は之に応じ突で来る。ぐぐっと追い込む如くして一本突かれた。この切先で攻める。先生が面に出ようとする機に相打の面に出る。余、当たる。先生、「参った」と言う。

互いに近間に構え、先生が技を出そうとする所を下腹を突いて出る。先生は下がる。もう一本、面に伸びるが、先生は手を上げて受けているので面は打てぬ。この状況が三度ばかりあった。即ち先生の気は破ったが、余の技は伴わないのだ。

先生からぐっと攻められ、余が出にくくなった所を軽く面を打たる。之は一本(この時、余が出れば、余が一本取れる所也。出られないのは追い込まれ、気が後手となっているから也)。近間で余が面に伸びる所をすっとなやされて胴を見事に打たれた。之で終り(約三、四分)。

反省——本日は気が先、切先も利いた。先生の面を打ったが、それよりも先生が出ようとする所をずんと下腹を突いて、余の気が先となった所がよい。それからの技は、先生は面を受けているのだから胴にかわればよいと思う。

斎村[註17]先生には下腹を突いて面、持田先生には突いて胴だ。理合は同じだが、技が相手により異う。

全体としては未だ体が固くなっている。それは稽古後、手足の筋肉が非常に疲れているので分かる。無理な力が入るのだ。気分は先にはなっているが一点に凝る。すーっと澄んでいない。濁りがある。それは引かぬという対立の気があるのだ。浩然之気ではない。もっと気分が腹に納まらねばいかぬ。あせりがある。余裕が足りぬ。本日は四分六分。

中段の構は、立ち上がり、左手一つで太刀を持つこと(右手は軽く添えているだけ)。それで相手の太刀を柔らかく巻くこと。

持田先生に対し、どこから懸ってよいか、破ってよいか分からないのではない。破る所が見える。

先生が動こうとする所、出ようとする所を突で破ればよい。切先は中心（目と下腹の間）を外すな。その中心は左拳。

持田先生に対して、入れば勝也。

水月を突く如くして、すーっと入る。これより真面[註18]。切り返しの最後の面。

斎村先生には拳（下腹）をぐーっと突で攻めて真面。

呼吸――呼吸とは一息[註19]也。

先生に入り方――切り落し突か。

水月を攻めて入る入り方は技に変化出来る。相手の気を感じ思わず出た技でなければだめ（打とうというのはだめ）。

剣は打ち合いに非ず、命のやりとり也。息の根の止め合い也。

持田先生は捨身の突で破れる。

持田先生を打った面（一[註20]拍子の心境）。

腰を伸ばす事（腹[註21]力）と構は大正眼より納まれる中段と切先。

相手の太刀の巻き方——正眼で巻けば手首だけ。腰は別。大正眼で巻けば切先、手の内、腰と一致す（増[註22]田真助氏の技）。

大正眼——孟子「浩然之気、至大至剛」

懸待一致でやれば丹田が円におさまる

第三回目

十一月十九日、妙義道場にて願う。

事前の工夫——大正眼（腹腰[註23]中心、腰を伸ばす。之は坐禅の三昧[註24]が本）。切先は巻いて入身となる事を主とす（入身に入れれば打てるのだ）。

稽古——両刃交鋒、先生の構は中段でじーっと落ち着いている。余は大正眼。先生の太刀を巻いて入らんとするが、足腰は本当には落ち着かぬ。板につかぬ。

この差は先生と余との差だ。ここは鍛錬の外なし。品位で負けている。

入身になろうとしたが、本日は互いに一足一刀の間となる。照[註25]らす境界也。

互いの気がイライラせず、じーっと澄んでいる。之は前二回の稽古よりもよい。

一足一刀から余が攻めようとする所を小手を打たる。二本打たれた。之が余の稽古の弱点。互いに近間（行の間）で攻める中、余が真面を一本打つ。先生は「参った」と言う。本日は三、四分で止めた。

単なる攻撃精神は相対也。勝負の念がある。懸待一致は絶対也。勝敗[注26]の両頭を超越す。

第三回目の稽古に於て一足一刀にて小手を打たれたのを先生に質問す。

「あれは私が技を出そうとして気が凝って、右手が固くなった所を打たれたのですか」

先生曰く「互いに攻め合っている時、あなたの気の起りを打ったのです。打とうとして切先が一寸上がった所を打ったのです。あそこを打つのはむつかしい。助教にあそこを打たれますか」

余「助教には打たれません。助教が小手を打とうとすれば、自分は面に伸びてしまいます」

先生「あそこは打とうと思っては打てぬ。助教は打とうとするから打てない。打とうと思わないで、気の起りを打つのだからむつかしい。

小川さんは面が特徴だ。相手をじーっと攻めて追い込んでおいて、ずーんと面を打つ。あれはよい面だ。が、なかなかああは打てぬ。小川さんは近頃は、すり上げても応じても抜いても打つ。技がよくなってきた。

剣道は同じ相手でも何時も同じには使えぬ。切先、間合、気合等をよくよく工夫してやると上達する。考えなしにやってはだめ。

昔から言われているが、相手に打たれたのは筋が通っていれば、軽くも参ったと言い、自分のは十分でも不十分という考え。こういう謙虚な心構えでやると剣道は上達する。又こういう事が無言の教育となる。

相手[註27]に打たれるのは自分の弱点を教えてもらうのだから有り難い事だ」

余が「妙義の武田さんは技が早いので打たれるし、使いにくい」と言うと、先生曰く「ああいう早技の人を相手に研究するのはよい。自分も武田君はうまく使えぬ。それで研究している。彼の出小手をうまく打つ人もあるが自分には打てない。打とうという気の起りの時、切先が一寸上がるから小手が打てるが、あの時は切先を真直ぐにすっと出せば小手は打てない」

余の前に大谷太應君が先生に掛かり面を立派に打った。先生曰く「今日は大谷君に立派な面を打たれた。あの時は迷ったのだ。恐ろしいものだ」と。また「小川さんと稽古すると味があって面白い」と。

妙義にて大谷君を使い体験。

余は両刃交鋒、相手の面を攻める。之はよいが単なる攻めだけになる欠点があり。

本日は持田先生が大谷君を使うのを見学し、彼が面に出るのを出小手を立派に二、三本打った。

それで余も大谷君に対し両刃交鋒、彼が先の気で面に来るのに対し、面を与え出小手を攻め、出小手を二、三本打った。なお相手の切先を殺して出小手を攻める（待）ばかりでなく、彼が出小手を攻められるのを気にして、出にくくなった所を真面にぐーんと伸びると真面が打てる。この真面は単なる攻勢のみで打ったのよりはもっとよい。

即ち攻める中に守、懸待一致[註28]の気分が本となれば也。この懸待一致の気分でやると本当の機会が分かり、本当の所が打てる。然も自分の構に余裕があり、品位がつく。

二十日に松元さん[註29]、熊谷の渡辺君もこの懸待一致の技、即ち、先ず攻めて相手の出小手を封じ、即ち真面を封じ(面に来れば出小手を打つ故に封ずる事を得)、相手が躊躇すれば、こっちから真面に伸びてしまう。味のある使い方が出来る。之は持田先生の稽古を見学した賜也。

この懸待一致でやれば丹田[註30]が円におさまる。単に相手の面を臨んで攻勢に出れば気分に角が出来る。これだけでも稽古は二段の格の差が出来る也。大先生の稽古はよくよく見学すべき事也。

気と間で勝てば技は自ら生まるる也

第四回目

十一月二十一日（日）に願う。

稽古――煙草を吸い過ぎた傾向あり。頭が澄まぬ。丹田に腹力充実せぬ。

両刃交鋒、互に照らし合う。互に出ない。

先生が小手が隙くと言ったが、余が切先を上げぬので打てぬ。先生の出はなを表双手突でゆくも腹力足りぬ故、ほんとうの出はなを捉える事が出来ず、不十分。その突より面に伸びるも足りない。

先生が切先を出して攻めれば、こっちは上は与え、先生の下腹を攻める。この攻め合い数合、面に出ても足りぬ。

少しく間が近くなったところで面に伸びると、先生は之を間合で一歩引き込んで胴を打った。之で終り。

評――持田先生に願うには、先生の出はなが分からなければだめ。それ以外にはつけ入る隙はない。

出はなを見るには、先ず気剣体一致。即ち腹力充実、先生に乗っていなければ見えぬ。これがむつかしいのだ。

森島君[註31]が稽古に来た（之は妙義で八月に稽古して以来、四ヶ月振り也）。

両刃交鋒、彼は身長が高く見える。

大正眼の手の内にて切先を合わせ、彼の出はなと見て正面を打つも、彼が手を伸ばすと突に当る。相打となる。

この技を数本出したが、彼長身の為、彼の有利な間合なる為、皆相打（突の方がよい）。

小手を打たる。彼得意の小手より面も来る。以上、彼の間合也。即ち遠間也。

最後に余は切先を伸ばして彼の目を突き中段に帰り、柔らかく四、五寸間をつめる。こうなると余の間合也。

彼が技を起さんとする機を感じ、思わず真面に出る。立派に一本当る。又同じつめ方にて間をつめる。彼が面に来るのを、なやして一歩引いて（思わず）胴を打つ。之は一本となる。

之で終り。

評――結局、剣道は気と間が本だ。之で勝てば技は自ら生るる也。持田先生には気と間で先ず勝てないのだ。

森島君は昨年六月、体育館で一回、本年八月、妙義で一回、本日三回目。

二十一日、石田[註32]先生宅にて柳生[註33]先生に会いし時の話――余が柳生流の拍子を外す話をす。即ち半間のこと。

先生曰く「手を二つ拍って三つ目にスッと片手をすり合せ外す。このコツです。丁と半とです」と。愚評、丁と半は正中[註34]来だ。

○切り返し左右面は刀の峯で切る心。

二十三日、妙義稽古にて体験――切先と足（足のつま先）。

剣道は先ず気分が充実せねばだめ。浮いてはだめ。それには足の指先に気を入れる事。之で体全体に気が入り妄動しなくなる。

今一つの要点は、切先に気が入らねばだめ。切先に気が入らぬと死に太刀となる。

即ち剣道は足の指先より切先迄気合が充実すること。この二点に充実すれば三角矩[註35]が出来る。

足の指先と切先に充実しないで、只相手の切先を自分の切先で巻くだけでは浮いた剣となる。

妙義十三日間の稽古で足の指先の気合と切先の気合との二つが大事という所をつかんだ。之は日々鍛錬すべき要点也(但し中心は丹田なる事は勿論也)。この要点が円熟すれば円相[註36]となる。

妙義にて武田君[註37]を使い体験。

彼はちょこちょこ技を出すのでよく使えないが、相手の切先を抑える事と相手の中心（水月）を攻める事でやれば比較的、落ち着いて使える。切先だけ抑えてもだめ。水月を（中心を）押えて使わねばだめ。又如何に相手の水月に切先をズンとつけていても、それが相手の動きにより、相手の動きに従って勝ちうる切先のはたらきが無ければだめ。

研究——相手の切先を先ず裏、表より柔らかく押えてみて、スッと二、三寸出て切先で相手の中心（臍）をグッと攻める。（この時は右手の力を全部ぬき、左拳と切先だけでグッと入る心）之が一刀流[註38]の拳攻め也（持田先生の攻めはこれ）。

この攻めを工夫し、それを十一月二十四、二十五日に体育館稽古でやってみると、この攻めは成功す。相手は攻められるとグッと引く。即ちこの攻めは利くのである。この攻めは自分は落ち着くが相手は苦しい。

十一月二十四日、二十五日の両日、十数日振りで足のつま先と切先の二要点に注意し体育館稽古をなす。よく使えた。

只二十四日に京橋の《ママ》　六段を使い、五分五分の使い方であった。

（つま先と切先）

二十五日にも同君に願う。本日は先ず大正眼、更に伸び上がり、そこより静かに中段に構える。この構えでいくと互角とならずに乗れる。先がとれる。

稽古中、何回かこの構にて自己を統一して使った為、終始、余が先となり、よく使う事が出来た。

この屈伸[註39]の中段は深いところがある。

先日、地福[註40]君もこの中段で立派な面を打った。屈伸の中段が出来て初めて余裕のある中段が出来るのだ。生きた中段となるのだ。

足の指先と切先——足の指先に気、充実する時、そこに真空[註41]（本来面目）現前し、切先に気、満つる時、そこに赫機[註42]生ず。

切先は寸時も住するべからず

十一月二十八日（日）妙義にて稽古。

切先の工夫――切先を正中段[註43]につけたままでいるのは正位[註44]に住しているのである。之では相手がある場合には働けぬ。切先を活動させて偏位[註44]に打って出ねばいかぬ。

即ち切先は相手の守る所、弱い所を攻めるのだ。更に言えば相手の本を攻めるのである。故に切先は寸時も一ヶ所に住《とど》っていてはいけない。之が一刀流の拳攻めの原理である。拳を攻め（下・腹）、スッと相手の目を攻める（上・目）。又場合によってはさらに下を攻める。換言すれば、相手が上から来れば下を攻め、下から来れば上を攻める。この切先の変化で勝の機がつかめるのだ。

本日はこの切先で武田君と稽古し、相手の片手横面を応じて打ち、又相手が下がる所を面を二、三本打つ。楽に使えた。

未だ出小手を抑えるとか、応じ面を打つとか、抜き胴を打つという事は出来ぬ。然し、先日よりは一段の進歩の使い方。その本は、只切先の工夫にあるのみ。

余の従来は、切先が正位に住していた事が大欠点也。

「機位を離れざれば毒海に落つ」とはここ也。余の切先は正中偏[註34]より偏中正[註34]に進めり。

警視庁にてこの切先を更に工夫せよ。

この切先は換言すれば小さい間合[註45]と言い、この切先なれば刹那、刹那を捉える事が出来るのだ（二十五の時の中山先生評[註46]）。

心にゆるぎ[註47]があるとは、それは切先にあらわれるのだ。余には心にゆるぎが無かったのである。それでは頑空[註48]に堕す。

相打一本で上手には対せるが、心にゆるぎがないと下手を使う事は出来ぬ。下手と互角になってしまう。

一般の人は心にゆるぎはあるが相打[註49]（平等）がないのだ。一長一短也。

十二月一日（水）。
体育館——相手の中心を強く攻めて使った。相手も強く来るので相対となる。本日の使い方は失敗す。

その原因は心に余裕がないのだ。相手の息をあげようとして心にあせりが出るのだ。之では未熟也。

相手の中心を攻める事は、之は大事。然もその間に余裕を持つには一つは手の内也。即ち手を伸ばし（切先は相手の目を突く）、スッと中段に帰る。之で手の内、（心）に余裕が出来る。

今一つは、足也。グリグリと足で攻めて入り、スッと半歩引く。之で間合に余裕が出来る。何時もギリギリの間に居て先を打とうとして余裕のない使い方は、之では相手と五分五分だ。ギリギリの間に居乍ら余裕のある稽古をする事が大事。之が元立也。それは手の内の工夫と足さばきだ。

今一つは、助教は本年三月から切り返しをやっている為に、一足一刀で先の気が出るようになったのだ。即ち助教全体が強くなってきたのだ。之を知らねばいかぬ。単なる攻めや小手先では使えなくなってきたのだ。

それに対するには、自分が更に鍛錬するという事が大事だ。稽古数だ。

それから技としては単なる切先で攻めたり気分で攻めたり間合でかけ引きしたりした位ではよい技は出ない。

即ち彼我一体となり、切先に微妙なる働きがあらわれ、思わずして[註50]打つという技でなければ今後は助教を使う事は出来ない。

この微妙なる技は何処から生れるか。それは正[註51]しい稽古を鍛錬するという事と、今一つは工夫によるの外なし。

即ち、自分の体があるような境界《きょうがい》ではもう助教は使えぬ。正[註52]三角矩では使えぬ。スラリスラリとした境界、即ち正中来を体得せねば助教の元立は出来ぬ。

ここに至らねば警視庁師範たるの資格はない。反省し発憤すべき大事の点也。十二月一日記す。

現在の稽古では恥かしい。辛うじて六段しかない。

大正眼は天地一枚中段に帰って二分八分

十二月六日（月）体育館稽古。

四日、五日と二日間稽古を休む。多少、風邪気味也。

工藤[註53]教師と一年振りで稽古す。約十五、六分。

両刃交鋒、互に間と切先で攻めて打ち合ったのではどちらも不十分な打ち。互に気が乗らぬ。

次に気を変え、自分からは技を出さずに呼吸で対す。即ち出[註54]ず入らずの息（但し息はしており乍ら）。こうなると相手の起りが見えてくる。小手を一本打ち、面も二、三本打った。

この状態にならないで攻めて技を出したのでは、相手から間合でぬかれて打たれる（本日は風邪の為か腹に力が入らなかった。腹の力が抜けては全力は出ない）。

六段以上の者と稽古する時は呼吸だ。

即ち英山[註55]老師の第二期の後期（三昧）か、第三期の呼吸になる事が先決。これでないと互角となってしまう。

故に曰く、余の剣を今一段と格を上げるのは呼吸だ。第三期の呼吸迄鍛錬する事。今一つは古流の形に於ける事理一致の技だ。この二つで上達する也。

右手の内の研究——中段の構。右手は小指だけ軽く握り親指、人差指は浮べる事。小指を軽く握らぬと（卵）、右手は死に手となり柄がまわる。余にはこの癖あり。十二月六日、体育館体験也。

十二月八日（水）第一相互稽古。

[註56]増田道義氏と稽古す。

先週は彼が頑張る。彼の息を早くあげようとし、うまく使おうとして自分が強く使った為、却って互いに張り合い、打ち合い、相対の剣、合気の剣に堕し、稽古後も気持が悪かった。

本日は彼と一つになって使おうとした。故に気合にもつれは出来なかった。

一つの所得は、強く来る者に対しては只攻めて打つだけでは互角の位となってしまう。技は攻めて打つのでよいが、心に余裕を持つ事が大事。

その法は先ず切先を相手の面を突く如く伸ばし（之が攻めの中に守あり）、そのまま打たずにジーッと元の中段に帰る（[註57]家舎）。

この中段は手首、ひじに余裕が生れ、更に心気は丹田に納まる。

この刹那、心身に余裕ありて之が気位となり、更に気位の勝ちとなり、ここより千変万化の技が生れる也。[註58]無刀流の一つ勝に於ける切り落しはここと思う。

相手の目を切先で突いた時の大正眼は天地一枚（ズーッと吸いきった息）、ジーッと中段に帰った時――胸の息を吐き（二分）腹（八分）の息――は正中偏の位、[註59]帰家穏坐也。

剣道は誰とやっても、あく迄真剣なる事が根本。その真剣の中にこの[註60]光風明月の余裕がある事が大事也。之を「和平の気、怒中に見る」と言う。「忙中閑日月あり」と言う。

人生も然り。朝から晩迄忙しい忙しいと言って働いている中にこの余裕ある事が大事。之を「晴れてよし曇りてもよし」の境界と言う也。日々是好日、之が自利の極也。

又、稽古前の手の内の準備動作は左右、片手ずつの素振りをやる事がよい。之で指先、手首、肱の関節が柔軟となる（体験）。

持田先生に願う方法――

イ、攻勢で出る―謙信
ロ、守勢で出る―信玄
（イ・ロ）数息観[註55]の第一期

ハ、攻守一如で出る（之は手の内の作用――間合）――第二期

ニ、攻めも無く守も無し（その中に自ら攻あり守あり。これ夢想剣也。赤子の境界。息を数えない数息観。円熟）――第三期

剣道に於ける三つの格（持田先生に懸かる者を見学して感あり）

初――相手の切先の動きだけを見て技を出す稽古

中――懸待一致の気分で稽古す

後――相手の根底に肉薄する剣（心也。心気力の一致。之は八段以上。流祖、名人。このように持田先生に懸かる者はない）

初、中、後共に技は同一であるが境界が違うのだ。

心気力一致で剣道は終り。その一は禅也。之を兼中至[註61]と言う。

「心も身も直」とはここ也

第五回目

十二月九日（木）妙義にて持田先生に願う。

昨日、増田道義氏と稽古し最後の方で気付いた使い方、即ち、先ず切先で相手の顔を突き、スーッと中段となる（無刀流の切り落し）。ここより技、生る。

別言すれば構とは生きたる切先也（どこへ行っても生きた切先）。

両刃交鋒——互に照らす。どちらも先の気があるので間に入れない。

先生が動けば真面に伸びようとしている（面の間合）。先生からは動かない。

本日は位も技も稍々互角也。余の構は突があるので破れぬ。

余が止めんとすると先生「もう一本」と言う。

互に攻防、最後に先生が切先を上げた。それを見たので、スーッと入られて面を打たれた。

反省――本日の使い方は稍々よい。但し先生の間に入れなかった。先生も余の間に入れなかった。間合で対し、明るい、曇りのない、妄念のない稽古が出来た。然し更に先生の間に入る工夫をせよ（即ち面の間、突の間）。

最後に打たれた面は先生に打たれたのではない。余の正念が切れたのだ。続かなくなったのだ。之が敗の本。それは道力[註62]の不足より来る。鍛錬の外無し。

家に帰り、左手首と左足首とが凝っていた。之は身が片寄った証拠。片寄れば負。直でなければいかぬ。

本日、一炷香[註55]坐り、体験。

坐禅は手足の指先に気が入っていなければいかぬは先日気付き、剣に応用が出来た。

今一つは、頭の上にスーッとしたものがある事が大事。之で昏を撲滅出来る也。澤木[註63]さんの所謂、頭を糸で上に引っ張りあげられている感じというところ也。

この身になれば、たけ比べ[註64]をしようとしなくとも、たけ比べとなり、否、それを超越して、宇宙大の気、浩然之気[註65]となる。宮本武蔵の所謂「心も身も直」[註66]とはここ也。

頭の天辺より足のつま先までとは、之は観念ではない。体験である。これ天地を貫く底の気也。之を剣道に活用せよ。

頭の天辺より足のつま先まで充実した時、妄想の入る余地なし。之を三昧と云う。

三つの先端。剣道なら頭の天辺から足のつま先までと、今一つは切先の先端、この三要点也。

頭の天辺から足のつま先まで充実した坐禅の当体は楽しいのだ。

頭の天辺、足のつま先、切先、この三つの先端を結べば即ち円相となる。中心は腰也。

我[註67]ここに今かくありぬ日向ぼこ

本日、持田先生に願い、互に一足一刀の間に対した時、余は先生が動けば一拍子の打にて面を打たんとす。先生は余が面に伸びれば出小手を打たんとす。之が互に見えるので、両方とも動けずに対峙す。

この両鏡相対する境界が実によい。

従来は先生の考が分からずに攻めて技を出していたが、今日では先生の心が相対峙している時、見える。この点は十年前より進歩したのだ。

今度は余の面にしかけるを、先生が出小手で対すれば、そこを面に伸びずに小手を打つか又は飛込胴に入れ。これ五輪之書の〝縁[註68]の当り〟也。

十二月十日、体育館にて坐っている時（数息観三百息）の坐定で剣道をやってみよ。

即ちこの坐定なら、たとえ刀を振り上げられても二念を継がず、数息三昧を失わぬという信念。目の前に刀をつきつけられても二念を継がず。剣道は二念を継ぐから打たれるのだ。

十二月十二日（日）妙義道場。森島君来る。五回目。

両刃交鋒、余大正眼にてスーッと竹刀を出し、たけ比べの身となり、顔は少しく仰向け気分。之で対す。

互に間が遠いので、どちらの技も出しても一本になるのは当らぬ。

本日は結局、切先と切先との攻め合いだけで約五分間位稽古して彼は止めた。

評――森島君が突っ張っているので打ち間に入れなかった。彼も十分の気合で来たが十分の打ちは一本も出なかった。互角の稽古になってしまった。

本日の余の欠点は、たけ比べの気持はよいが、それに捉われたため働きが欠けた。身の屈伸がなければだめ。之は増田真助さんがよい。

最後の稽古と思い、合掌の心で願うべし

第六回目

（最初の部分一部欠落して不明）

互に相対し、隙なし。余は先生の面を臨むも隙なし。小手にゆくも不十分。先生も技を出すが不十分。余は面二、三本、飛込胴、諸手突にて二、三本ゆくも不十分。

先生が打たんとすると余は任[註69]せて、先生の腹部を突くので先生は入れぬ。

先生より小手を打たる（切先でつって）。

余、攻めて思わず直面一本。立派にあたる。先生「参った」と言う。

先生より攻められて、軽い面、軽い双手突、小手を打たる。

評――本日の稽古は、前半は位は同格也。それは坐禅、数息観の効により正念が続いたのだ。

中盤以後、先生より攻勢に出られ余、守勢となった時、少しく追い込まれた感。この時は持田先生の位が上。之は道力の未熟なる故也。息があがってくるのだ。

然し本日の稽古は凝らずに充実してよく使えた。稽古に余裕が出て来た（五回目までは凝った、左手左足）。

技――始めは一足一刀の間にて使う。

中盤以後、裏表より先生の間に入る。即ち浮木[註70]の技也。この攻めの時、真面が打てたのだ。

先生には浮木で近間に入れる。この入り方を更に鍛錬すべし。

本日は左拳は自然に少しく上がっていた。竹刀は左拳に納まっていた。即ち手の内がよかった。

尚、早切り返し[註71]で入る事も工夫せよ。

稽古後、手足が少しも凝らぬのは気で押されていなかった證也。

今後、持田先生に願う心境は、この稽古が最後の稽古と思う事と、今一つは先生を拝む[註72]心、即ち合掌の心で願うべし。之が手に入れば、剣道は極意に徹底したのだ。剣は技ではない。

今一つの研究は、無眼流の屈伸でゆけ。即ち一刀流の切り落し突。浮木（之は技也）、無眼流の屈伸（之は体也）。

第七回目

十二月十九日（日）持田先生に願う。

両刃交鋒、しばし対峙。隙がないので裏突に突込む。外れる。

今度は先生が攻めて双手突に来た。一本突かれた。

面に二、三本、小手に行くも当たらぬ。

先生から軽いが小手を打たれ、又攻め込まれて面を軽くも打たる。浮木でも入れなかった。

次に両刃交鋒、一足一刀の間に対し、ジーッと互に見る。しばらくにらみ合いその中、先生が気分で攻める気の起りを感ず——別言すれば余の切先が否、心が一寸、動かんとす。昏くならんとす。即ち切先が少しく昏くならんとす——この時、数息観の呼吸、一息截断[註73]の息にてウムームと（息を止め歯をかむ）心を定めると切先の不安はなくなる（この時、互に打ち間の機に入っていたのだ）。

ここで先生の気の起りに乗る事が出来たのだ。ここで思わず真面にズーンと伸びると立派に一本あたる。先生は「参った」と言う。

そのあと又、攻め込まれて軽い面を打たる。以上。

反省――本日は頭がまとまらぬ。粗雑な荒い気也。真面を打つまではこの荒い気の境界（想蘊[註73]）でゆく、故に双手突も外れ、先生より却って突かれ、更に想蘊の境界に居たところを軽くとも打たる。

最後の真面を打った時は、余が余の想蘊を（数息観の力にて）空じたのだ。その空より真面が打てたのだ。――こんな面を持田先生に打ったのは初めて也。

剣道はここだ。自己の雑念に勝てれば相手に勝てるの理也。

両刃交鋒、想蘊行蘊[註73]を空ずる事が骨が折れるのだ。之は日常凝念[註74]の修行をやっていなければ出来ない。両刃交鋒の時だけの修行ではだめ也。

古の名人はここで苦心したのだ。剣道は技ではない。心、即ち心空より技は生るる也。

湯河原にて持田先生と話す。

「先生にお願いする時は、最後という事と相手を拝む心でお願いしています」と言うと、「そこです。三、四分でよいからやりましょう。まだもう少しは自分は稽古が出来るから遠慮しないでやって下さい。小川さんはよい面を持っている」

斎村先生と話す。

先生は「自分はもう死ぬのだ。それだけだ。ここを知っている。それだけが人と差のある所だ」と。

余曰く「死ぬのだから、その時その時を本当に味わい楽しまねば生き甲斐がないではないですか」

先生曰く「然り」と。

持田先生との勝負所は両刃交鋒、対峙した時、切先が一寸、昏くなる。即ち先生の攻めの一念が通ずるのだ。之は即ち余の一念。ここで迷えば負、ここで覚れば勝。

[註75]十牛図五に曰く「前思纔に起れば後念相随う。覚に由るが故に以て真となり、迷に在るが故に而も妄となる。境に由て有なるに非ず。唯自心より生ず。鼻索固くひいて擬議を容れざれ。」

二、大事なところは生死の間也

打とうと思わず打たれまいと思わず、然も……

第八回目

十二月二十日、妙義道場にて持田先生に願う。

両刃交鋒、対峙し、切先で先生の目を突く如く伸ばし（即ち上）、ぐっと拳で下腹（下）を攻め、小手にゆく。先生は「よいところ」と言う。この技を二、三本出す。

息を殺して面に二、三回伸びるも不十分。先生は「よいところ」と言う。
一、二本出小手を抑えらる。
一本、相打の面が出た。先生曰く「面の方がよい」と（十分な技ではないが稍々可也）。

先生からぐっと攻められると余、思わず下がる。そこを真面。この技を二本打たれた。

先生曰く「そこは下がってはいけない所だ」と。

反省——本日は、心身統一せぬも抑して願う。その結果、中盤以後は頭がまとまらず、心が澄まず、先生から先々と入られた。

剣道の要は三昧に入っても、三昧の相続が出来ねばだめ。

稽古後、持田先生に質問す。

「今日は二、三回追い込まれて面を打たれましたが、あそこは近間のような気がしますが、近間からぐっと攻められ、下がる所を打たれたのですか」と。

先生曰く「そうではない。一足一刀から私が攻勢に出る所をあなたが技を出してくる。ここでは互に中《あた》らぬ。

そこであなたが立ち直って、もう一本、技を出そうとする時、一寸、気が止るのだ。そこを攻められるから下がる。下がるから打たれるのだ。

あの時、あなたに先の気があれば、私が攻めようとする所を出れば面が打てる。又、突いてもよい。それが出来ないのは気が止るからだ。

一足一刀に対峙している時は、あなたは突が利いているから、あなたの面は打てぬ。

然し私が一寸攻め、あなたが技を出し、二本目の技を出そうとする時、一寸気が止る。そこがあなたの面が打てる。

又、あなたがよい真面を打つが、それはあたってもあたらなくも相手の気の一寸止った所へ出る。よい所へ出る。

あなたが面を打つのは相手の気の止った所を打つのだ。剣道はここだけだ。そこに実に味がある」

余問う「講談社[註76]で終戦前、先生にお願いしていた時は、〝気が待になる、もっと攻勢に先の技を出すように〟と注意されましたが、今日の稽古は未だ攻めが足りず、待になっていますか」

先生曰く「そんな事はない。今のやり方はよい。剣道はそう技などが出せるものではない。互に先の気が切れず、切先の攻め合いの時、気が負けていなければよいのだ。

切先の争で先の気があれば、相手が気が止れば、そこから技は出るのだ。剣道はこの気の争い一つである。技ではない。

剣道は構が乱れず先の気が切れなければ打たれるものではない。軽くも打たれるのは自分に欠点があるのであるから、参ったと言わねばならぬ。

〝打たれて修行する〟とはよい言葉だ。地稽古は稽古だから打たれてよいのだ」

鶴海[註77]君曰く「先生に面に出ればよいと思う時がありますが、切先が利いていて、いもざしにされるから出られません」と言うと、先生曰く「いもざしにされても出てしまえばよいではないか」と。

「攻められるのでやりにくい」と言うと、先生曰く「自分がやりにくいのではなく、反対に相手がやりにくいようにしてしまえばよいではないか」と。

剣道は相手の気の止った所以外には打つ所はない。之は三、四分の稽古でほんの一寸しかない。その一瞬をつかまえるのだから容易ではない。又、技もそうやたらには出せない。

余「助教からは、先生から打たれる面は打たれません」と言うと、先生曰く「相手は小川さんが二本目に立ち直ろうとする時、気分が遊んでいるから打てない。剣道は相対していても遊んでいるのではない。何時も気は充実しているのである」と。

四谷の安田助教曰く「A先生は相対して初太刀では打てません。然し足が出ないから二本目、三本目でA先生が引こうとする所が打てます」と。

畢竟《ひっきょう》剣道は初太刀では打てぬ（互角だ）。然し二念、三念となると正念が続かなくなる。切れる所がある。そこが打てる。隙となるのだ。念々正念の相続は難い哉。

持田先生の今日は技ではない、気だと言う。十年前は技に重きをおく。十年前とは心境が異ってきた。稽古も迷わなくなってきた。

結局、剣道は六十を越せば技では使えぬ。気で勝つ事だ。

持田先生曰く「もう十年若ければドーンと出られるが、見えていても危ない気がして足が出ない。人間、六十迄は体は大丈夫。五、六年の差などは同じである。六十を越すと四、五年の差でも大いなる差が出来る」と。余と鶴海君と六つ異うと言うと。

持田先生に打たれる技、即ち一本目と二本目との中間に気が止る所、ここを直すにはどうするか。

曰く「突の気を失わぬ事」。実際には切先を相手の臍に付けていれば打たれぬ。ここが外れるから打たれるのだ。

即ち三角矩の構が崩れるから打たれるのだ。工夫せよ。

突の氣、但し初太刀なら突ける。打とうと思わず、打たれまいと思わず、然も相手が技を出せば突いてしまう。この境界を二本、三本連続技を出しても失わぬ事也。

持田先生に願い、第七、第八回が一番下手な稽古であった。

どの間に入っても突の気が切れれば負也

第九回目

十二月二十四日、持田先生に願う。

両刃交鋒、一足一刀より余が打ち間に入る。ここで互に技を出しても十分の技は出ない。

最後の方になり先生より攻められ（少しく近間也。草[注78]の間也）。ここで頑張ると（切先を下げて）先生は内小手を何本も打ってくる。

最後に軽いが追い込まれて一本打たれ、更に気の止る所を面を攻められ、手元の上がる所を立派に胴を打たる。ここは余の欠点だ。

第十回目

十二月二十六日、持田先生に願う。

二十四日の使いぶりを反省した。結局、余に余裕がないのだ。一足一刀はよいが、それより半歩入り、ギリギリのところで固くなる(草の間合)。ここは固くなれば負也。之に処するには、中山先生に対する如く引[註79]本覚でゆく事。引本覚の差しちがえと決す。

結局、剣道はどの間に入っても突の気が切れれば負也。

稽古——両刃交鋒、余が少しく入る。先生は見ている。機を見て表より双手突。当ったが先生は参ったとは言わぬ。然し先の気はよい。

互に攻防、草の間になると引身本覚の突を蔵する故、先生は入れぬ。入れば差しちがえ也。

先生は余の息をあげんとして攻めるが、余には通じぬ。

相打の面で先生の方が少しく早いのが来た。然し不十分。余には余裕あり。

先生の息が聞える。先生は苦しそうだ。一、二合して止める。

本日は技としてはどちらもよいのはない。然し気分態度は互角なり。

之で先生に対する使い方が稍々分かった。即ち草の間で余が突の気を失っていたのだ。心、構に余裕が無かったのだ。

羽賀君[註80]曰く(二十三日)「小川先生は持田先生に願い、実によいところを使っている。打つ打たれるは別。剣道のシンを使っている。

然し小川先生は腰が入りすぎる故、左足が曲がり、足が広くなる故に技を出す時、上体をゆすらなければ出せぬ。

足腰は道を歩くが如く出来たらもっと技がすらりと出るのではないか」と。

二十四日、谷崎君[註81]と稽古。

相手を打とうとすると気が上に上がり、そうなると打つ機が見えぬ。あせりとなる。

中盤以後、両刃交鋒、打たないという念、即ち一念不生(本来面目)でやると、先ず独立独歩となり相手が見え、相手の技に応じてすり上げ面を二本立派に打つ。剣道はここだ——両刃交鋒、只打とうとするのは未熟也。打たないという境界に立てば正中来が現前す。即ち相手も自分も生きる也。

鶴岡氏[註82]曰く(二十五日)「小川先生は持田先生に一歩も引かぬ。而して自分の切先は相手の腹についているぞと切先を腹につけているが、それは切先だけのように見える。あれが先生の切先の上にスッと乗って引かないのなら立派だが、あれでは頑張っているように見える」と。


十二月二十七日、羽賀君に願う。

両刃交鋒、互に切先の攻め合いで二十分位稽古す。参考となる。

余の方が切先は負けた。彼は左右の足がよい。切先の乗り合いを更に工夫すべし（心構えは打たぬという心でやった）。

近間は突き下げろという原理也

第十一・十二・十三回目

昭和三十年度の剣道――一月四日、五日、六日と三日間、持田先生に願う（昨年は十回願う）。昨年末の稽古と大差なし。

構は崩されぬ。打たれる事もあるが（表面）又、余の面もあたる。

但し互に間を詰め合った時、技が出にくい。殊に六日。それは気力不足すれば也。この時、一刀流の拳攻めの手の内にて入ると技の起りに無理のないのを悟る。

結局、今後持田先生に願うのは、先生の中心を突で攻める事也。

但しその時、手の内が固まり、突こうという一念が生じてはほんとうの突ではない。思わずして突で攻める事也。

昨年末、二十七日に羽賀準一君と二十分ばかり稽古し、余の欠点を知り、その後、之を矯正しようとした。

即ち腰を入れすぎぬ事、足さばき。

この工夫をすると大切の気力が腹に充実せぬ。腹に気力が充実すると足がバラバラになる。中段に構えていても左右の足がバラバラとなる。

足の研究に苦心した結果、一月七日、妙義道場にて谷崎君を使いヒントを得たり。立ち上がった時、思わず両足が狭くなった。殆ど半足長（曹洞宗の経行[註83]）に踏む。そうすると両足と腹腰が思わず一つとなり全体に気力が入り、谷崎君は勿論、本日は終始、足と腹腰が一致してよく使えた。剣道の足はここだ。

即ち立ち上がった時に基本的の右自然体に構えるからそこにぎこちないものが出来るのだ。極言すれば、剣道中段の基礎は坐禅に於ける叉手当胸の自然体が本である。ここに落ち着けばよいのだ。之は昨年の夏稽古で体得していた事（六不収[註84]）を見失っていたのだ。

この無理のない自然の立ち姿より足は時、所により千変万化すれば常に歩むの足となるのだ。そうすれば体にリキミも無理も出ないのだ。ここを悟る。

故に剣道の構は山岡先生の三角矩の奥に叉手当胸の根源があるのだ。この本来面目が剣の根源、これより五つの構が生れるのである。

一月八日、妙義稽古——昨日稽古後、家にて工夫す。それは叉手当胸の足よりどう動き出すか。

それは左足より動く也。切先で相手の顔を突く時、左足を出し、元に帰る時、右足を出す。そうすると無理なく間合が五寸入り自分の打ち間となる。

又、拳攻めも切先だけでなく、拳を攻める時、左足を出し、中段となる時、右足を出す。それで間の勝となる。

以上を工夫し——黒島君[註85]、松元君、その他に願うと実に無理なくよく使えた。先々と使えた——松元君は殆ど一本も余が打てず、余には何本も打たれた。

松元君曰く「今日はどうもだめだった。どうしても先がかからなかった」と。

一月九日、岡田道場[註86]にて稽古。

本日は近間を工夫した。

即ち近間になった時、切先をすっと下げて相手の腹を突く如くする。そうするとここで先がとれ、相手が下がれば面が打てる。K六段をこの間で二本面が打てた。

之は近間は突き下げろという原理也。従来は一足一刀の間には稍々自信があったが、近間になると浮く傾向あり。それは近間で切先が遊んでいたから也。之も羽賀準一君と稽古しての所得也。彼にこの近間で突で乗られたのだ。

更に研究す。それは近間で突き下げる時、只切先を出すだけでなく、ここは両手首の微妙なるはたらきがいるのだ。

即ち両手首の関節を少しくしぼり気味で下に伸ばす。

即ち親指、人差指もしめる気持。そうすると突き下げた切先となる。

而して一月十一日に大崎で稽古し、この手首の関節を近間で使うと何時も先々となり、相手は出にくくてよく使えた。但し之は相手が未熟なる故、更に研究せよ。

尚、この手首の関節を使うと五本の指が皆、活きてきた。

之も羽賀君と稽古しての所得也。

以上、一月の稽古所得をまとめると、

一月七日――六不収の本来面目の立ち姿の根源を悟る（本体）。

一月八日――六不収より左足から進む事（中山先生の足）を悟る（間合）一足一刀。

一月九日――近間に於て左右の手首を突き下げる如くしめる。細言すれば、五本の指を自由に使う。之にて近間にて先をとる事と、微妙なる手の内を悟る。之で肩のリキミなし。手首を使う事は全体を使う事となる。即ち足を使う事は全体を使う事と一致。手首を使えば切先生きる也。

一月九日に高野[注87]孫二郎さんの稽古見学――足と手の内が満点。故に技が自由に出る。足は構えない。六不収の足。手の内は手首をよく使う。

近間にはスッと手首の作用で切先を突き下げる如く出る故、相手の太刀を上より抑えてしまう。

余の苦心して研究している所を知らずして行なっているのだ。之は技の天才の證也。

この手首のはたらきは一刀流の入刃[注88]の手の内也。

高野[注89]先生はここを右手を出し左手を引くと教える。修道学院の者の手の内のよいのはこの手首の関節の教えがあるから也。

龍尾返しの手の内にて入る

第十四回目

三月二十七日、稽古を願う前にかく考えた——それは本年一月以来、自分の稽古は少しく上がった。それはどこか。一足一刀より互に二、三寸入ったところで相手が技をかけようとすると、そこをスッと突き下げるコツを悟ったのだ。

而して持田先生に対しても、もう自分には自信がある。先生を自分の間には入れぬという心で願う。先生を少しく（昨年より）甘く見て願った。

両刃交鋒、互に二、三寸出、先生が更に動けば突き下げるという気分で願ったが、先生にはこの突き下げが利かぬ。それは何か。先生の気が打とう打たれまいとして上がらぬからだ。澄んでいるからだ。

余の方が手の内が固くなる。心に余裕なし。

中盤以後、無刀流の切り落し[註90]の手の内となる（即ちスッと手の内を引く）と、少しく余裕生れ技が出る。

本日は一本もあたらず、先生からは七、八分の技を何本か打たれた。本日の稽古は失敗。収穫は、近間で突き下げる技は相手から乗られていては出来ないという事を体験す。

十二ヶ条[註91]遠近の事。敵より遠く我より近く——之は間合。形丸くなるをよしとす。心丹田に納まる時は自然に体胖か也。

第十五回目

四月十二日、持田先生に願う。

両刃交鋒、近間になろうとした時、小手を打つ。不十分。面に伸びてもあたらぬ。先生からも完全な打はない。然し先生が攻勢也。

中盤以後、拳攻めで攻めると上太刀となり技が出易い。然し一本となる技は一本もあたらぬ。先生からは七、八分の技を三、四本打たれた。

本日の所得は拳攻めで柔らかく入るということ。

第十六回目

四月十九日、持田先生に願う。

剣道は相手の構を破らねばだめ。相手に抑されていてはだめ。先生から抑されている。

そこで本日は拳攻めで入る事と、拳攻めより裏突で攻める事を工夫す。

両刃交鋒、遠間にて拳攻めの手の内にて何回か繰り返す。先生はジーッと見ているので入れぬ。余が切先を下げるという事を見て遠間からスッと片手突を一本、立派に突かれた。

互に間を詰め、攻め合う。余は拳攻めの手の内があるので固くならず技が出易い。然し十分なのはあたらぬ。

先生は余が打とうとする一念を感じ、飛込胴一本。余は立派に打たる。

余は心に余裕ある為、直ちに面と見せて飛込胴一本打ち返す。先生「参った」と言う。

拳攻めより裏突が七、八分入った。先生は「参った」とは言わぬ。

余は一足一刀にて攻めている中、龍尾返し[註92]の手の内にて裏表より相手の切先にねばり入ろうとする。之は利く。然し先生の中心は破れぬ為入れぬ。先生も入れぬ。

最後に余が片手横面を打つ。応じられて逆胴を打たる。之で止める。

本日の稽古は前二回に比し余裕生る。それは切先がはたらいていたのだ。今一つは突を蔵していのだ。
所得——龍尾返しの手の内にて入るコツ（鶴岡清明氏が見ていて、よく使ったと言う）。

大事なところは生死の間也

第十七回目

四月二十二日、持田先生に願う。

龍尾返しの手の内にて入れば勝とにらみ願う。

余が持田先生に対して一つの欠点は、立ち上がった時、多少心にあせりがある。すぐに三角矩に構える。之では不自由也。その根源の叉手当胸の坐禅の本体に構えなければいかぬ。

両刃交鋒——対峙、右足を左に引きつけ叉手当胸の自然体となり、そこから足、切先の変化をなす。この余裕が本日は生る。

余は龍尾返しの手の内にて裏より表より巻いて入身にならんとす。

先生はジーッとみている。互に技が出ない。

先生少しく間を詰める。そこを余は何をっと切先を少しく下げ気味にして出そうとする所を真直ぐに見事に双手突を一本突かる（先生は余の太刀にさわらずに突く）。

同じく対峙。先生間を詰める。余は不動の構。先生の攻めの気を感じ切先を少しく下げる（突の気）ところを真直ぐに前と同じ突を突かれた。即ち完全な双手突を二本突かれた。

（ここで「初太刀」を言う。それは余が龍尾返しで攻め不動の構で攻めている時、先生真面に出る。それを裏に応じ小手を打ったが不十分也。先生「よい所をにがした」と言う）

余が面に伸びてもあたらぬ。飛込胴もあたらぬ。即ち先生の構が崩れぬのだ。

最後に先生から拳をぐっと攻められ、余の手元が上がったところを不十分でも小手を打たれて之で終。

反省――本日は龍尾返しの手の内に捉われ、突の気が張っていなかった事がいかぬ。

持田先生に対しての敗因は、一足一刀の間は龍尾返しの切先のねばりがあれば打たれぬ。

そこからぐっと四、五寸入られ、ギリギリの間になった時、余は打とう突こう、又は打たれまいとする一念が思わず湧く、我が出る。そこで先生が先手となるのだ。先生はこの間で明を失わないのだ。ここは実力の相違也。

而して、ここを解決するのは技よりも精神也。精神が昏散[註93]となるから負となる。即ち自分で負けるのだ。

換言すれば、ギリギリの間合で、ここはギリギリの間合であるという事に捉われるのだ。

ここを解決するには、ギリギリの間合で思わず出る小我を殺す事也。

それには立派に打たれてみよ。「打てっ」と。

今一つは差しちがえだ（一刀流二本目、突返し[註94]）。

今一つは一歩引いて相手を引き込む事だ（一刀流三本目[註95]）。

「打てっ」之は本来面目、無一物。

「差しちがえ」は南泉斬猫[註96]、一刀両断。

「一歩引き込む」は頭戴草鞋[註97]。

持田先生に願うと稽古が明るくなる。その証拠は体育館の稽古が楽になる。

持田先生に願うとギリギリの間で昏散となり、心は凝り、固くなり、その表われとしては腹力ぬけ、右手が固くなり（一瞬ではあるが）切先居付く、死ぬ。

体育館での稽古の時に、相手をギリギリの間に追い込むと、先ず自分の方は腹力充満、右手の力は逆にぬけて、左手一つで太刀を持つ心、切先は柔らかく生きてくる。相手はあせり、固くなる。そうなると先の技を出しても可也。

（面、相手が面を防げば胴）又、切先で相手の技をつり出して、応じて打つも可也、自由也（四月二十四日体験）。

相手が固くなって守っていれば小手、面と二段打にて面を打つも可也（A助教を三、四本打つ。従来、彼は打てなかった、引くから）。

結局、ギリギリの間で正念が相続すれば勝、正念が切れれば負也。正念相続は工夫によるの外なし。

結局、剣道の大事なところは一足一刀より四、五寸入ったギリギリの間也、生死の間也。ここで悟らねばだめ。

ギリギリの間とは「両刃交鋒、避くることを須ひず」の間也。ここで「火裏蓮」となる人は大丈夫児也。余の今後の工夫はここだ。

（今後、持田先生に願う時の心構えは、形を修行する心で願え。名人の稽古は形と地稽古との一致也。禅も悟りと日常との一致工夫）

持田先生と十九日の稽古後、対話。

元立ばかりしていると、大事なところを修行せずに大事の間を外して入って使うようになる。

即ち、一足一刀よりギリギリの間で打とうという一念が出ても使えるが、上手にはこれは利かぬ。ギリギリの間で気剣体一致を失わぬという事はむつかしいと言うと、先生曰く気剣体一致したところから技が自由自在に出ればよいのだが。元立ばかりしていると余程心掛けても悪いクセがつく。即ち、らくをして稽古するようになる。

又、元立はどんな風に使っても使えるのだから、ほんとうの稽古をしなくとも下手は使えるのだから、元立で稽古を上げるという事はなかなか困難な事だ。

稽古前の工夫——考えないで稽古する事は無駄な稽古となる。今日はどんな風に使おうかと考えて使う事はそれよりは上。

更に上は、どんな風に使おうと考えないで、道具をつけ、スッと叉手当胸の自然体で道場に立つ。そうすると第一人目より少しも頭を使わずに相手を照らして相手に応じた技が出る。これが剣道の根本である。

これは昨年より気付いているが（六不収）、時々ここを見失う。

叉手当胸の自然体は足腰、切先が生き、肩と手の力がぬける。そこから自由の技生る。

剣道の事理は悟ったと思う事が禁物。悟ったと思えばそこに執われ、もう上達なく、否堕落する。人間でなく天狗となる。

悟る迄の修行が並大抵ではないが、それを捨て、更に修行する事は更に困難也。修行は死ぬまでという原理を忘るる勿れ（四月二十九日）。至誠無息。焦らず。怠らず。

生きんとすれば出られない

第十八回目

四月二十六日、持田先生に願う。

龍尾返しの手の内にて入身の工夫。

両刃交鋒、遠間でジーッと対す。余は龍尾返しの手の内にて小さく柔らかく先生の太刀を巻く。先生はジーッと見ていて出ない。

最初、互に軽い技を出したが、どちらも不十分。余はあくまで龍尾返し。先生から面?《ママ》に出たのを裏より摺り上げ、完全なる応じ小手を一本打つ。先生は「参った」と言う。

龍尾返しより面に伸びるも不十分。最後の方になり、先生ぐっと間をつめた時、余の手元が一寸上がる。即ち構を破られたのだ。軽いが小手を打たる。

本日は約三分位で止める。

反省――本年三月以降、五回御願いして初めて完全なる応じ小手を一本打つ。

剣道は、構が崩れず先の気があれば、思わずして相手の技には応じられるもの也。

むつかしいのは、先の気を含める構、換言すれば生きた構の相続にあり。相手から乗られていれば、いかに打とう突こうとしてもだめ也。
○技の研究（試合で出来る技）
面技――龍尾返しにて相手の切先を巻いて真面（之は身につく）
小手――相手の切先を裏より張ると同時に切先をスッと出して小手（之は今後の研究）
突――出はなの双手突（体得）

十二ヶ条遠近の事
中段に構え、腹力充実。而して手の内に凝りなく切先がズーッと相手の水月を突きぬいている。即ち切先の先に気分が出ていれば、敵よりは遠く我よりは近し。

反対に手の内が凝り気が引けていれば、敵より近く我より遠し。鍛錬せよ(観見の位)[註98]。ここが先ず戦わぬ前の勝負也。

換言すれば、攻めていれば敵より遠く我より近く、気が引けていればその反対。

その根本はどこから生るるか。即ち生きんとすれば出られない。死なんとすれば出られる也。生死を超越する事也。

浮木は敵より遠く我より近し。

立ち上がり、構えた時の自然体は禅の叉手当胸(之は従来の工夫)。

五月十三日、体育館で稽古したあと気付いた事は、叉手当胸はよいが(足)、今一つは竹刀の持ち方也(手)。それは左手一つで竹刀を持つ事。

そうすると、右手にリキミが無くなり、左手(太刀、切先)と腹腰と一致し三角矩が生れる。之が竹刀を持った根本の構也。

あとは臨機応変。従来はこの左手に気付いてはいたが、最初左手一つで持つ事がはっきりしていなかった。故に右手に力が入り、結果、切先が死ぬ。

之で切先と腹と眼と一致する也。工夫せよ。千変万化の生れる根源也。正位也。

拳攻めよりスッと中段上太刀に出る

六月七日(火)、体育館——昨今、体の拍子悪し。日曜は休み、月曜は試合にて休み、午後チブス注射。そのため本日は体が固く凝り元気なし。心身統一せず、切先利かぬ。体に柔軟性ないため気合生れず。

足を左右に使う事は相手と対立にならぬ点はよい。然し之のみでは相手と縁が結べず、故に打てぬ。

相手と対した時、腹に切先をつけても先の気がないと技は生れぬ。

本日のように元気のない時は攻めが利かぬ。攻勢が出ぬ。

本日の所得の技は両刃交鋒、相手を攻めるに拳攻めよりスッと中段上太刀に出る。そうすると切先の気はらくに技に変わる——之はほんとうの技だ。

剣道は、打つぞ突くぞの気がらくに技に変わるところを悟る事が大事。

之なら力はいらぬ。一刀流拳攻めは極意となっているが、よい攻めだ。

拳攻めは稽古を休んでいても出来る無理のない技だ。

拳攻めは老年になっても出来る技也。——高野先生、中山先生の攻めはこれ。


六月八日（体育館）。

拳攻め——之を研究し成功す。らくに使える。相手と合気にならぬ。

左斜後に間を開き、スッと右斜前に拳攻めにて出る。而して面も打てるが、又スッと拳攻めより中段になった刹那、上太刀となり相手を見て(先の気を失わず)、面のみでなく小手も見て隙を打つ（之は安田五段に対し先日覚えた目付と一致す)。この偏しない技が出来た。

更に上太刀になれば、相手が出れば突、下がれば面、切先上がれば小手又は胴、相手が技を出せば応じて打つ、と千変万化に変わる技の研究をせよ。

一足一刀に対峙し互角。その時、相手の切先を表より軽くチョンチョン抑える——之は一刀流組太刀にある。

即ち相手の切先を抑えてみる。そこで相手が技を出そうとする時、スーッと切先を伸ばして相手の竹刀の中結の辺を軽く抑えると、相手の切先の先を抑える事を得、相手が下がれば面、この技を体得。

切先を抑え、更に中結の辺まで自分の切先が伸びて相手の太刀を抑えられる。相手はこっちより下だ。相手が上だと中結まで入れぬ。無理に入れれば乗られる故、引き下がらなければならぬ。

又、拳攻めは両刃交鋒、攻めてスッと引き(間の縁を切る。人境倶忘[註99])、そこからスッと拳を攻めて入る修行もせよ。

即ち拳攻めは斜左後より又は正面より。而して拳攻めのコツは、先ず相手と縁を切り、遠間から拳を攻めて入る事。

一足一刀より下段に下げると、下げる所を面に伸びられれば負となる。

拳攻めは、先ず縁を切って縁を結ぶ所に勝のある技也。即ち合気を外して勝つの技也（懸[註28]中待、待中懸の気がなければ出来ぬ）。持田先生にも之なら凝らずに入れる也。

六月九日に体育館で各種の拳攻めをやり成功す。但し欠点は体が浮く傾向あり。それでは位が無くなる。それは今後の修行だ。

一足一刀に対峙し気分から技を出す前のはたらき、即ち気が技に変わる時のはたらき。

相中段

一、相手の切先を我が切先にて表より押えてみる（一[註100]刀流拳の払に於ける打太刀、仕太刀の切先の押し合い)。あとは相手が技を出してくれれば、出そうとする頭を切先で軽くなやして入る(之は裏より入るも同じ理合也)。
二、拳攻め(下段に合気を外す)。
三、龍尾返しの巻き方(相中段)。

六月十一日、二予備にて十二時半より二時まで稽古(三段、二段)。

前半――相手の切先を表裏より抑え、又拳を攻める使い方では、相手は切先かまわずにドンドン懸かってくるので、相手の方が先手となる。そうなると相手は元気一杯となる。その結果、互角となり使いにくい。自分の体も思うように働かぬ。

中盤以後――余も疲れていたので、約三十分間は、最初二本は一足一刀で打ち、それ以後は相手が出ようとするところへ切先を突き下げて小胸を突く。即ち相手の中心を抑える。そうすると相手は出にくくなり、懸り稽古になる。

つまり相手が動かんとする所を、中心を攻めて一歩出て応ずるのだ。そうするとこっちの打ち間が出来るのだ。高野先生の下手を使うのはここだ。但し切先で相手の小胸を突かぬ。切先を外していて然もこの攻めがあるのだ。それで下手はかかりよい。

出はなを小胸を突いたのでは、相手は出られずに萎縮する。それでは引立稽古にならぬ。

ここが元立の工夫のいるところ也。

下手を使うに、下手と五分になってはいかぬが、そうかと言って、出はなを小胸を突いて殺してしまっては相手が伸びぬ。これも不十分也。そこが元立の修行だ。

らくな手の内

ここ二、三回、体育館及び二予備の稽古で手の内を一つ悟る。それは稽古中、殆ど竹刀を持つ手の内に力が入らなくなった。

即ち手の内と竹刀と一つになる。軽く持っている感。らくに竹刀を持っている。即ち竹刀がらくに手の内に納まった感。而も打ちはしまる。

従来は努めて正しく竹刀を持っている感。之はギコチない。天品の人は努力せずにこの手の内なのである。

この手の内であると体が自由にはたらく。どこにも凝りが無い。大島[註101]先生の手の内がこうであった。之は生きた手の内也。

打たれるところは一念の生ずるところ

六月十三日（月）、体育館稽古。

手の内——中段の構、左拳を臍の中心につける。

即ち腹まで切り落した時の手の内。これでやるとギコチなくて技の起りが悪い。体がきゅうくつであった。起りが悪く起りを打たれる。

六月十四日（火）。

本日は昨日より体の拍子よし。手の内、左拳を少しく中心より外すと両手の小指だけで竹刀がにぎれ、手の内に余裕生れ、技も起りなく自由に出る。手の内にはこの余裕がなければだめだ。それでしまる時にはピンとしめればよいのだ。常にしまりすぎていては攻めが出ない。

六月十五日、体育館。

A五段を遣う――彼は突張っていて中心が強い。引かぬ。故にこっちからは安易に打てぬ。そこで彼が押して打って来る所を利生突[註102]でスーッと迎え、彼の手の上がったところを胴を打つと打てる。之を二、三本打つ。この技で彼の息はあがる。――我の強い稽古は、技を引き出して使うと使いよい。強い者にただ強く行ったのでは、石に石の合気となる。技は有り難いものだ。

斎村先生が堀口清[註103]さんの京都試合（B君と）を批評して曰く、「堀口さんはここ一、二年の試合で自信が出来たろう。ああ使えば立派なもの。打とうとせず気で追い込んで使う。相手が苦しくなって技を出せば応じてしまう」

斎村先生（四十八歳、昭和九年）、国士舘卒入営者に対し（安藤、馬田）、「剣道は休んでいてあがらねばだめ。自分は病気の時も剣道と思って戦った。それで稽古はあがる。入営してもその心であれば落ちるものではない」

評――之は理で言えば正念相続也。念々正念、歩々如是。

六月十六日（木）、体育館稽古。

剣道は気分と切先で相手を追い込み、相手が苦しくなり無理な技を出せばその起りを打ち又は応じて打つ。

即ち相手が小手を持ってきたら小手を打ち、面を持ってきたら面を打つ。即ち相手の敗を打つ。これだけの事だが、之がむつかしい。

即ち気分と切先で相手を追い込む事がむつかしいのだ。その準備なくして相手の起りを打とうとすれば、若い者には打たれてしまう。之は互角の稽古だ——本日、大矢君を使い損っての感也。

気分は丹田に納まっていなければいけないのだが、相手を打とうとする一念が先に湧くと、先ず自己の構が乱れて浮いてしまい、そこから技を出すから相手に応じられて打たれてしまう。

足腰の乱れぬ修行は容易の事ではない。ここは斎村先生が得ている。

試合中、勝とうという一念が湧いたら負也。それは勝とうという一点に住するのだ。勝敗を忘れてやらねばだめ。それを応無所住而生其心[註104]と言うのだ。(勝とうというのと、「何をっ!」という気当りは異う。勝とうは相対、「何を!」の気当りは絶対)

空[註41]
- 段取り(二つの目付)
- 真剣(切り落し)
- 尻拭い(残心)

相手から打たれるところは一念の生ずるところだ。この一念は先ずどこに生ずるか。曰く、手の指先に生ず。

手の指先に生ずると右手が固くなる。そこを打たれる。固くなれば応ずる事は出来ぬ。

右手が柔軟になっていれば応じられるし、又、技も出る。

逆に言えば、手の内が固くなるのではない。一念凝って心が固くなる。その心の凝りを打たれるのだ。足が固くなるのではない。心が凝って固くなるのだ。故に足が自由自在に働かぬ。

[註105]「明眼の人何に因てか脚跟下紅絲線不断なる」ここに至れば剣禅一致。

持田先生の言

「剣道は心が動かなくなる事が大切。ここまで修行するのは容易の事ではない」

余曰く、心を動かさないでいて、相手が技を出しても応じられぬのは死物。

持田先生「そうです。それだからむつかしい。

[註106]猫の妙術のように先ず技から入り、気を練り、最後は眠っていても周囲に鼠が居ない。

即ち只立っているだけで、相手が何かしようとすると邪魔になる。こうならねばならないのだからむつかしい。この世の中に剣道くらいむつかしいものは無いと思う」

持田先生の言

「審判は実にむつかしい。よい修行になる。

自分はハッとしてもそれを形に表わさない修行を審判でしている。

剣道の審判は頭に何かあるとうまくゆかぬ。

妙義で三十分ばかり朝稽古すると、心身がスーッとなる。この心身で審判するとよい。

それだから自分は妙義の稽古はつとめてやるようにしている。早起きも出来るし、健康にもよし、心の上にもよい。

審判は人間を人間が裁くのだから慎重にやらなければいかぬ。

審判は試合者と一体になり、自分が試合している積りにならねばとれぬ。それで五段の試合もあり、初段の試合もあるからむつかしいのだ」

持田先生の言

○目黒の坂本六段が、自分は今後、構を研究すべきか技を研究すべきかと質問した事がある、と言うと持田先生曰く、技は心から出るのであるから気を練る事が大事である、と。

○剣道は研究しては稽古し、反省する事が大事（之は三磨の位だ）。

○植田平太郎[註107]先生の剣道は相手に乗る所が特徴だ。面が得意技だ。

○Cさんの稽古は機械的の剣道だから味がない。そこへ行くと納富五雄[註108]さんの剣道は練っているから味がある。

○年月は直ぐに経ってしまう。この間六十だと思ったらもう七十歳になってしまった。怠けていればすぐに年月は経ってしまう。

○試合は先々と技の出るような時は勝てる。然し何時もそうはゆかぬ。

三、ここは技ではない、心也

歯を嚙み息を止める

第十九回目

八月九日、妙義にて持田先生に願う。

足は左右転化と技は突技。

本日は昨日の疲れのため腹力が充実しなかった。然し先生に対し終始凝らずに先の技も後の先の技も出る（然し十分にはあたらぬ）。[註109]すり込み突も不十分ではあるが入る。

先生からは小手を打たる。先生の技は軽い。然し最後の方は先生が優勢也。

本日の中心の技は双手突（之が二、三本出る）。

一つの所得は、技を出す前の心境が息を止めたところ、換言すれば[註110]無縫塔の則、良久（一[註111]黙）に契《ママ》当す。

ここから技は出るのだ。之が無刀だ。不見の見、不聞の聞、無舌の舌也。故に曰く、心境はよい。この歯を噛み息を止めるコツは風幡心動[註112]の一黙にも契当《ママ》す。之は類則也。技としては左拳が今少し上がり切先を利かせる事が大事。これで体と刀と一本となり、技も出易く、切先も生きる。

余の構は未だ体と刀と二つになっている。工夫せよ。

体と刀と二つになれば、それが原因して心にも及び、心もまた二つになってくる結果となるは必然也。先輩に願うと自己の長短がはっきりするので有り難い。

『不動の動変これより大なるはなし』。仁者心動、余の剣道は剣と禅とが自然に一致してきた。

但し之は上手の持田先生に願い全力が出るから、この境界に至れたのだ。下手に対してもこれでゆく修行をせよ

余の剣は一刀流の形と地稽古と禅と稍々一致せり。之を正しい剣と言う也。

一黙の着語[註113]

平原秋樹色　沙麓暮鐘声
流水寒山路　深雲古寺鐘　｝心の根源也。
庭台深夜月　楼閣静時鐘

剣と禅とは一致するも、剣禅と生活との一致には至らぬ。念々正念、歩々如是と練ることだ。

無縫塔の則、良久（一黙）の着語

両鏡相対中無影像
銀碗盛雪
白馬入蘆花　｝宝鏡三昧[註114]

九月七日、持田先生の言。

石水五段が杉本六段に負けたのを評し「石水君があの技を持ち乍ら負けたのは、杉本君の間合で使ったからだ。未だ間合の考が足りぬ。若いからだ」（愚評、杉本君の近間でやったから石水君が出ようとすると切先で押えられてしまった。近間で小手を打たる）。

剣道試合は頭がはっきりしていないとだめ。睡眠不足のような頭では試合はよく使えぬ。

九月十二日（月）、妙義にて持田先生の言。

鶴海君曰く、自衛隊のB君が持田先生に願い、一本もあたらぬので面白くなかった、と言うと、先生曰く「あたらなければ面白くないのか、アッハハ……」

味ある言かな。

又曰く「B君が切先を押えてくるからそこを自分がスッと切先を出すと、どうする事も出来ぬ。そこをポンと打つ」

評――之は一刀流の浮木の手の内だ。持田先生は天才だから組太刀をやらなくとも組太刀と一致しているのだ。

巻く太刀に対しスッと切先を出して相手の中心を攻めるのは浮木也。

先生曰く「剣道は五十でだめになる人もあるが、六十過ぎて稽古をあげる人もある。松井[註115]松次郎さんは六十過ぎて稽古をあげた。若い時は気の勝った人であるからさほどに目立たなかった。六十過ぎてからは努力もしたが稽古をあげた。

C君との試合なども、追い込んで立派に面を二本打った。C君は長身だから面が弱いのだ。長身の者は一寸引いても面はあたらぬから、ここを練っていない。それで弱い。松井さんは面が得意也。その得意がCさんの弱点にはまったのだ」

残心あれば二の技が生まれる

第二十回目

九月十四日（水）、持田先生に願う。

待っていると先生から「小川さん、やろう」と声をかけられ、やる。

両刃交鋒、対峙、三段突の手の内を使うと手の内は固くならぬ。之は成功。

ジーッと対し、体の重心が定まる。然し何時の間にか気が上がる。その證は先生に対し足を動かさぬと体の中心が定まらぬ也。ここが定力[註116]の相違也。

余、突に入る。外れる。面を二、三本出すが届かぬ。打ちを出したあとを軽くも打たれる。

之は打ったあと止心となるのだ。

次に一刀流三本目で使う。即ちぐぐっと半歩入り半歩引き、そこから技を出さんとす。

半歩入る事は出来るが、半歩引く時に攻められて軽くも打たれる。

三本目は上手の人には出来ない技だ。次に五本目[註117]で対す。

即ち即意付の突で入る。之は成功す。然し技にまでは発展出来ぬ。付け入るねばって入るコツは出来る。

本日は自分の技は一本もあたらぬ。打たれた所は（軽い）打ったあと。今一つは気が引こうとする所（三本目）をぐっと追い込まれると構が崩れ（上体仰向く）そこを軽く打たる。

この二点が欠点。
一、剣道は絶対に気が引けぬこと。
二、打ったあとは突込むこと。即ち残心也。残心あれば二の技が生る。残心は境涯としては無功用[註118]の田地に至っていなければ出来ぬ也。

鶴海君が本日持田先生に願う。

一足一刀に対し更にギリギリの間で先生がぐっと切先を下げて攻める。そこを竹刀を踏んで思い切り面に伸びる。ぐっと双手突で突かる。この技二本。

あとで鶴海君曰く「以前はあそこで先生から攻められると引いた。引くと道場の隅まで追い込まれるので今日は面に出た。下手の者なら切先の下がる所を面に出れば打てるのだが、先生には突かれてしまった」

余曰く「それでは出てもいかぬ、引いてもいかぬという事になってしまうではないか」。沢庵〝たたずむな、行くなもどるな居すわるな、勝つな負けるな、知るも知らぬも〟

ここは技ではない、境涯だ。持田先生の境涯と一枚になり、その上、持田先生と鶴海君と相対しているなら、そこに微妙なる変化が生るる也。これは変化にして優劣ではない。

持田先生と鶴海君と別々になっていて（打とう打たれまいの念）相対しているのでは優劣が生れる。然しスポーツ式剣道ではここまでは至れぬ。

管区試合見学。疲れる。それは試合に捉われるからだ。自己を見失うからだ。尽大地を面前に抛向するからだ。放つからだ。之も必要。

これだけではいかぬ。他の一面あり。[註119]尽大地撮来粟米粒の大いさの如しと収が無ければいかぬ。之は坐禅也。そのコツはあごを引く事也。[註120]放と収と自由自在に使ってゆけば疲れない。

剣道も然り。打とう打とうで打ってばかりいると疲れるし、又相手があるので打てもしない。之は放也。

一方、打たぬ、即、収がいる。放と収と自由に使って始めて真理的剣道となる也。収は引身本覚也。放は大上段也。

収は雲門の六不収（本体、法身仏）。六不収の上が放也。

第二十一回目

十月七日、妙義にて持田先生に願う。

両刃交鋒、攻め合い、機を見て切先を下げ裏突にゆこうとするところを軽くも小手を打たる。之は下手《したて》にはあたる技だが上手《うわて》にはあたらぬ。

先生の技も十分ではないが、小手及び面を打たる。

中盤、先生が出ようとする所を水月を突く。先生も突く。之は相突、互角也。余からは一本になる技はあたらなかった。

十月九日、稽古試合以後、持田先生に願う心構。

一、稽古前、待っている時は口をあいた数息観で平心《ママ》を養うこと。

一、両刃交鋒、小手は打たせる事。而して先生が小手に来れば双手突に入ること（殺と活也。攫[註121]々怱々水裏月）

ここは切らせて突きぬける場也

第二十二回目

十一月十二日、妙義にて持田先生に願う。

稽古前の工夫——両刃交鋒、相手の切先を裏表と下より巻き、スッと切先で突に乗る心(浮木の理)。

稽古——切先を生かして(裏表と下より[註122]巻き突で乗る)願うと先生も亦切先を生かし、互に切先の攻め合い、気分も互に張っている。互角の位、どちらも一本になる技はない。

最後に余の気が先生に押され、とまるところを小手より面と打たる。之で終り。

本日の使い方は成功。之で切先の攻め合いは自得した。この生きた切先で、あとは腹力さえ充実していれば打たれぬ。勝負所は腹力問題也。

『浮木の理（浮木は相手の切先にさからわずに下よりくるりくるりと巻いただけでは死物也。その巻いた切先に突があって始めて生きた切先となる也）。

Aさんの浮木は巻くだけで突がないから死物となり相手から打たれるのだ。鶴海氏の浮木はよい。切先に突があるから切先が生きている。堀口さんの浮木は満点也』

『浮木の心は打とう打たれまいという気があってはだめ。赤子の心也。

浮木は、心は赤子、切先は突（大丈夫の気）

宗演老師座右銘、負丈夫之気抱小児之心』

心気力の一致とは浮木也——之は剣道の極意也。

気剣体の一致とは三角矩也——之は剣道の初門也。

故に曰く剣道の目標は気剣体の一致より心気力の一致に至る。

気剣体の一致は五位なら正中偏、心気力の一致は兼中到也。[註123]

気剣体の一致は見性也、[註124]心気力の一致は悟了同未悟也。

力抜山気蓋世[註125]　時不利騅不逝

気　　心

浮木

第二十三回目

十一月十五日（火）妙義道場にて持田先生に願う。

稽古前、切先と足の工夫――即ち[註126]一刀流四本目、下段の霞の切先と足。

稽古――両刃交鋒、余がスッと出、打ち間に入らんとする前、互に切先の裏表の触れ合い。

余が面に出るも届かぬ。先生の技もだめ。かかる技を互に二、三本ずつ出す。

余は先生の切先を押え、然る後、ジーッと表にまわる。この押えは利く。

裏へまわる時も先ず切先で押え、然る後ジーッと裏へまわる。この下段霞の切先と足のさばきは先生には利く。何となれば持田先生の攻めは直線のみなれば也。その中、先生の切先が定まらぬ機に、スッと下段にさげて拳を攻め、そのまま切先を表に出して面を攻め、真面一本。先生は「参った」と云う。（之は日光で[註127]小島主君を打った初太刀の面也）

次に先生は少しく間を詰め、下段突で攻めて胴を打つ。之で互に一本一本。余は之で止める。先生は未だやろうと云う。

以上、前半は互角也。間合は一足一刀より少しく入った互角の間合の稽古。

後半――後半は先生が攻勢に出る。ぐっとギリギリの間に詰めて来る。余の切先は少しく浮いている。そこを下から小手、面と伸びられた。

次には同じギリギリの間で先生攻勢、突より胴を打たれた。

この二本は余の切先が浮き、打とうという一念があるから打たれたのだ。

最後に互に対峙、先生は明るく見ている。面の機と見て面にゆくと胴を打たる（之は先生の切先の生きている時に技を出したから抜かれたのだ）。

要するに、前半は互角の間、面の打ち間で稽古したので余の面があたり先生の技は届かなかったのだ。之は余の得意の間合也。

後半はぐっと詰めて近間。然も先生は下段の拳攻めより技を起す。この時の間合は突の間合也。突の間合になっている時、打とうという一念のあった事が余の戦わざる以前の負也。この間は余の弱点也。

然しこの間でも相手が下なら余は勝つ。それはA六段を使う時、彼は突の間で頑張っている。この時、余は切先を下段にさぐ。裏突又は下より小手を打つ。彼の心が留ればグーンと真面を打つ。この理合で本日は反対に持田先生から打たれたのだ。

又、後半に於ては右手が固くなっていた。之は心の留っている証拠也。余の欠点はこの近間也。京都及び稽古試合に於て二本目がだめなのはこの近間が明らかでないから負けたのだ。ここは今後の修行也。

本日は余の欠点がありありと自覚出来、有り難かった。

この後半のギリギリの間が兼中至の則の境界也。両刃交鋒避くるを須ひず。ここは少しの些略[註128]も入らぬ所也。思慮分別の入らぬ所也。剣道の極意也。ここを体得せよ。好手還て火裏蓮に似たりを境涯で体得せよ。

本日は、前半は先生の中心を攻めていたが、後半は切先が中心から外れていたのだ。形ではついていても、気がそこになければだめ。ギリギリの間の勝敗の分岐点は技に非ず、気の勝負也。ここは切らせて突きぬける場也。一刀流[註129]他流勝の勢十大極刀の真行草の間合のところ也。

持田先生の偉い所は、間合をかえて使う事だ。一足一刀で使いきれぬ時はグッと攻めて下段に付ける。而して強い気と切先で勝つ。又相手が技を出さんとすれば引き出して抜いて勝つ。

——先生に対しては間合を学べ。一足一刀よりグッと攻める事が出来れば面の間合が生れ（生中之生）、互にギリギリの間となればここは互に死の間。死の間に於ては水月めがけて双手突、之が死中之活也。

上からざっぷりあびるとも突き破って勝て

第二十四回目

十一月十七日（木）妙義道場にて持田先生に願う。

本日は近間になった場合には下段の突にて相手の中心を破る争。

稽古——両刃交鋒、ジーッと対し、互に間を詰める。打ち間になった時、余が一念の一瞬止ったところ、即ち出ようとするところを色無しの双手突にて突かる（上より）。立ち直り、同じ間合にて余が出ようとするところを色無しの真面を打たる（以上二本は同じ理也。余の切先が打とうとして居付いたのだ）。それから同じような所を不十分乍ら一、二本打たれた。

そこで余は先生の切先を下より裏表と巻く。然し之では相手に乗られている感。

そこで反対に上より真直ぐに手を伸ばす（大正眼）。そうすると自分の体が大きくなり相手から乗られぬ。技も出易い。先生からの片手突を応じて逆胴（先生は「参った」と云う）。この大正眼から乗って面に出たが、胴にぬかれた。

以上、前半、一足一刀の遠間で本日は持田先生の完全の勝。余が大正眼にて乗り返してからは互角の争。どちらも不十分の技。

次に第三段——今度は、先生は下段にて近間にグッと余の拳を攻める。余も亦下段となり先生の太刀を下より払う。この争い約二分間位か。この時は互に真の間である。些略は入らぬ。

余は先生の太刀を下より張って入る。先生もグッと攻める。殺気と殺気の争い也。ここは真剣勝負だ。

技としては互に一本もあたらぬ。気は互に一歩も引かぬ。余の息はつかれる。互に十分な技は一本もなくて余は止める。

反省——本日の第一段は完全なる持田先生の勝。——之は余が昨日抜歯のため頭がボーッとして一足一刀の機を見損じたのも一因也。（ここは龍尾返しで入れば打たれぬ所也）

ここは完全に先生に乗られ、先生の体大きく、余小さく、先生の切先は生き余の手の内は縮む。技は出にくい。（草の間也）

第二段は余が大正眼にて切先を相手の目につけ、グッと手を伸ばしたため余の体大きく、手の内も伸び伸びと技は出易くなる。打つ打たれるは別にして、この場は互角。然し未だ些略の入る間也。行の間也。

第三段は互に真剣、下段、必殺の剣。真の間也。

ここでは互に技なく、然も気は互角に使えた。一昨日はここで乗られてしまったのだ。一昨日の失敗をとりもどす。

持田先生に従来願って真の間でこれだけ使ったのは本日が始めて也。

斎村先生、持田先生の真の間の差は、気合は同じ。差しちがえ也。技即ち切先が異る。

斎村先生は切先はかまわぬから、先生の拳を攻めて突込めば互角となる。持田先生は切先を生かしているから、端的に拳を攻めてはだめ。その前に先生の切先を裏から張っておいて、先生の拳、下腹に突込むこと。之で互角。

換言すれば斎村先生には切先の争はないが、持田先生には切先の争がある。ここが両先生の異る点也。腹は同じ。

持田先生に願い不出来の時は、一足一刀即ち草の間に於て先をとられ、それより四、五寸入った行の間に於て切先を浮かされ（右手固くなる）、真の間に於て詰まされる。

この三つの間の共通的の敗因は気分と切先と也。要するに先生から中心を破られるのだ。先生の中心を破る技は突あるのみ。[註130]上からざっぷりあびるとも突き破って勝て。

十一月十八日、妙義で下手《したて》を使い感——下手を使うのはむつかしい。相手はこっちの切先も気分もかまわずにドンドン懸かってくるので、ついつり込まれ、稽古が浮いてしまう。真剣味が無くなってしまう。

気分は上手《うわて》に懸かる時も下手を使う時も同じでなければいかぬ。一貫せねばいかぬ。それには打たれる事を気にせずに、一足一刀の間で理合の稽古をしてゆくより外はない。

一足一刀を本とし、相手により変化して使う事だ。下手がむつかしいのは、恰も軽い竹刀を使う事がむつかしいのと同じ。軽い竹刀を重く使う事は至難な事である。

下手は甘く見ないで試合の心で使え。

処世の根本の心構は慈悲心也。慈悲心があれば十人十色に応対出来る。

修行は日常生活に在り

第二十五回目

十一月十九日、妙義道場にて持田先生に願う。

『持田先生に願う前に三段位の者を三人使い、体の拍子は出ていた。

本日は左手を主にし、左手で竹刀を操縦する工夫をす。左手で竹刀を押し出し、右手はしごく気持(之は斎村先生が切り返しを受け、中段で追い込んでゆく時の手の内也)。この手の内になると右手の力ぬけ切先生きる』

持田先生に願う――両刃交鋒、初めより体の拍子よく、中段が自然にきまり、体柔らかに切先生く。左手は自然に少しく上がる。

互に間を詰める。余は固くならぬ。気と切先の攻め合いの後、余は面に伸びる。あたらぬ。

先生が技を出そうとしても、そこを突の切先で乗るので十分な技は出ない。

余は先生の中心を攻め、小手又は面にゆくも不十分。先生が攻めれば余に突き破るの気ある故、攻めが利かぬ。かくして約三分位、経過す。

余が突の気で攻めると先生は表に受けようとする気があるので小手より胴一本打つ。先生は「参った」と言う。――互に一歩も引かぬ互角の位。

先生から軽い片手突がきたので止めようとすると、先生「もう一本」と言う。

互に攻め合い、余が突かんとする所を先生は「お先に」と手を伸ばして突く。少しくあたったが、足腰が伴わぬ故、余には通じない。

本日は先生の気が少しも通じない。張っていないようだ。故に余は片手突も出す。

最後に一足一刀の間にて余は裏にまわり、それより切先を下段にさげ、スッと表に半歩出て切先を先生の顔につけ、真面一本。立派にきまる。先生「参った」と言い蹲踞す。余が「切り返し」と言っても受けぬ。終り。

この最後の面は日光で小島主君を打った初太刀の面也。

反省――本日は真行草三つの間を考え、之を破り、先をとる秘は、〝上からざっぷりあびるとも突き破って勝て〟の理と気で願う。[註131]（菱角尖々錐よりも鋭し）この気が先生に通じ、先生の間が破れたのだ。

先生は余の間を破る事が出来なかった。最後の方になる程余の心身に余裕が生れた。
昨年十一月十六日、妙義で先生に稽古を願い、ここ一年間は先生の方が攻勢でよかった。余は出にくかった。それは切先と間合で負けた。満一ヶ年の修行により本日、先生の三つの間を破る事を得。

そこで思うに、剣道修行は終極は道場内のみではない。道場が本ではあるが、ほんとうの修行は日常生活に在り。日常この気を相続する事が秘訣也。白井亨[註132]先生の練丹はここ也。然しこの程度で満足せず更に上がある。即ち間合のない無功用の田地。〝風[註133]吹柳絮毛毬走、雨打梨花蛺蝶飛〟の自然の境界を目標として修行せよ。

本日持田先生に願える境界は、

構――荷[註134]葉団々円似鏡（真の三角矩）

技――菱角尖々鋭似錐（三つの間合を破る）

今後は更に精進し一週間に一度か、少なくとも月に一度は持田先生に願うべし。

日支事変帰還後は昭和十六年に持田先生に真剣に願い、どうする事も出来ず。その後三年修行し、四十七回目の昭和十九年三月二十九日に真面一本を勝って打ち互角の位となる。

終戦後八年稽古を休み、昭和二十九年十一月十六日に始めて持田先生に願い、どうする事も出来ず。その後、満一ヶ年修行し、昭和三十年十一月十九日、第二十五回目で先生の位を破る。

然し剣道はこれでよいと思った時は堕落也。よいと思った場をすぐに捨て、また新しく修行をやり直す心が秘訣也。釈迦彌陀も修行最中。

十一月十九日の持田先生に願いし時は、余は下手を三人使い拍子よく、持田先生は一人も使わず始めに余とやったので拍子が出ていない。この点も考慮の要あり。

第二十六回目

十一月二十八日、妙義にて持田先生に願う。

(上からざっぷりあびるとも突き破って勝て——の境界にて願う)——事前統一(段取り)。

本日は十分に気剣体一致せぬ。

両刃交鋒、互に間を詰める。先ず小手を打つ。あたらぬ(この軽い技の出るのは気剣体一致せず、少しく浮いている證也)。

互にギリギリの間に於ける攻め合いは、先生が攻勢。余は受け身の形となる。但し構は破られぬ。互に十分なる技はない。

先生が攻めんとする機を感じ、余は先ず足腰をぐっと伸ばす(たけ比べの身。宮本武蔵の身で勝つというところ)。そうすると先生の攻めに乗り返せる。先生は出る事が出来ない。この乗り身を稽古中、四、五回やる。皆成功す。一歩も引かぬ。

互に十分な技がないので、そこで余が止めようとすると先生曰く「もう一本」と。

互に攻め合い、先生が攻勢となる。余の切先を先生は切先で表からチョンチョンと押える。余が引き気味となる所を軽いが真面一本打たる(之はよい技だ)。

評――本日は終始、殆ど先生が攻勢。然し余は互角に立ち構は破られぬ。

所得――一足一刀より相手が動かんとする機に足腰を伸ばし(坐禅の体)、相手に乗る所を体得す(之は曾て四十四歳の時、講談社にて先生に願い、直立《つったったる》之身を体得した。これと同じ理也。但しこの中心は足、殊に腰也。之を本日体得す。別に体を大きく伸び上がる事はいらぬ。孟子浩然之気也)

今一つは一足一刀にて先生から攻められ、表からチョンチョンと切先で切先を押え込まれて引く所を打たれた面、これは理合の技也。工夫せよ。

斎村先生は裏より裏より巻き込んで面を打つ。之はよい技。持田先生と反対の技也。

今一つ――先生の裏にまわるのは切先を裏につけ足を左に転じねばだめ。本日はこの切先の付け方がだめであった。

不即不離の境界に入る

第二十七回目

十一月二十九日、妙義にて持田先生に願う。

(上からざっぷりあびるとも突き破って勝ての境界、之が剣道の骨となる)

両刃交鋒、対峙、稍々しばらく互に間をとる。互に技を出し突にて入る。近間となる。そこで二、三合するも、どちらも一本になる技無し。

一足一刀にて対峙、又同じく先生が技を出そうとする所へ余も技を出す。即ち互に突にて入る。一、二合し近間で先生が受け身になったところを面を打つ。先生は「参った」と言う。

先生が攻めんとすると足腰で乗ると先生は出られぬ。この乗りを四、五回やる。この乗りは身についた。この乗りがある故に一歩も引かずに互角に使えるのだ。

Ｂ氏にはこの乗りがない。手先だけで乗ろうとするから押されるのだ。

又一足一刀にて先生を攻むるに直線に出たのでは攻めは利かぬ。下段霞（一刀流）の攻めは利く。

即ち切先で先生の切先を表より押え、次に足がジーッと右斜に回りて攻める。又先生の切先を裏より軽く押え、足はジーッと左斜に回りて攻める（之は斎村先生の間合の転換也）。即ち切先で攻めるという事は打つに非ずして先ず相手の出方を見る也。これ下段霞の心也。斎村先生、持田先生に対しては先ずこの霞を開いて相手の出方を見るの手段がいる。あとは相手の出方により変化する也。この攻めを体得す。

この攻めがあると相互の間にピンと一本の糸が引かれ縁が結ばれて不即不離[註135]の境界に入る。之を体得す。

互に十分な技がないので止めようとすると先生曰く「もう一本」と。先生が出れば真直ぐに突く気で構えると先生は出られない。その中、先生得意の切先を表よりまわして打つ小手を一本打たれ、止む。

本日の所得

下段霞の開き方――左右共。

足腰でぐっと乗り返すコツ。

中心の技は突也。

持田先生に願い直ちに窪田君と稽古す。

持田先生に願いし気分でやると相手は気分はかまわずに技を出してくる。そうすると軽いが面を打たれる。三、四本打たれた。

そこで稽古をかえ、一足一刀にて相手が技を出そうとする起りを相手の切先を裏よりポンと張ると技は出せぬ。又出してきてもその技を応じて面が打てる。之は如何なる理か。剣道は上手は気合が主なる故、気で使えば稽古となる。気の切れた所が負。

下手は気は分からず、形也、切先也。故に下手に対しては切先を殺せば相手を殺す事が出来るのだ。

今日は持田先生と窪田君と二本願い、よい参考となった。下手に打たれるのは相手の切先を殺さないから也。気は攻められていないのだから切先を殺す事は容易也。

要するに三殺法を体得していれば上手にも下手にもよく使えるわけ也。

余は切先を殺す事は未熟、気を殺す事は得ている。之は突也。切先を殺す事は切先と足と也。切先と足で相手の切先を張る、抑える、なやす等也。切先を殺す事は増田氏、鶴海氏は得ている。

持田先生の言として森正純氏[註136]——剣道は四十代にしっかり修行しておくと五十代になっても使える。五十代にしっかり修行しておくと六十代になっても使える。六十代にしっかり修行しておくと七十になっても使える——。

この意味で余の剣道がほんとうによくなるのは六十二、三才からだ。それは八年間の空白ありし為也。それには健康第一、修行第一。

第二十八回目

十二月二十日、妙義にて持田先生に願う。

入歯を入れたため気分が充実せぬ。

真行草三つの間を破るは「上からざっぷりの突」。

両刃交鋒、対峙、切先の攻めより余、小手にゆく。不十分。先生が攻めると余は拳攻めの切先（一刀流二本目）にて攻め、切先を先生の小胸の中心につけるので先生は技は出せぬ。

本日、面を四、五本出す。何れも足りぬ。双手裏突を三本出す。二本あたる。先生よりは面を軽く一本打たる。手のあがったところを小手を打たる。先生は余が止めんとするを「もう一本」と言う。互によい技はない。

本日は終始互角。余の方が先々とかかる。十一月十九日以来、互角の位をかち得たり。本日の成功は拳攻めの手の内也。これなら切先が生きる。従来はこれが無かったから、追い込まれると手の内凝り技が出にくくなってしまったのだ。

ここは技ではない、心也

第二十九回目

十二月二十四日（土）妙義にて持田先生に願う。

両刃交鋒、互に攻め合い不動。先生の動かんとする所へ小手に行く。あたらぬが「よいところ」と先生は言う。

面、及びすり込み突に行くも本日は一本になる打は一つもなかった。それは余の気が貫いていないから也。

　本日の余の面は右手と右足と也。故に足りない。左足、左手が利かないのは中段の構が中心を失っているのだ。腰から下が安定していないのだ。之では気が宿らぬ。

　先生からはギリギリの間でスッと切先を下げて攻められると、余はそれを見て少しく手元をあげ、顔を引く傾きあり。そこを面を打たる（軽いが）。この技を二本打たる。

　最後に一足一刀に対し、先生が動いたら双手突（表より）を突こうと思った刹那、先生より先に双手突を突かる。之は余の突の気が写ったのだ。

　反省――本日はよい所を打たれた。面も突も皆余の気の止った所也。余の欠点を打たれたのだ。余はギリギリの間で相手から上を攻められたのでは応じられるが、切先をスッと下げて攻められると、手元を上げ顔を引き、受け身になる癖あり。即ち下から入られる欠点がある。

　下から入られる時は、スッと切先を出して相手の小胸を突けば相手はどうする事も出来ない理也。一刀流の形なら[註137]地生相下段の理也。突で乗ればよいのだ。

　又相手が切先を下げようとする所を真面に伸びてもよいのだ。それが出来ないのは、ギリギリの間で固くなっているのだ。気が引けているのだ。之が余の何よりの欠点。今後はこの欠点を修行せよ。即ち乗り突を修行せよ。

今一つは、本日攻められ打たれた原因は、余が打たせても裏突で突き破る、この突の気が欠けていたから也。

故に曰く、剣道の終極は技ではない、気が本也。絶対の気を練ればそこから技は自ら生る也。持田先生に対し技で懸かってはだめである。

本日は持田先生に打たれ、余の欠点をよく知ると同時に剣理も亦明らかとなる。この理は三殺法[註138]の気を殺すという要点也。

妙義にてC君を使い体験す。

彼はこちらが正しく構えていても、こちらの気分と切先にかまわずにどんどん打ってくる。こちらの気分は通じない。こちらが後手となる。

かかる相手には両刃交鋒、相手が技を出そうとする機にこちらが相手の切先を先に裏よりポンと張ると彼の先は止まり、こちらが先となり相手を制する事を得。気分で攻める相手は仕方がないが、技だけで来る相手には切先を張れば相手の先を封じて勝つ事を得。之は三殺法の太刀を殺すという所也。

高野先生の所謂、三角矩の構（本体）と三殺法（作用）とは鍛錬すべき要点也。

第三十回目

十二月二十七日、妙義にて持田先生に願う。

先日は右手、右足に力が入ったので本日は左半身に重心がゆくように注意す。

本日は余の出した技は一本もあたらぬ。先生から来た技は大部分は余の切先は先生の小胸についている。真面に出た時、出小手を打たれ、又追い込まれて不十分ながら面が二、三本来る。

反省——二日間稽古を休んだ為か手の内がだめになっている。即ち竹刀が左手に納まらぬ。更に竹刀を忘れる事などは出来ぬ。その為、技の起りがスラリとゆかぬ。之が欠点也。長所は先生から打たれても構は破られぬ。

もう一つ、修行した構を破られぬだけでなく、身心一如、先生に乗って使えねばだめ。その要点は一足一刀より攻め合い、ギリギリの間合で何時も先生から乗られる。これを乗り返す修行だ。ここは悟也。ここが両刃交鋒避くるを須ひずの難関也。山岡先生はここを悟ったのだ。ここは技ではない、心也。身心一如、彼我一体也。

四、出発点は捨て身、到着点は相打ち也

気位から出れば思わずして技は出る

第三十一回目

十二月二十八日、妙義にて持田先生に願う。

二十七日に持田先生に願いし後、下手を二、三人使い、太刀の持ち方のヒントを得。それは竹刀を左手で持つ事だ。左手のたなごころに竹刀の柄が納まるコツだ。こうなると竹刀と体と一つとなり凝りなく技が出る。

ここの手の内のコツを悟り、本日は左手（片手突を突き出す前の手の内。即ち左手が主、右手は添手）に竹刀を納めるコツで願う（この手の内となると切先生きる）。

両刃交鋒、左手を主にして使うと切先生き気分も生きる。突も出る。面も出たが不十分。先生から何本か不十分乍ら打たれた。

先生は余の切先が利き、突が出るので切先を下げて下から裏突を突いて来た。無理な突なる故、余の右脇の下を突く（道具外れ）。この技を二本出す。
之は思うように使えぬので先生が真剣となり、苦しまぎれに出した技だ。持田先生がこんな技を出したのは余に対して始めて也。否、外の者に対してもこんな技を出した事はない。要するに真剣になった証拠也。持田先生云く「悪いところを失礼しました」と。
余の切先は崩れぬ。互に間が近くなった時、余は切先が生きている為、先生の小手を（巻小手で）二、三本打つ。不十分乍らあたる。この技は、余は従来は出していなかった。この近間になって切先が生きていれば持田先生に対しては巻小手が打てる。ここから先生の間に入れる所を悟る。（拳を攻めて巻小手）
本日の所得は、竹刀は左手で持つと切先生きる事と持田先生には近間で拳攻めより巻小手に入れる所を悟る。

第三十二回目

十二月二十九日、妙義にて持田先生に願う。
二十八日に望月君[註139]が持田先生に懸かるのを見て参考となりし点あり。

それは互にギリギリの間となった時、望月君はここで余のように頑張らず、手を伸ばし、切先で先生の顔を突くように上太刀となって入り、そこから小手に変化したり、又外の技にかわる。持田先生も望月君の切先にはなやまされる傾向あり。

本日は望月君の如く上太刀にスーッと入るコツと、余の特徴のギリギリの間で拳を攻めて下から入りて打つコツ、この二つのコツで願う。

両刃交鋒、対峙。本日は気剣体一致した関係上、微動もせずに対す。足腰がピタリと定まる。

互に攻め合い、余は先ず裏突にゆく。そこを先生はかまわずにぐっと出たため先生の右手の稽古衣の袖裏へ竹刀が入る。

対峙。次に面にゆくと先生は応じて胴。余は左手を主にして先生の小手を攻める。先生は面に出る。余は小手。之は相打となる。

互に位攻め。余の技は出易い。先生からも小手、面が来た。が、攻め合う中、余が思わず面を打つとあたる。先生「参った」と言う。

この面は互に攻め合い、小技を出して争っている中(近間)、先生の気が一寸引けたので面に伸びたのだ。それは余が稽古をしている故、気が切れなかったので打てたのだ。

最後に軽い小手を打たれ止む。

反省――本日の稽古は思わずよく使えた。終始気分充実、態度も崩れぬ。故に呼吸も乱れず心気の疲れもなく余裕があって願えた。技もスラスラと出た。

本日の稽古は一言にすれば位也。先生と互格の気位で使い之が成功したのだ。

そこで思う。剣道の技は、この気位から出るのだ。気位から出れば思わずして技は出るのだ。打とう突こうとしては気位が無くなり、又打ち突く技もあたらぬ。ここを悟る。技は気品より生ず。

十二月三十日、妙義にて体験。

谷崎君を使う――左手を主にした構で使うと切先生き、技が思わず出る。

尚、両刃交鋒。そこでどう攻めるか。切先をスッと出して相手の目を突く如くし、その儘手の内だけで相手の切先を表より押える（之は即意付[註117]の理）。

相手が引けば面、出れば出小手、又裏よりスッと入る。この手の内を悟る。従来は相手の切先を表裏より攻める場合に中段に構えた儘でやっていた。之では不十分也。

鶴海岩夫君より聞く。

小澤豊吉[註140]さんが京都時代、宮崎先生[註141]と試合し、よく使ったという事を持田先生に聞いたので、それを小澤先生に問うと、曰く、あれは門奈先生[註142]から教えられたのだ。「明日の宮崎君との試合は、宮崎君は切先の触れる所は強いから、そこで使ってはいかぬ。相手の竹刀を表裏から攻め、だんだん中結を攻め、相手が技を出したら、その起りを打て。若し技を出さなかったら更にジリジリと表裏より攻めてどこまでも入ってゆけ」と。その通りにやったらよく使えたのだ。それで宮崎先生曰く「小澤君とやると、まるで門奈先生に願うようで実にやりにくい」と。

持田先生云く——

「渡辺栄[註143]さんは身長より手も長く、スッと小手を打ち、スッと面を打つ。それだけだが実にやりにくい。ああいう人と使うには、遠間でやるか、又は間を詰めてしまうかだ。然しなかなか間を詰める事が出来にくいのだ」

愚評（持田先生の剣道の根本は間合だ）

岡田守弘[註144]先生の言

「増田真助先生は講談社で全盛時代に下手を実によく使うから持田先生に対してもよく使うと思って何回か見学したが、先生にかかるとだめであった。あの技は利かなかった」と。

それは腹力の根本が破られぬから也

第三十三回目

十二月三十一日、妙義にて持田先生に願う。

本日の稽古は遠間の稽古になってしまった。互に間に入れぬ。技としては余が面に出るところを出小手を打たる。外、軽くも二、三本打たる。余の出した小手、突、面技はあたらぬ。結局、先生の間を破る事が出来なかった。先生からも余の間を破られぬ。攻防味のある稽古を願うことが出来た。

結局、持田先生と余の稽古は、反省するに実力の相違だ。これぱかりは仕方がない。来年度は大いに鍛錬工夫すべし。

持田先生が鈴木幾雄[註145]氏を使うのを見学すると、鈴木君は構は破られぬ。先生がジリリと攻

め(中結のところまで)、右小手を打つ。不十分。次に片手突。不十分。(鈴木氏は間でぬくのがうまい)

次に追い込んで面。之は一本。鈴木氏が技を出すと、そこをすり上げて打ち、相打の先で打つ。鈴木氏は一本もあたらぬ。

評——鈴木氏は間合のとり方では持田先生に劣らぬが、気位で押されるのだ。持田先生は自然体で攻めている。鈴木氏は左足に力が入りすぎ、少しく凝っている。この対峙の気位、構で負けている。故に追い込まれて打たれ、技を出すと応じられるのだ。この気位で負けるのはどうする事も出来ぬ。結局、剣道は間合ではない。その本は気也、気位也。

滝澤君[註146]を持田先生が使うのを見学し、之も参考となる。

滝澤君が先々と技を出すのを抜いて打たれ、応じて打たれ、相打の先で打たれる。

滝澤君は裏より巻いて入るところがうまい。裏より巻いて小手にゆき、先生が下がるところを面に伸び立派に一本打つ。之は見学して参考となる。

鶴海君の言——

「持田先生に願い、打てるところは先生が小手を打とうとするところを面に伸びればあたる。然しそこを一寸おくれると、先生から先に小手を打たれる。

持田先生に願い、一つ不利な点は、つばぜりになり、そこで先生を押すわけにはゆかぬから退ると、先生はすぐに付け入って来る。そこで自分は引いて間をとらねばならぬ。この点は不利。外の先生なら京都の小川金之助[註147]先生でも、つばぜりになれば自分は下がらぬ。先生をぐっと押し、互角に構える」と。

第三十四回目

昭和三十一年一月九日、妙義道場にて持田先生に願う。

境界――上からざっぷりあびるとも突き破って勝て。之の表われが切先の鋭気、之がギリギリの間に於て粗相せぬこと。

両刃交鋒、先生の切先を裏より巻き、又は表より抑える。先生不動。

互に間を詰める。余は左拳の先の気を失わぬ。先生が技を出さんとする機に小手を打った。不十分。

互によい技はない。余は面を出すも届かぬ。ギリギリの間にならんとせる時は凝ってはいかぬ。その為には切先が生きていればよい。

その法は、一刀流の拳攻めよりスッと中段の上太刀となると切先は生きる。之にて対峙。

先生はギリギリの間にならんとする時、ここで先をとる為に切先を水月（中心）につけてスーッと手を伸ばす。余もこの法を何回かやる。互に切先の攻め合いでどちらも十分な技は一本も出ない。

余はギリギリの間に於ても腹腰が定まっている故引かぬ。

本日は結局、どちらもよい技は一本もない。それはどちらも腹力の根本が破られぬから也。

持田先生が増田道義さんを使うのを見学し参考となる。

増田道義さんは、両刃交鋒、切先を下げ、小手、時にあっては突にゆく稽古也。

道義さんが切先を下げようとする所を持田先生はスーッと真直ぐに切先を出し、相手の水月に付けるので増田さんの技はみんな簡単に外れてしまう。近間で技を出せば悉く左右にすり上げて打たれてしまい、結局、追い込まれて、始めから終り迄、懸り稽古にされてしまう。参考となった。

持田先生の攻めは、相手の起りをスーッと切先を水月に付けて殺す法と、対峙し、相手が少しく固くなっている、即ち相手が技を出そうか出すまいかとして出にくくなっている時に、スーッと下から入って小手を打つ。この二つの攻めは恰も形の如し。合理的の攻め也。参考とせよ。

持田先生曰く——

「増田道義さんは、引けばあの突はあたるかも知れぬが、出さえすればなんでもない」と。

大矢君がよくなったと言うと、持田先生曰く「遠間で使うとよいが、四、五寸詰めてしまうとどうする事も出来ぬ。然し試合となるとなかなか四、五寸詰める事は出来ない。癖は知らぬ間につくもので、自分は今は相手に攻められ手をあげる癖がついた。随分注意しているのだが」(先生はよく胴を助教などに打たれるのはこの癖があるからだ)。

余、持田先生に言う。「先生に御願いすると、気分が一杯に入り全力が出ます。下手を使う場合にも同じ人間だから全力が出てよいわけですが、下手に対しては気分が一杯に入りません。この点は心懸けているのですが自分には未だ出来ません」

持田先生曰く、「下手に対して気分が一杯に入って使えるようになれば、もうしめたものだ」と。

持田先生曰く、「小川さんは自分は無器用だと言うが、それは卑下しているのだ。小川さんの剣道はシンが立っている」

三角矩の中心は腹腰と切先に存す

一月十日朝、妙義道場へ行く途中、電車内にて剣理を工夫す。要点は「気分と技」「体相用」。

昨年十一月十九日、妙義道場にて持田先生に願い、上からざっぷりあびるとも突き破って勝て、即ち浩然の気を稽古上で体得す。剣道は之が根本、土台也。それは三角矩と切先の絶対の一気、先の一気である。之は持田先生に願いギリギリの苦しい間に入っても餒えず屈撓せず死中之活。この三角矩を本体とす。

而して剣道修行とはこの三角矩を円熟せしめる事也。何によって円熟せしめるか。曰く、常住三角矩（自己）を見失わぬ事と三角矩を離れず、ここより生れたる技にて円熟せしむる也。

三角矩の中心は腹腰と切先（左拳）に存す。而して上手（持田先生）に対する場合はギリギリの間になった時、切先の一気で相手の拳、下腹を攻め、相手が出れば面、相打で小手を打つ。又は裏突。之で切先は生きる。又はギリギリの間で拳攻めより中段に乗る（一刀流二本目）。この切先も生く。

而して相手の水月を攻める。即ち三角矩より相手の拳を攻めるか、水月を攻めるかで先の気は失われぬのだ。技は上手なら相打でゆくこと。之は困難に見えて却って容易也。それは相手が上だから全力が出るのだ。

然らば下手を使う場合は如何。この時は相手を下と見る故に、先ず打とう突こうの一念が出て気分が一杯に入らぬ。ここが負也。

故に下手と雖も上手に対すると同じく、三角矩と切先（左拳）をしめ、ギリギリの間に詰める事（このギリギリの間は相手により異る）。

而してここに一大事あり。それはこの間で意をはたらかせて打とうという念の起きる事が、禁物。之が余の大心病也。ここでも上手に対する如く切先を相手の臍か水月かに付けてジーッと動かず、然も相手につけた切先は手の内を二、三寸伸ばして相手の切先を押え、又は乗っている事。

換言すれば、打つ前に先を取って、然も不動心（意をはたらかせぬ）。この時、相手が下なら追いつめられて苦しくなって技を出す。技を出したら出小手を押えるか、抜胴にぬいてしまうか、又はすり上げて打つかすればよい。又、躊躇したり引いたりすれば、ズーンと面に伸びればよい。即ち、応じて打ち、追い込んで打てるのは相手が下手なるが故也。

之を以て考えるに、上手に対するも下手に対するも三角矩の構と切先（左拳）は同じ也。只、異る点は技也。上手には相打、下手には応じ技、追い込み技で勝つ。ここが異る也。

以上を工夫し妙義にて元立を約一時間やり、本日はギリギリの間で余裕を以て使えた。相手も早く息があがる。

従来は下手に対してはギリギリの間が出来なかった。只、打とう突こうという一念が先に立った為、稽古がゴツゴツして面白くなく、又打たれもした。上手に対しても下手に対しても一貫の気を相続する事が主。

次は打たぬ前にギリギリの間に追い込み、ここで先を取っている事が工夫だ。之を乗ると言う。

「剣道はギリギリの間に妙所あり」「両刃交鋒避くるを須ひず」——窮。変。通。

中山博道先生曾て曰く、「小川君は多年苦心していたが、とうとう剣道の極意を体得した。それは打とうという慾もなく、打たれまいとする恐れもなく、そうかと言って相手が技を出せば先を取ってしまう。その証拠が突だ」と。

余、之を考えるに、之も一理あり。然し之では未だ消極的也。積極的剣道は、打とうという慾もなく打たれまいとする恐れもなく、而して相手が技を出さぬ以前に気分と切先とで既に先を取ってしまっている事也。即ち大事な一寸を制してしまっている事也。

換言すれば、相手が来たら先を取るのでなく、相手が来ぬ先に先を取ってしまっている事也。理は同じだが、そこに消極と積極、守勢と攻勢との差あり。

而して稽古を積んでいる時は攻勢に出られるが、稽古不十分の時は攻勢に出られぬ。それは気は同じでも体が言う事をきかないから也。技としては稽古している時は千変万化出来るが、稽古をやらぬ時は一本技しか出ない。故に剣道は稽古をするという事が大事。日に一回はやらねばだめ。頭で知るのではなく体達なれば也。

第三十五回目

一月十三日（金）妙義道場にて持田先生に願う。

十二日、坂本署の電話にて取越し苦労をし心気つかる。

両刃交鋒、別に押されも打たれもしないが、自己の心気力がまとまらぬ。その証拠は足がぴったり板につかずバラバラとなり乱れる事と腰が浮動す。最後に下からスーッと入って得意の小手を打たる。

評――剣道はなんと言っても自己の気剣体が先ず一致しなければだめ。

正念の切れたところが隙となる也

第三十六回目

一月十五日、妙義にて持田先生に願う。

腰が浮くのは腰が坐禅の腰になっていないからだ。坐禅の腰が本也。今一つは、持田先生が切先を下げて攻めてきたら下は与え、切先を伸ばして相手の目（上）を突き上に入ればよい。

両刃交鋒、互に攻め合うが打てぬ。先生が技を出せば、余は切先が生きている故、先生の小胸を突いてしまう。その中、軽い面を打たる。余が技を出したところを小手を一本打たる。

互に引かず、先生は下より攻める。余は上より入る。先生の気が一寸打とうとして止ったところを面を打つ。軽かったが先生は「参った」と言う。最後に先生から軽い面を打たる。以上。

評――剣道の打つ打たれるところは気のとまったところだけ。それ以外は打てぬ。即ち正念の切れたところが隙となる也。

第三十七回目

一月二十日、妙義にて持田先生に願う。

精神は、上からざっぷりあびるとも突き破って勝て(突の一気)。技は、先生が下から攻めれば上にぬいて入る。

両刃交鋒、余、左、又は右に開く。先生は余の切先を表より押える。近間にならんとせる時、余は小手を打つ。不十分。

先生が下から攻めるに対し、余は上にぬく。即ち先生の目を突く。之で先生の攻めは消える。

互に攻防、よい技はあたらぬ。先生から軽い小手が来る。先生から来る技に対し、余はらくに応じ技が出る。然しあたらぬ。近間でも余は技は出る。即ち身はよく動く。それは固くなっていない証也。

先生が片手突か小手かに技をかけようとする機に之を応ずると同時に一歩出て面を打つ。先生「参った」と言う。

それから対峙。先生が技を出すとそのあとへ直ぐ出すが、後れる。先生曰く「遅い遅い」と。

そこで余はギリギリの間にならんとせる時、先生の切先を裏より払って小手に入る。この入り方は先生には成功す。先生は引く。然しそこへ技が出せぬ。ここは今後の研究だ。

少しく左にまわり片手突を本日は四、五本出す。その中、一本が稍々届く。先生曰く「惜しかった」と。余が止めようとすると、先生曰く「もう一本」と。

互に十分な技はなく、然し先生よりは間を詰められ、先生攻勢也。ここが実力の差だ。打つ打たれぬ前に勝敗あり。ここで余は止める。

反省。本日の成功——精神、上からざっぷりは可。之で互角の位に立てる。技、下より攻められれば上にぬいて目を突く——之は成功。守即攻也。

双手突が三、四本出る。あたらなくも成功也。突くべき場也。

余、攻勢の時、先生が技を出したのを応即撃で真面に入った。之は満点。

以上は大技。大技のみではいかぬ。小技は如何。

先生の切先を裏より張って小手を打つ。之は小技也。あたらなくも先生の間に入る事に成功。又、半歩左にまわり片手突。之もあたらなくも成功。本日は小技を稍々会得す。

先生から負ける所——一足一刀よりギリギリの間につめられ、下から気分と技で攻められ、余の攻勢を封じられ守勢にさせられる点。之が大敗因。ここは実力の相違、漸次練るより外にはない。

本日は先生の気で攻められずよく使えた。先生の技の起りが見えた。それは先生が二、三日稽古を休んだ事。余は休まなかった事。之が表われたのだ。

剣道は理屈ではない。二、三日でも休むとそれが稽古に出るのだ。

本日、鶴海氏が持田先生に願うのを見ると、徹頭徹尾追い込まれて苦しくなり、技を出そうとするところを出小手を押えられ、一本もあたらずに三、四分で息があがる。鶴海氏は追い込まれるのみ。

鶴海氏の体はよく動く。小手、面と小さく動くが一本もあたらぬ。その本は鶴海氏の剣には突がないのだ。それが欠点。それで先生に先ず気を殺される。気を殺されれば全部負也。

鶴海氏の剣に突（双手）のないのは惜しい。持田先生の切先は鶴海氏の中心に付き、鶴海氏の切先は持田先生の中心を外れている。先生は出易い。鶴海氏は出にくい。之では互角に立っていない。

ここで互角に立つは切先に非ず。気也。突の気也。上からざっぷりあびるとも突き破って勝ての一気也。

鶴海氏の心は潜在的に打たれずに打とうの一念があるから、先生には通じないのだ。よく使うが互角には立てぬ。見学し参考となる。剣道は技のみではない。技を行うものは気也、心也。

森島君と一月六日と十七日と二回稽古す。

一月六日——両刃交鋒、真直ぐに攻めて双手突にゆくをすり上げて面を打たれ、次に一足一刀の間より真面に伸びられる。之で負也。そのあと余も一本面を打つ。

本日は余の剣に凝りがあった。即ち打とう突こうの……。

一月十七日。

両刃交鋒、真直ぐに攻めずに左右に転じつつ切先で間を詰める。この攻めには余裕あり。本日はこの攻めで使うとよく使えた。

彼の技は届かぬ。然し余も応じるが遅れて打てぬ。ジリジリと攻めて真面を一本打つ。彼からよい小手を打たる。彼の小手より面は、あたるも不十分。

本日は満点の技を打たれなかった。成功は左右に間を開きつつ間を詰めて自分の間で使えたのがよかったのだ。剣道は気のみではいかぬ。気と間だ。之を使うものは心也、自己也。

一足一刀よりギリギリの間を破るまでの気、上からざっぷりあびるとも突き破って勝て(高野佐三郎先生)――一足一刀の間。

ギリギリの間より敵間に入り方――相手が下より来れば上に抜いて入り、上より来れば下に抜いて入る(中山博道先生の間)近間に於ける先。即ち高野先生にて一足一刀の間を悟り、中山先生にて近間を悟る。間合は遠間、近間の二つより外はないのだ。

中山先生の近間の入り方の例。

斎村先生のように切先を高くして上より攻めてくる者には相手の拳を下より攻めて入る。又、持田先生のように下からぐっと攻めてくる者に対しては相手の目を突く如くして上より入る。之は余の体験也。之が相手の中心を攻むる也。

二月八日より十四日まで七日間忌引し稽古せず。十五日に体育館稽古。可成りに使えた(八人)が稽古後頗《すこぶ》る疲る。左足首頗る疲る。無理な力が入るのだ。入浴後、目が赤くなる。十五日夜は体がほてりより眠れず。

十六日、体育館稽古は全身に気合充実せず(七人)。

十八日の三日目となり少しく体が柔らかくなる。左手親指先端と左足親指先端に気が入る。

左足親指先端の気は本日が始めて也。従来は右足親指先端は体験せり。

三月四日、妙義にて——長身の伊保[註149]君を使い、今日は面を打たれた。先日は彼が面に来ると胴をぬいた。先日は追い込んで使い本日は対立であった。この差也。

本日、間合を一つ悟る。一足一刀に対峙し、ここから直ちに打とうとすると体に凝りが出て一点に執着す。之はだめ。この時は一寸間を引くと自己の立場が明らかとなる。この間に立てば余裕が生れ、余裕が生れれば変化がきく（形で言えば足のはたらき也。一刀流の形なら三本目也）。執着する事を剣では居付くと言う也。

勝負のつく所の根本は気也

第三十八回目

三月六日、妙義にて持田先生に願う。

本日は最初、余が攻勢に出る。片手突、之はあたらぬ。先生より片手突。之もあたらぬ。突も面も届かぬ。面はもう一寸のところ也。

中盤以後、先生に間を詰められた時、余の切先浮く。之は体が浮いたのだ。之では先生の間となり余の間は無くなる。この近間が余の大欠点也。最後に切先の浮いたところを双手突を軽く突かる。

本日の稽古は気剣体一致せず、十分に力が出なかった。

三月十日、蔵前署にて竹村助教を使う。

最初は余が攻勢でよかったが、中盤以後、彼が突を突く。この突が道具外れの小胸の少し上に当る。之は余が一足一刀の間合に対峙し切先を少しく下げている時、突かれる。之を五、六本突かれた。ここを突かれると出にくい。

又、彼が突よりグーンと面に出た。之を四、五本打たれた。従来はここは打たれなかった。之等は皆心の動くところへ来る技也。

最後に三本の時、余は相中段に構え、然も一刀流五本目の与えたる心境也。相手が動けばグーンと相手の水月めがけて切先を出す。そうすると相手は出にくい。突も突けぬ。一本応じて打ち、又同じ構。相手の切先を無心にて表裏に押えた刹那、出小手を一本打つ。

この稽古の所得は、剣道で勝負のつく所の根本は気也。之は五本目の相手に与えたる構の中に存す。

今一つは、相手が動けばグーンと相手の水月を突く。之で先となる。チョコチョコはだめ。

本日は久し振りで稽古らしい稽古、真剣味の稽古をした。この稽古は二月四日に増田さんと試合した時の心境及気魄に一致す。之は剣道の形になる。

三月十一日、妙義にて森島君を使う。

竹村六段を使う要領でやると森島君の気には圧せられぬが、小手、又は小手より面、又余が打とうとする所をあげ胴を打たる。又双手突も突かる。

彼の稽古を約するに、技は色々あるが、その本とする所は小手より崩してくるのだ。小手さえ打たれなければ大丈夫也。そのあとには渡れぬ也。又余が出した技を応じては打てぬ。以上、彼の技の本は簡単だが何故打たれたか。気分では押されないが、何故打たれたか。それは間合の問題也。彼は長身也。彼の間合でやったから也。

中盤以後、間をジリジリ詰めると彼は打つ事は出来なくなった。然し余も打てなかった。剣道は気が本也。之は竹村君にも森島君にも同じ。然し今一つの大事は間合だ。相手の間合で使えば負けるは当然。自分の間合で使えば勝つは当然。勝負の分岐点はこの間合を制する事に存す。

余の今後の剣道の上達は結局禅だ。それは坐る事で定力をつけ、公案[註150]にて道源を磨く事也。

竹村六段、森島教師と稽古しての感——剣道の勝敗は五段位迄は技也。六段以上は技では優劣が無くなる。只特徴あるだけ。ここで優劣のつく所は境界也。境界を向上させる事也。増田さんとの試合も境界であった。剣道は技に習熟した上は境界を向上させ、之を相続する事が修行の根本的の大事な点也。三月十二日。

三月十日、十一日の両日、竹村六段、森島教師と稽古し体験したるところは剣道の本は気と間との二つ也。命懸けで得たこの原理を社会生活に活用せよ。気に於てはあくまで独立独歩、更に彼我一体（臨済一掌）。

今一つは間也。間とは、あく迄自分の間を守り、相手の間に入る事勿れ。これ剣道の間の応用也。

第三十九回目

三月十八日、妙義にて持田先生に願う。

両刃交鋒、位を以て対す。余は真に気剣体一致せぬ故、技を出しても一本になる技は無かった。持田先生も気分は張らぬが、不十分乍ら片手突が来る。最後に余の切先の上がるところを小手を打たる（先生から攻められて切先が上がったのだ）。要するに根本の腹力が充実し、之が左拳より切先に、更に相手の丹田を貫いていないのがなによりの欠点也。

出発点は捨て身、到着点は相打ち也

第四十回目

四月一日、妙義にて持田先生に願う。

事前工夫――両刃交鋒、足を左右に転じて左右の間より攻める。

両刃交鋒、余は左右の足と切先で攻める。先生も自重して技を出さぬ。余、片手突を出す。之はあたらぬ。互に技を出すもどちらも構が崩れぬ。即ち切先が中心についているので、よい技はあたらぬ。不十分也。

近間になった時、ヒョイと小手を打たる。互に攻防、技を出すも皆不十分也。稽古は互角の位也。又近間になった時、手を伸ばしただけの面を打たる。之にて止む。

反省――本日の稽古は、技は別として互に間と気で攻め合い、気の満ちたよい稽古であった。

特によく感じた所は、稽古中、意をはたらかせなかった事。意をはたらかせずして攻防変化したる事也。是れ終日行じて未だ曾て行ぜずの境界也。よい気分だ。

近間になった時、ヒョイと小手と面を打たれたのは、あの間で気が止ったから也。あの間は先に突き下げればよいのだ。即ち突の気が切れたところ也。

警視庁就職三年経過し昨今より四料簡[註151]の稽古を体育館でやっている。理はよいのだが、その場その場で意がはたらき技に自由さがない。之は下手を使う故、四料簡に捉われ三昧に入れぬのだ。

本日、持田先生に願い三昧に入る事を得た。之が上手にかかる何よりの所得也。

持田先生に願う三昧の境界で体育館の稽古もやればよいのだ。之を苟もせぬと言う。

持田先生の言——稽古後、風呂場にて余曰く「体育館で稽古する時は稽古中、考が出ます。持田先生に願うと思わずしてやることが出来ます。必死になれるのがよいのです」と。

先生曰く「剣道は鏡を捨てなければだめ。捨てなければだめですよ」と。

之は至言也。

「小川さんの特徴は面と突だ。その技が出る時は元気に使えるのだ」

愚評——持田先生は余に対して面と突を封ずる事を心懸けているのだ。それに対しては余は面と突が出る間を作ればよいのだ。ここが稽古の中心点也。面と突を封じようとすれば反対に面と突は出る。

佐藤さんが本日の稽古を見て云く「今日は小川先生は持田先生に対し実に慎重に願っていた。三、四分間は位を取って互に技を出さなかった。小川先生の面が出るかと思って見ていたが面が出なかった」と。

持田先生に願うこと四十回にして得るところは、剣道は技ではない、三昧に入る事が根本であるということ也。

鏡を捨てるということについて。

剣道は出発点は捨身、到着点は相打也。而して出発点より到着点に至る中間は千変万化也。相打にゆく為には中間の障害を除かなければその場に至れぬ。それが千変万化也。信玄が謙信に一騎打ち入りしは好例也。相打の場に至る迄には容易ではない、智がいる。

剣道の理合。

持田先生（上手）に願うと三昧に入れ正念が出る。体育館の助教（下手）を使うと三昧に入れずに雑念が出る。之は自然だ。人間は環境に支配される面がある。之を敷衍《ふえん》せば人間逆境に立つと三昧で無ければ解決出来ぬ故、三昧に入れ正念が生る。順境は自心に怠が生れ三昧に入れず、雑念（不平、不満）が出る。却って失敗の機あり。

順逆一貫、順もよし逆もよしは達人の境界也。日々是好日、難いかな。

五、腰を伸ばす事、即ち坐禅也

からむ稽古はものにならぬとの教えはここ也

第四十一回目

四月六日、妙義にて持田先生に願う。

両刃交鋒、左右に開いてみたが入れぬ。先生の太刀を表裏になやしても之は無効。先生は主、余は従の位となる。余の技は皆不十分。先生からは完全ではないが何本か打たる。

最後に無刀流の切り落しに気付き、ジーッと下段につけ先生の腹に切先をつける。互の切先はふれないで互に気で対す。この時は互角の位となり三昧に入る。独立無依の位也[註152]。

余がここより突かんとする所を先生から先に上からぐっと立派に突かる。之は突の心が相手に写ったのだ。

本日は二つの所得あり。一つは、始めは先生の太刀にからんだ。この境界は有句無句の藤[註153]

かづらの樹に依る底の相対の境界也。之では絶対の三昧には入れぬ。昔から、からむ稽古はものにならぬとの教はここ也。このからむ相対からは絶対の技は生れぬ也。

一つは、最後に無刀流の切り落しに構えたこと。之は独立無依の絶対也。三昧也。両鏡相照らすの境界也。ここは真の技の生れる根源地也。

第四十二回目

四月十日、妙義にて持田先生に願う。

ギリギリの間になると持田先生には簡単には入れぬ。ここより入るコツは、切先を裏よりズンと張って入れれば入れる（中山先生の入り方也）。

先生が真面に来たのをグッと下から一本突く。相打也。

互に攻め合う中、先生の気が一寸止ったところへ真面一本。先生「参った」と言う。久し振りで先生に一本あたる。先生からも一、二本打たる。本日は先々と使えた。

湯河原にて先生と話す。「一生懸命かかりますから使って下さい」と言うと、「やれるうちはやるから遠慮なくやって下さい」と。「小川さんと鶴海さんと願うと私の為になります」と。

先生曰く、「私は一寸引く癖がある。そこを今日は小川さんから面を打たれました」と。

妙義にて高師卒二名を使い体験――剣道は自己の力を過信し一気に無理に進むと争となり死地に陥る。この時は一歩引いて相手を見る事が大事。之を不敗の間という。初めて願う人には先ず不敗の間に立って真剣にやる事。剣道試合もこの原理也。三十年度京都試合は、引くまい、押して使おうとして小手二本打たる（固くなったから）。負の本は心也。

第四十三回目

七月二十七日、妙義にて持田先生に願う。

両刃交鋒、遠間、互に間を詰める。本日はいつものようにギリギリの間になっても先生の強い攻め（下段）が余には通じぬ。この間で互角に対す。しかし余からも技は出ぬ。先生が下から入ろうとするところへグーッと上より入る(先生の咽喉を攻め)。この攻めはよかった。

互に突（気で）の攻め合い。然し先生の気分は余には通じぬ。

中盤以後、先生より片手突が二、三本、小手が一、二本来る。技としては不十分なるも之

は先生の方が位で勝っている。（本日は余は切先で相手の中心を攻めなかった）

本日は先生の気が余に通じぬ事と、余も力一杯の気合が満たぬこと。それで互に多少争心となり、稽古としてはよい稽古ではなかった。（この稽古は見学者には分からぬ。互に突の気の攻め合いであるから技の起る前の稽古であるから）

佐藤俊己氏評し、「小川先生は持田先生と互角でやっていた。得意の面が出るかと思ったが一本も出なかった」と。（之は面が出るまで気分が充実しなかったのだ）

左拳の位置で手の内の死、活が分かれる

第四十四回目

八月七日、妙義にて持田先生に願う。

両刃交鋒、ジリジリと攻め、余は先ず裏突に突込む。先生が出たので外れる。互に切先で攻め合うも十分な技なし。少しくもつれ気分となりたる為、余は無刀流の切り落しに構える。そうすると気分が入る。

更に気を換え、そこから先生の切先を裏へ裏へと巻いて入る。先生が何本か小手に来たが、みな応じ小手に応ずる。然し応じただけで技は一本にあたらぬ。どちらも一本になる打はなく稽古を止める。

余の剣も最近は三昧に入れぬ——工夫すべし（下手を使って三昧に入れぬ）。

結局、今後の修行の要点は道場内の稽古のみではない。生活が修行だ、日常だ。日常正念相続の修行をするより外途なし。即ち剣禅[註154]の一致が修行の目標也。

要はあせらぬ事也。一歩一歩だ。念々正念歩々如是の一歩一歩だ。修行は一念一念一歩一歩だ。

第四十五回目

八月十二日、妙義にて持田先生に願う。

両刃交鋒——互にジリジリと攻め合い、無刀流の切り落しに切先を構え、裏より先生の切先を張って入る。

初太刀は小手を打つも不十分。互に一本になる技はない。先生よりは片手突が来る。少しくあたるも不十分。

本日は、余は裏より張って入る。先生が小手に来るのを応じ小手。七、八分のあたり。面に伸びるも先生は首をあげたのであたらぬ。先生は余の面に対し応じて打てぬ。

両刃交鋒、先生の切先の動きを余は一瞬、腹（気分）にて観る。ここだと思う。之は良久の場也。然しこの境界は一回出ただけ也。良久也。照見也。ここに未発の勝があるのだ。之の出たのは坐禅のおかげだ。

中盤以後は先生攻勢となる。それは無刀流の切り落しは知らず知らずの中に切先と気分が引けてくるのだ。故に押されてくるのだ。

近間で面を打たれ、次に片手突を突かる。余が止めんとすると、もう一本と言う。

余は突より胴、きまらぬ。先生直ちに突より胴、一本打たれた。之は余の心気、手許が上がったのだ。ここは余は突に出る間だ（近間なれば也）。以上にて止む。

本日の所得は無刀流切り落しより裏から張って入る技は心身一となり技はよく出るが、知らぬ間に上から乗られる。

その結果、左拳に無理な力が入る。無刀流切り落しはよいのだが、長身の持田先生に対して左拳が下がる事が間合で負の本也。ここに気付く。

左拳をもう少し上げて願ってみよ。そうすれば切先も利き、腹力も入り、先となり、技も出易いと思う。

本日の中盤以後は腹力がぬけた。

持田先生に願っての何よりの所得は自分の本体（気分・構）と間合に欠点のある事を気付ける。之が有り難い。

左拳を上げるコツは一刀流入刃の手の内参考とせよ（茶巾しぼりとも言う。先ず左拳を上げて茶巾しぼり）。即ち左拳の位置で手の内の死、活が分れるのだ。

余の剣理

体――浩然之気也（隻手音声[註155]、本来面目[註156]）→無形、根源（上からざっぷりあびるとも突き破って勝て）。突で気は活きる。左拳の本は隻手音声、本来面目也（腹也）。

隻手音声より雲門関[註157]に到る。瞋拳不打笑面。

小南惟精老師[註158]は室内が終ってから隻手を見せられどうしても透らなかった。隻手に意味のある事が分かったと。

相――構也→有形（中心は左拳を上げること――余は下がる癖あり）。左拳で構は活きる。

切り落しの本は左拳也。

用――技也→変化(上を与えて下を奪い、下を与えて上を奪う)。即ち中心を攻める。切り落し(一刀流、及無刀流)。切先。

体相用三即一也[註159]

左拳が下がって腹につけば構(切先)は死に、左拳が上がって先に出れば(茶巾しぼり、入刃)構(切先)は生く。

余はここ一ヶ年位は稽古が止っている。それは体育館の下手稽古でらくをしているから悪い癖がつくのだ。体育館で本格的の稽古をする事大事。それには体相用一源の修行をせよ。

初太刀一本はとれ。

第四十六回目

八月十四日、妙義にて持田先生に願う。

左拳を上げる事に留意す。

両刃交鋒(左拳を上げて構えると技は出易い)、一、二合はどちらも十分なる技なし。余、面が出易く、スーッと面を打つ。先生「参った」と言う。それから面を出しても受けられる。

中盤以後は、先生からは先の技はなく、余はドンドンと先の技を出すと先生は余の打ち損じたところを拾って打つ。三、四分で止める。

本日は稽古の終り頃、先生にかかったので先生は疲れていたため攻勢を欠く。而して余の技を引き出して使う戦法であった。余が技を引き出されたところは未熟也。但し真面が一本入ったのは成功。

本日は左手を上げて使った。之は技は出易いが腹力が欠ける。故に稽古に気が入らず無形の糸が結ばれぬ。

心を小さく使った為に後手となる

第四十七回目

八月十五日、妙義にて持田先生に願う。

本日は左拳を上げる事と、技は面のみでなく、突と、小さく裏より巻小手に入る事を工夫す（本日は第一人目にかかる）。

両刃交鋒（左手を上げるコツを片手突に突き出した気持。之は手の内がよく納まらなかった）。

先生は元気一杯である。ジーッと対す。余は左右に切先を押えて開く。ほんとうに中段が充実せぬ。小手にゆくも不十分。

一足一刀に対峙、面にゆこうとする出はなを見事に小手を打たる。余の中段は不安定也（それは手の内に捉われているから也)。

次に先生から攻められて軽い面を打たる。片手突も突かる。先生攻勢、余は出にくい。余は気分をかえ、一足一刀より直ちに打たずにググッと攻めてスッと引いて打ち間を作る。先生から来た小手を応じて小手を打つ。稍々一本となる。

腹で攻めてスッと引いて打ち間を作る(一刀流三本目)、之で対す。先生から来た面(或は片手突か)を思わず応じて面を打つ。先生「参った」と言う。それから二、三合して止める。

本日の稽古は前半に於て完全なる負也。それは左拳を気にして之に捉われた事と巻小手に小さく入ろうとした事。即ち心を小さく使った為に思慮となり後手となったのだ。而も腹力が充実しなかった。

所得は先生の技を応じて面が打てた事也。

反省――先生から打たれる所。両刃交鋒、只打とう突こうとして出した技は、出はなを打たれるか又は打ち損じたところを打たれる。

両刃交鋒、只打とう突こうとせず腹力でググッと攻め、腹力でスッと引いて間をとる使い方には隙はない。相手が技を出せば応じて打てる。よくよく比較工夫すべし。

即ち一つは、打とう打とうとして正念が切れるから隙となり打たれる也。

一つは打とう突こうとせず腹力充実(一念不生、正念)で攻め引いて先ず打ち間を作るのは之は正念相続也。故に隙がないのだ。剣道はここだ。

中段の構の工夫（剣禅一致、即ち形と心と一致）

五尺の体が立って相手に対していたのでは相対。之では打とう突こうの雑念のために五尺の体が使われ、主人公を失す。

先ず天地乾坤をひっくるめて道場の板となし、その上にズーッと立ち上がる。之は坐禅の心境也。天地一枚の境界也。ここに立って、あとは念々正念の工夫だ。之を間と言う也。この間に立てば、その場その場の技は生る。之を歩々如是と言う。

道場に立ち上がり身構える手段は、先ず両足をグーッとあげ静かに中段の足にかえり、中心を腹腰、両足の中間に定める。之で相手に引かれず独脱無依[註152]の境界の構えとなる也。工夫せよ。

持田先生の言——うるさい稽古は相手にしなければよいのだ。A君のような稽古はこっちで打とうとすると使えぬ。ググッと攻めておいて相手の起りを打てばよい。

斎村先生、去る六月、余の稽古を評し——小川君は技を出す前に思う。それが欠点だ。堀口君は金沢君をよく使った。然し上手がああ使えるかどうかが問題。小野君は稽古に区切りをつけてやる事が必要、と。

竹刀の握り方

中段三角矩に構え（右手は添えず）、眼腹剣頭を一致させ（趙州露刃剣[註160]）、然る上に右手は添えるだけ。少しも握る心持のない事が大切。こうなると切先は柔らかとなり、切先に感が出、はたらきが出て、相手の技に応じられる。

右手に少しでも握る気持があると、構はがっちりとするが居付きとなり、切先の感がにぶり、従って切先ははたらかぬ。相手と別々となり、バラバラとなり、只突張るだけの稽古となる。竹刀の持ち方大切也。

右手は添手にして左手と丹田の力で竹刀を持つ事。而して丹田の力は体力の集中したる一点也。心身強健ならざれば丹田充実せず、丹田充実せずんば左手のみにて竹刀を持つも、これ死物也。故に剣道は丹田の充実、その本は心身の健全、統一に存す。（妙義にて体験す）八月十九日。

竹刀の持ち方

収むれば丹田一つ、放ては体全体（之を敷衍すれば天地一杯）、大地撮来の則也、相也。

竹刀の持ち方は構也、体相用の相也、大地撮来の則也、之れ無刀流也。

体——本来面目。趙州無字[註161]。隻手音声。浩然之気。不欺之力[註162]。

相――大地撮来。
用――[註163]仏早留心。

九月二十九日、妙義にて伊保君と稽古す。

彼は六尺の長身也。故に大正眼の心持にて構え、切先で乗ってゆくと打たれはしないが、又こちらの技も届かぬ。要するに間合に入れないのだ。

途中、思わず下段にさげて入る。彼が面を打とうとする出小手を二本打った。之は長身の者に対する間合の入り方として参考となる。

間を見失うのは足腰が自在にならぬから也

第四十八回目

九月三十日（日）妙義にて持田先生に願う（四十五日振り也）。

両刃交鋒、先生の太刀先を裏と表より押えてみる。裏より巻いて小手にゆく。不十分。次に真面に伸びる。

之に対し先生は切先をスッと出して応じて引いて胴を打つ（之は一刀流の形なら三本目に相当す）。余は裏より張って小手。不十分。先生の攻めを突を以て対す。先生は余の間に入れぬ。

次に突という一念が起り、グッと双手突を出すと先生は極めて柔らかに真直ぐに竹刀を出しただけで先生の突が先也。之は無理のない自然の突也（一刀流の形なら二本目の突返し也)。

余は先生の切先を巻いて入る。先生の技を応じ小手、稍々あったが不十分。真面に何本か伸びたが一本もあたらぬ。最後に下段より先生の切先へ裏より付ける。この付けは微妙なるはたらきあり。然し先生も乗っているので技は生れなかった。最後に小手を一本打たれ終。

本日の前半は余の構はよいが切先は只構えているだけで先生と別々となる。之はいかぬ。[註164]両刃交鋒不須避は一足一刀ギリギリの間で切先の即意付を言う也。之がなければいかぬ。二つの切先が一つ也。二にして一也。これでなくてはいかぬ。

然しそれに捉われてはいかぬ。切先に捉われてはいかぬ。本体を失ってはいかぬ。之が好[註164]手還同火裏蓮である。

前半は切先が先生と余と二つになっていたところがいかぬ。後半の下段より先生の切先に裏より付けていったところはよい。

尚、本日の何よりの所得は余が思って突を出した時、先生が思わずにスーッと静かに竹刀を出して先に突いた技也。之は名人の技也。この境界を工夫せよ。

十月一日、妙義にて佐藤俊己さんと稽古す。

昨日の持田先生の無心の突の境界にて願う。

両刃交鋒、本体を自然にきめる。佐藤さんが打とうとして気を入れてくる所へスーッと(左拳を主にし)切先を出す(水月、臍)。彼は出られぬ。そこを小手を打つ。不十分でもあたる。

彼が躊躇する所へ真面に伸びる。この攻めでゆくと彼は先に出られず我はらくな気持に先々を制す。近間ですり込み突を一本突く。之は充分也。最後に彼は上段。之はどちらも一本となる技無し。

佐藤さん曰く「本日は小川先生に心の剣で攻められてしまった」と。

持田先生曰く「小川さんは佐藤さんをうまく使った」と。

この使い方は持田先生の無心の突の攻めの使い方也。之が利けば相手は構えているだけで後手となってしまう。この無心の突は思わずに突きの気が切先に出る。その切先から千変万化の技生れる也。よい攻め方也。防禦即攻撃也。

但しスポーツ剣道に対してはこの突は利かぬ。彼等はバタバタ飛びまわって稽古する。スポーツ剣道に対しては相手の切先を殺す事と間合とで使う事だ。その場合の大事は本体が微動だにせぬ事だが、それが出来ぬ。うっかりすると相手につり込まれ自分の腹が浮いてしまう。ここは今後の修行也。

気分の分かる相手には無心の突の攻めは利く。気分の分からぬスポーツ剣道には間合と切先を殺す事とで使うべし。

然し乍ら無心の突の攻めも自分より上手（持田先生）には利かぬ。之は結局道力の問題也。一念一念、一歩一歩修行に数をかけるより外に方法はない。

余の欠点の一つ——即ち相手がスポーツ式剣道に対する時、腹が浮いてくるのは足の使い方の研究が足りぬからと思う。足さえ乱れずに使えれば腹腰は定まるのである。足を度外にして腹腰切先だけで使わんとすると、相手に動きまわられると余の中心（腹腰）は安定を失い浮くのは当然。足の使い方を工夫せよ。

換言すれば、腹腰を定めんとせば先ずその土台の足のはこびを修行せよ。

持田先生は余の技を引き出して使わんとする。引き出される。引き出されるのは、自分の間を見失うから也。自分の間を見失うのは足腰が自在にならぬから也。只打とう突こうという気でやるから也。

足が居付いてはいかぬ。足が居付く根本は心が執着するから也。斎村先生は足がよい。

坐禅で腹腰を練り（静中の工夫）剣道で足を練る（動中の工夫）。

凛[註165]々たる孤風自ら誇らず（堂々たる態度）

「わしが悪かった」

寰[註165]海に端居して龍蛇を定む（自己の間合に居て相手を見ぬいてしまう）

自己の間合に坐し——龍[註166]蛇を定むるの眼

虎児を捉うるの機

十月二日、妙義道場にて大森助教を使い攻めのヒントを一つ得。両刃交鋒、切先をグッと臍付下段につける。そうすると結果は差しちがえの気合となる。ここで相手が少しでもきょとんとすればグーンと真面に伸びられる。之を三本打った。大谷太應君にもこの攻めが利く。臍付下段に付けた時、相手が構を崩さなければ小手に入れる。之を体育館でやってみるとこの攻めは利く。但し臍付下段に付けて相手を攻めようとする一念が湧くと右手の内が固まりそこに凝りが出てだめになる。

結局、臍付下段の攻めは形のみではない。根本は心が留まらぬ事也。ここの気合を譬えて言えば猫が鼠をにらんだところ、即ち三昧也。山岡先生の構及び攻めはここと思う。ここを更に鍛錬せよ。

而してここの究極は坐禅と一致す。ここに至りて始めて坐禅が剣に活きてくるのである。

堀口清さんはこの攻めを持っている。故に剣に位がある。

三昧とは臍付下段に付けた時、相手と自己と一枚になること、不二になる事也。この辺は剣道の妙所也。言葉では表わせぬ。高野佐三郎先生の剣はここだ。故に労せずしてはたらけるのだ。

腰を伸ばすと身定まり切先生きる

第四十九回目

十月十一日、妙義にて持田先生に願う（十一日目也）。

（昭和十四年帰還以来終戦迄は五〇回願えり）

本日は第一人目に願う。

自分より先々とかからずに先生の技を引き出す所を着眼とす。

両刃交鋒、先生は例の如くジーッとしている。殆ど無声。余は何回も大きく懸け声を出す。(ここに一つの勝負あり。即ち先生は内を守り充実、気合は切先に出る。余の気は外に溢れる。外に溢れれば内が減ず。切先の威力減ず。妄りに発声する事は気合を減ず)

余は先生の切先を左右より押え、裏より張って小手を打つもあたらぬ。近間の時、余の右手が固くなった時、軽くも胴が来る。

先生攻勢、面に来る。余はぐっと出たため突。どちらもあたらぬ。先生は余の間は破れぬ。余は面に三、四本出たが一本もあたらぬ。小手より胴もだめ。先生の技も不十分。余は自分から無理に技を出さず、先生の技を引き出す心で構えると先生はジリジリ攻めてくる故、先生が主的攻勢となり、余は防禦の形になってしまい、技を引き出す事は出来ぬ。

切先四、五寸合った時、先生から先に双手突来る。あたらぬ。更に一本来る。之もあたらぬ。この時、何故余は相手の切先もろともに切って真面に出なかったか。相打の先に出なかったか。之は惜しかったと思う。最後に軽い所を一本打たれ止む。

本日は終始技よりも気分の戦であった。全体として余は気が上にあがる。その証は右手が少しくコリ、心にあせりがあった。打った技が左足がのこる。

結局、持田先生に願うのは技ではない、気と心也。先日は先々と技を出した。そうすると技を引き出され、打ち損じた所を打たれる。即ち只先々と懸かる気分は相手に通じないのである。

本日は先生の技を引き出す気分でやる。そうなると先生はジリジリ主的攻勢で来るから余は従的守勢となり之では出られない。即ち懸かるもだめ、待つもだめ。然らばどうすればよいか。即ち懸中待、待中懸の気分にて願う事が大事。之は一歩上也。

攻（殺）守（活）は定石也。之では実際にはだめ。実際は懸待一致也。

然し乍ら懸待一致も未だ途中。之を使うものは誰ぞ。曰く自己也。両刃交鋒、自己が主人公となり相手と一枚となる事が出来れば（如）ここで勝敗の本がきまる也。その主人公とは好手還同火裏蓮である。今後はこの一点を練れ。

技はよい、懸待一致もよい。が、之等は途中、根源は自己也。小個我を超越した超個我也。如也。ここを剣道では位と言う。気位と言う。先ず気位で勝って（全力也。戦わずして勝つ）、あとは差別に出る。即ち懸待一致の気分と技とである。

本日持田先生に願い気位で勝つヒントを一つ得。それは両刃交鋒、ギリギリの間で攻め合う時、知らず知らず気が浮いてくる。この時ずっと腰を伸ばすと身定まり切先生きる。ここだ。腰だ。之は坐禅のおかげ也。坐禅が身につき剣道に出たのだ。

終戦前は両刃交鋒、両かかとをあげ大正眼になりジーッと静かに中段にかえって身を定めた。之と同じ理也。この時は大きくやったのだが今回は一寸腰を伸ばすだけで身定まるヒントを得た。腰を伸ばすと切先生き、先生の攻めを封ずる事が出来る。腰で勝ち懸待一致の気分で変化して技で打つ。

吉川助教を使い懸中待のヒントを得。それは両刃交鋒、拳攻めよりスーッと切先を出してすり込み突にて入り相手がその場に居ればすり込み突、手をあげれば胴に変化す。この入身はほんとう也。[註167]一刀流刃引の一本目より四本目迄はこの理合也。どこにもとどまらずスースースーとはたらいてゆく也。

従来はすり込み突はやったが、すり込み突よりの変化までは至らなかった。之も修行のおかげだ。——形と稽古との一致。

持田先生の言——[註168]長島助教が体育館練習試合に於て初太刀を打たる。それで二本目からあせりが出て負けてしまったと言うと、先生曰く「一本とられてもあせらぬのは今後の腹の修行だ。ここは技ではない。更に心懸けても四、五年の修行がいる」と。

腰を伸ばす事、即ち坐禅也

第五十回目

十一月九日、妙義にて持田先生に願う。

十一月六日、体育館にての稽古。中段に構えているだけで、気分だけで攻めて使うと最後の方は頭がボーッとして恰も脳の異常充血の感。自分の体のようでなく、先日心臓の事を言われたので之も少しく気になり、思う稽古が出来ず失敗。

七日、八日は気分だけでなく切先をはたらかせ、相手の切先を押え、又は巻いて使うとスラスラとよく使えた。即ち巻き技を会得し稽古がこらず楽になる。この巻き技を本日持田先生に対し研究してみた。

両刃交鋒、巻いてゆくと先生の切先は少しもさからわずに切先柔らかにクルリクルリとしているので巻く事が出来ない。互にこの巻きで攻め合う。

面にゆくのを出小手を打たる。巻き技で願うと少しも凝り無く技はスラスラと出、稽古はらくに使える。然し欠点は腹腰にズンとしたものが無くなりがち也。即ち稽古が浮いてくる。

余の真面を先生は切先を出して突で二、三本留める。最後に軽い所を一本打たれ止む。

本日はスラスラ使えたが浮いた傾向あり。之は欠点。只左右に転じて使った所はよい。左に転じた時、足腰がピンと一瞬定まった。之はよい。この足腰を本として切先を使えばよいのだ。今後の工夫を要す。

巻き技は切先の固い相手にはよく利くが、持田先生のように切先がさわればクルリクルリとしている相手には通じない。之を体験せり。

結局根本の勝負は位だ。巻き技はいかに巧妙でも結局技である。技だけでは勝てぬ。下手には勝てるが上手には勝てぬ。

位の本は腰也。腰を伸ばす事。即ち坐禅也（十月十一日）。

余の剣は相手の技の起る所、即ち切先、相手が打とうとした時、切先を上から押えれば相手は打つ事は出来ぬ。この押える事をやらぬ。之は欠点。ここは持田先生と増田先生がうまい。

相手の打とうと思う切先を押える事は、恰も四斗ダルの飲み口をふさぐようなもの。之で相手の技を封ずる事が出来るのだ。然も最も力を労せずに。

打ち間に入ったら逃さぬ事だ

第五十一回目

十二月二十五日、妙義にて持田先生に願う。

本日はこの前三、四回願ったのを反省して願う。即ち腰を主として引かずに願うと凝りが出て自由にはたらけぬ。巻き技で願うと自由な技が出るが足腰即ち体が浮く。何れも不可也。そこで先ず腰を伸ばして全体を安定させ、技は巻き技で自由に出すの着眼也。

両刃交鋒、先生は自重している。余も自重。切先の触れる所で余は先生の切先を表より巻く如く押える。先生不動。裏より張る。先生は裏より張りかえす。互にジーッとしている。

互に脇技などは出ない。

余、双手突にゆくもあたらぬ。余は巻いて入ろうとするが半歩は入れるがそれ以上は入れぬ。互にこの間を争い、余が一寸凝る（スーッとして先生を貫く気のきれた所）所を小手を打たる。

余は面に伸びるもあたらぬ。攻めて小手、胴もあたらぬ。

一足一刀の間に対峙の時、色無くスーッと小手を打たれた。之は先生の得意也。余の面はもう一寸のところであたらぬ。先生が引くと見えたので面に伸びると胴をぬかれた。

又、一足一刀より半歩入ったところで小手を打たる。之は二回。

互に強い気で引かずに攻め合い、先生が面に来たのを二本共突く。先生は「相打」と言う。

最後に少しく先生より間を詰められ双手突を突かる。少しく外れたが。

持田先生曰く「小川さんは面を打つ機会が実にうまい。小川さんが下から攻めて入り、そこから仕事に移ろうとする、即ち気の変わり目を小手を打った」と。

反省――本日は技としては一本もあたらなかったが足腰浮かず、技も出すべき時は出てよく使えた。持田先生から打たれたのは、打たれる間に入ってしまったのだから仕方がない。

余が曰く「打たれる間に入ってはどうする事も出来ません」と言うと、持田先生曰く「打ち間に入ったら逃さぬ事だ」と。

持田先生より最後に突かれた突は、あれは余が気分で追い込まれたのだ。あの状態に入ってはだめ。あれは実力の差だ。位を破られたのだ。要するに正念が相続しないのである。道力問題也。

今後の工夫は持田先生に対し両刃交鋒は互角也。巻き技で四、五寸入る迄は出来るのだ。そのあとがいかぬ。そのあと半歩入れれば余の勝也。

ここを入る工夫は突き下げて入るより外に途はない。行の間合也。引いても打たれる、出ても打たれる、その儘にいても打たれる間合也。

之はどちらもそうである。ここの勝負は双手突で突き下げる外途無し。些略などは入らぬ。ここが両刃交鋒の公案也。

二十六日に第一相互で増田道義氏と願う。——ここ二、三回はよく使える。その本は心境がゴロリとかわったのだ。従来は乾坤只一人で相手を殺して、やる。相手も乾坤只一人でくると互にゴツゴツとなる。

乾坤只一人を捨て瞋拳不打笑面の境界でやると彼はどうする事も出来ぬ。ここを稽古上、悟る。本年度の大収穫也。

所謂、猫の妙術の第二の気合では相手が死物狂なれば通じない。瞋拳不打笑面なれば天下無敵也。

佐藤俊己さん、余が持田先生に願うのを見て評す。

「持田先生は小川先生の小手を押えているように見える」

（一足一刀ギリギリの間ならん）

六、常の時と非常の時とその心を一にすべし

常の時と非常の時とその心を一にすべし

昭和三十二年度

一月十日、妙義道場に於て。

約二週間稽古を休みし為、心身餒《う》え本日妙義にて稽古するも稽古をつめている時のようにはつかえぬ。

例えば望月さんと稽古しても只攻め過ぎる。そこを打たれる。そこで思をかえ引き出して使う。応じ面などは打てた。然し思が入るのがいかぬ。

持田先生に対して余が言う(風呂にて)「稽古を休んでいると稽古中に思が入るからよい稽古が出来ません。スラスラといきません」

先生曰く「稽古中、考えが色々と湧いて出る時はよい稽古は出来ない。又稽古を休んでいると体がなんとなくぎこちなく感ずるようになる。そんな時はよい稽古は出来ない。スラスラと使える時がよい」と。

この話で余は先生に一本稽古を願っただけの所得があった。

稽古中に思の湧く時はだめ。大島先生は技には自信があったがこの点に於て苦心していた。

ここは仏光国師[註169]の時宗に与える「念を止めんとする勿れ、念を止めずある勿れ、只一念不生をつとむべし。

曰く、才智智謀に恃む所あるべからず。恐懼の魔風は才智智謀の設計を現出するの原動也。その機に当り変に応じて此の心を失わざれば必ず霊妙なる即当の作畧皆計を生ずべし。宜しく常の時と非常の時とその心を一にすべし」があてはまる。

一月十日午後、妙義、新年宴会に於ける持田先生の余に言える語「小川さんは警視庁へ入った時と今日とでは稽古は雲泥の差だ。あなたの剣道は気だ。それで以前は気を作っていた。作っているのだから打たれる。然し昨今は作った気ではなく自然に出来た気だ。

その証拠は、こっちが打てば応じて打つ。即ち応じ小手はその証拠だ。以前とは雲泥の差だ。それからどんな下の者とやってもゆるめずに使う。そこがよい。私は剣道は小川さんのまねをしろと助教に言っている」

愚評——之は言葉通りに受けてはいかぬ。余の剣を気と見るのはよい。それでほんとうの浩然の気なら千変万化するのである。相手から打たれないのだ。要は相手に打たれてはいかぬという持田先生の言葉として受け取ればよい。余の欠点は下手の者にでも打たれすぎる。そこが欠点也。

一月十三日（日）妙義道場にて稽古後

増田真助さん曰く「持田先生の稽古を見ていると相手をぐっと追い込んで、ジーッと構えているが、自分には出来ない。自分はあのギリギリの間では技を出すか引くかしなければ居られない」と。

持田先生曰く「あのギリギリの間に入ってから引いてしまうと相手が活きてしまう。あそこを引かずにもう一つ辛抱してごらんなさい」と。之は一刀流五本目脇構の付也。「小川さんや鶴海さんは対してみて今は引かなくなった。稽古を上げている」

鶴海さん昨年末曰く「自分は持田先生に対すると以前は立っていられなかった。昨今は辛うじて立っていられるようになった。小川先生は引かぬ。そこで私は先生が下段でぐっと攻める時、切先を下げて先生の臍に付けると先生は入って来ない。それを覚えてから立っていられるようになった」と。

持田先生が松元さんを使うのを見ると相手の中結の所迄入り、切先は下げて中心を攻めて立っている。松元さんは切先を上げている故に気分は中結の所にある。この構で既に負けている。それで松元さんが技を出せば相打の先で出小手を打つので松元さんは頑張れずに息が上がってしまう。余が松元さんを使ってはこの間に入れぬ。互に互角の間に立ち、余が打とうとするので、技では却って彼に打たれる。ここは分かっていても持田先生が相手を制する間に余は入れないのだ。力の相違だ。

ギリギリの間に入ってジーッとしている修行を蔵前、浅草、上野、助教で試験してみると、ここで只立っていたのでは待となり相手にひびかぬ。このギリギリの間に入って浮木の切先で相手を攻めている事が大事也を悟る。

Aさん曰く「自分は金が無いから位のある持田先生のような稽古は使えぬ。金持が居合をやったが実に鷹揚で気品のある居合であった。それは生活にゆとりがあるからだ。持田先生は金はないがそこを超越してしまったのだ」と。

持田先生曰く

「金か」と笑う。

○一刀流の形一、二本目は気合、三、四本目は間合、五本目は全体全用、兼中至也。

評——持田先生の最近の稽古は一刀流の形なら五本目の脇構の付の位也。ギリギリの間で引くなとの説明はここ也。故にどうする事も出来ないのだ。

持田先生だけ一歩抜いている。即ち与えて奪う。彼我一枚の剣也。

半信半疑で出した技はあたらぬ

第五十二回目

一月十五日、妙義にて持田先生に願う。

腰を伸ばす事と先生の切先を巻く手の内、更に巻きより突に入る切先で願う。

両刃交鋒、例により稍々にらみ合い。本日は気分がよく入る。少しく間が近くなり、余が切先を出さんとして手元の上がったところを立派に小手を打たる。

余に突があるので余の構は破られずに対峙。互に攻防、先生の面は二、三本突で止める。之はどちらも不十分の技。只気の争いだけ。

近間で小手を二本ばかり打たる。余は一本になる技は無し。応じ小手は不十分也。然し本日は充実した稽古ではあった。

第五十三回目

一月二十二日、妙義にて持田先生に願う。

一月十五日と同じ着眼也。

両刃交鋒、打つ所無し。突に出るも不十分。

互に攻め合い、間が近くなった時、少し無理ではあるが面に出たら応じて胴を打たる。

互に攻め合い、先生の間は破れぬ。先生の面は突で制するので相打。

余は突にゆく。不十分。先生は切先を下げて突いてきたが、余が出るので外れる。近間で小手を打たる。止めようとすると、「もう一本」と言う。

互に対峙、先生の間は破れぬ。同じ小手を打たれて止む。

あとで先生曰く「今日は面が来たが一寸足りなかった」と。

余曰く「近間の時、面と思い半信半疑でしたが、勢で面に出たら胴を打たれました」と。

先生曰く「半信半疑で出した技はあたらぬ。先日、鶴海さんとやった時、半信半疑であったが面に伸びたら出小手を打たれた」と。

鶴岡清明氏、余と持田先生との稽古を見て評す。

「小川先生は引かずによく使う。自分は引くまいとしても、知らぬ間に追い込まれる。然し持田先生と小川先生と対峙している時、持田先生の切先は小川先生の腹につき中心を攻めている。小川先生の切先は高い。もう一つ小川先生の切先が下がればよいがなあと思って見学していた」と。

之は有難い評だ。自分は気が付かなかった。松元さんが持田先生に攻められているのもこだ。持田先生は松元さんの腹（中心）を攻め（中結）、松元さんの切先は高く、中結の先は死物となって、気分は中結より手元にある。

持田先生に願う時、余が佐藤俊己さんを使う時の切先になればよいのだ。即ち相手の拳より下腹をスーッと攻める。相手の切先は上に上がっている。——即ち構えた時に勝っているのだ。

一足一刀ギリギリの間、達人はぐっと腰を伸ばす

第五十四回目

二月三日、妙義にて持田先生に願う。

腰を伸ばす事と巻き返しの手の内。

両刃交鋒――対峙、巻き返しの手の内でゆくと先生も巻き返しでくるりくるりの手の内で応ず(この時、余は切先に捉われ多少気分が上に上がる)。先生はズンとしている。二、三合したる後、余は腰が伸びてきた。これよりは互角の対峙となる。

一足一刀にて先生が技を出さんとすれば、余が切先を真直ぐに出すので技は消える。又得意の小手二、三本出したが、みんなツバである。本日は最後まで互に一足一刀の間よりは一本になる技はない。近間の時、先生が気当りなく面を一、二本打ったが、これは一本になる

技ではない。

反省――本日の稽古の所得は、余が腰が入ってからの対峙は従来になく余裕があった。先生は技は出せなかった。この腰の入った（伸ばした）対峙は〝両刃交鋒避くるを須ひず、好手還って火裏蓮に似たり〟と見てもよい。即ち寂然不動の本体也。

[註170]佐藤顕君を使う。互に引かないで互角の位に立った為、我が出てよい稽古は出来なかった。対立也。

彼が「三本願います」と言う。この時先ず切先を出し、相手の切先を龍尾返しにて二回程巻き、スッと中段になり、左手だけでスーッと切先を出して相手の切先につける。彼は攻められると思い、面に来る。応じて面を打つ。この応じ面を二本打った。彼はそれで止めた。

龍尾返しに巻き、更にスーッと切先を左手で伸ばして行ったコツ。この時は我の切先と彼の切先、即ち両刃が一如となった。ここも両刃交鋒の則とも見える。ここは本体から働きに出ようとするところ。準備完了のところ。正中来とも見て差支ないだろう。而して応じ面は〝好手還って火裏蓮に同じ〟と見てよいだろう。即ちこの応じ面は、はたらきより見たる兼中至也。

兼中至
- 体——腰を伸ばす
- 相——互の切先を結ぶ
  （この二つは伸び也）
- 用——応じ技（無功用）

（体相用三即一）

両刃交鋒云々——之は一足一刀ギリギリの間で、未熟は萎縮するが達人はぐっと腰を伸ばす。即ち道場一杯、天地一杯の自己。先ず之を体得。

之は万法帰一[註171]、見性也（一刀流）→この境界には達している。更にこの一杯の自己を捨てきれば兼中至也。この境界に達せよ。

剣道は如何に技が出来ても互角に立っていたのでは技は出せぬ。ここで相手を押す事が出来れば技は自ら生るる也。押すとは何ぞ。互角に立った時、位で勝つ事也。この位は修行によるの外無し。

（三二、二、三、妙義にて体験。中野八十二、佐藤顕、伊保、長崎、武田氏を使い感ず）

二月十七日（日）妙義道場。森島君が稽古に来た（本年で四回目也）。

両刃交鋒、彼は稽古をつめているので気分が一杯である(正中偏の絶対に立っている)。不動也。

ジーッと攻めて双手突にゆくと彼も突に出て応ず。攻むるも動かず。余の技は一本に決まらぬ。彼よりまわし小手と片手突とを計三、四本打たる。

余は真面を一本打つ。これ迄の余の境界は一言にすれば真剣也。彼に対しては巻き技で入る事はきかぬ。切先不動のため。

真剣の中段に構えている時ふと感じた。それは斎村先生の中段である。即ち左拳を主にし、右手の力をぬき、左手だけで太刀を押し出すコツ。

この手の内となると切先が柔らかとなり変化自在となり、相手の間にらくに入れる。之が真の三角矩の構だ。こうなると彼の技は利かぬ。最後に彼が片手突に来たのをらくに応じて真面を一本立派に打った。之で終。

この稽古の所得は気分の強い者を相手にする時は知らず知らずにこっちの構も固くなる。死んだ三角矩。その本は右手に力が入るのだ。

この時、左拳を主にして竹刀を左手で操縦する手の内になると生きた三角矩となり切先が生きる。之は従来体得せる手の内なるも本日切に感じたる為ここに記す。

剣道は心のみではいかぬ。雲門の関字の心境が手の内に表われねばいかぬ。即ち心境と手の内也。竹刀を操縦するものは手の内也。

註172 忠信館にて稽古——左手にて竹刀を操縦する手の内にて使うとよく使えた。尚高野孫二郎氏と鈴木幾雄氏の稽古を見て大いに参考となった。

技は心から出るのだから気を練る事が大事

持田盛二先生の言

○昭和三十年六月、四万温泉より帰り体育館にて稽古しての話。「十日間温泉に行ってきて稽古を休んだ為、今日は誰とやってもむつかしくて打たれた。二、三日体が慣れればもとにかえるのだ」

○「松元君を使う時は、待っているとよい所は打たれないが、横なぐりで痛い所を打たれる。こっちから先をかけて使えばよい」（三〇年）

○「剣道は間一つだ。間さえ取っていれば大丈夫である」

○「一足一刀よりギリギリの間に入った時は互に苦しいのである。そこで練れるのだ」
○（鶴海さん評）「鶴海君はギリギリの間に追い詰めるとそこから大きく振り冠って打とうとする所があるが、それは無理である。そこを出小手も打てれば出はなの突も突ける」（三十一年四月）
○持田先生三一、五の皇宮警察七十周年記念武道大会の折、森島君と滝澤君との試合を評し森島君に言う。
「森島君、君は一本取ったのだからどうして上段を取らなかったか。滝澤君は相手の竹刀を巻かなければ技を出さない。入れるとうるさいのだ。そういう相手にはぐっと突放し上段を取り相手の出はなを打てば必ず勝てるのである」
森島君言う――「上段を取ろうと思っている中に負けました」と。
○持田先生曰く「剣道試合は、試合中にカンがパッと働かねばいかぬ。中段がうるさいと思ったら、すぐにやり方をかえ上段を取ればよいのだ。カンのひらめきが大事である」
○余曰く「長島君は試合はうまいが、試合には勝てるという自信を持っている」と。それに対し持田先生曰く「試合はそこだ。戦わぬ前に勝てるという自信を持つ事である」
○持田先生曰く「山口六段のようなうるさい稽古を使うには、合間を打て」と。（之は地稽古の話）

○余が言う　小手でも面でも打ち間に入れば逸《のが》れられぬと。それに対し持田先生曰く　打ち間に入ったら逸《のが》すな！　と。

○持田先生（警視庁体育館にて）小澤丘[註174]君を使いて曰く

「小澤さんが打とうとして竹刀を八相の如く表に立てる所をポンと面を打ってしまえばよい。又切先を下げて来る時は、スッとこっちが手を伸ばせばよいのだ。小澤さんと一所にならずにやればなんでもない。剣道は間だ。間さえとっていれば大丈夫」

伊藤[註175]師範がこの稽古を見て云く

「小澤さんが切先を下げると持田先生がスッと手を伸ばすから突っかかってしまう（之は持田先生の得意の攻め也。懸待一致の攻め也）。それで竹刀を右肩の方にかつぐとポンと面を打たれてしまう」

持田先生曰く「小澤さんのような稽古は試合ならやりにくいかもしれぬが地稽古ではなんでもない」と。

余曰く「小澤さんが下段に下げて小手を打ってくる場合、こっちが正しい中段に構えているだけでは軽くても不十分でも打たれます」と。持田先生曰く「そうです。スッと手を伸ばせばなんでもないのです」

○阿部三郎[註176]さんが宇都宮管区大会の折、負けてしおれている時、持田先生曰く「試合は自信を持て」と。この言により阿部さんは自信が持ててその後の試合は勝てたと。阿部さんの言也。

○坂本六段が「これからは技を研究すべきですか、構を研究すべきですか」と言うのに対し持田先生曰く「技は心から出るのだから気を練る事が大事」と。

○「剣道は研究し稽古し反省する事だ」（柳生流三摩[註51]の位参照）

剣道は破るところがなくてはいかぬ

増田真助さんの言

○「大事の試合は技よりも気である」

○余が大谷太應君の稽古を同氏に注意。

「君は近間で頑張るが、試合ではその近間には入れない。地稽古と試合と別ではだめ。一足一刀の間で気の先、技の先が無くてはいかぬ」と。

この話を傍で聞いていた増田さん曰く「その通りだ。地稽古は遠間で使い、そこから入る修行だ。試合はぐっと近間に詰める事が大事也。みんなの稽古を見ているとそれを反対にしている。試合を見るとおかしい。互に遠間に構えているからだめだ」

大谷君曰く「試合では入れません」と。

鶴海さんの言

○「自分は持田先生に願うと道場の隅まで押し込められる。互角に立っている事が出来ない。然し最近は漸く立っている事が出来るようになった。それは持田先生がギリギリの間にジリジリと気位と切先で攻めて来る時(従来はここで引いた)、自分の切先を先生の臍に付けてしまう。そうすると先生はそれ以上は入って来ない。ここを覚えた」と。(三十一年十二月)

(ここを覚えるのに毎日二回の稽古を積んで満四年間を要した)

持田先生の三十一年四月、鶴海さん評参照せよ。

(余は四十歳の時、中山先生でここを悟る)

○高野先生の話、即ち剣道は始は強くなり、次は弱くなり、最後に味が出る。この時ほんとうに強くなる、と言われた話をすると、鶴海さん曰く「自分には弱くなるという意味が分かる。それは自己流の稽古をしていれば強いのである。打たれずに打てる。然しシンの通った正しい（三角矩）稽古をすると二、三段の者にも打たれる。妙義道場でやってみるが打たれる。ここが弱くなるというところ也。――然し打たれるのでしゃくにさわるから自己流の稽古で使いこなしてしまうのだ」と。

余の評――真の強くなる、弱くなるとは黄檗[註177]喧酒糟漢也、虎と猫也。

持田先生の言

○「剣道の試合は苦手の相手が有るから誰にもよいというわけには中々ゆかない。自分は面が得意、相手は出小手が得意、かかる相手と合った時は苦手だ。そこで試合は先ず気と間で攻め合っている中に相手が写るようになればよいのだ。ははあ相手は出小手をねらっているなと写れば面が得意であっても面にゆかずに方法をかえてやる。(評――昨年余が中島[註178]五郎蔵さんと稽古した時の初太刀。相手は余の面をすり上げる心でいる。余は下よりスーッと入ってすり込み突。彼は突かれ二、三尺退る）そういう風に相手が写るようになれば試合はなんでもないのだ」

○「それから試合は大事の試合に数をかける事だ」

立っていること

鶴海さん曰く「持田先生に願うと道場の隅まで押し込まれる。互角に立っていられない」と。之は或る程度修行した者なら分かる。

一月十三日、増田真助さん曰く「持田先生が下手を使うのを見ていると相手をぐっと追い込んでジーッと構えているが自分には出来ない。自分はあのギリギリの間では技を出すか引くかしなければ居られない」と。

之は下手を使う場合でもほんとうの間合では立っていられないという事也。ここの所は中々気付けない。余は昨今ここに気付く。

即ちほんとうの間合には上手も下手もないのだ。ほんとうの間合は恐ろしい所だ。真剣の所だ。ここは立っていられないのである。

その原因は、不安で立っていられないのだ。ここで引かずにジーッとこらえる事が修行なのである。

即ちほんとうの剣道をやると上手に対しても下手に対してもジーッと立っていられないほんとうの真剣の間があるのだ。ここを知り、ここを鍛錬する事が大切也。

両刃交鋒不須避、好手還同火裏蓮——ここは相手があり乍ら相手がない絶対に立たねば出来ぬ。一[註229]剣倚天寒のところ也。日常生活なら一人で居ても退屈もせず淋しくもない境界也。

凡人は相対界に捉われている故、仕事に追われ、仕事にまぎれていないとその日その日が過ごせないのだ。

[註179]三十而立——我は日本一也。三十台ならそれもよいが、四十になってはそれでは未熟也。四十不惑とは三昧也。三昧とは苟もしないという事也。一分間と雖も苟もしない、紙一枚と雖も苟もしないという事が大切也。

七月二日、妙義にて持田先生の言。

余が「或る助教は引いて相手の出小手を押えようとしているから近頃は稽古が外れています」と言うと、先生曰く「それは消極的剣道だ。剣道は破る所が無くてはいかぬ。その助教は考えるのだ。考える事は難かしいもので、脇道に入り易い。袋小路に入ってしまう。それで、それではいかぬと又元の本道に帰ってくるのだ」

自分が苦しい時は相手も苦しいのだ

六月二十一日、増田さん範士祝の時、持田先生余に曰く「範士になるのは範士になるようなところへはまったものがなるのだ。一、二年遅れたとて人生から見ればなんでもない。結局、五十歩百歩である」と。

余曰く「修行は怠けてはいけませんが、あせってもいけません」と言うと、先生曰く「そうです、あせってはいかぬ。あせるとその気持が剣道ばかりでなく何事にも出る。あせる事はいかぬ」

余曰く「修行は疲れる事もいけません」。先生曰く「然り。それが中々難かしいのだ。自分の体は自分が一番よく知っているのだから、あせらず疲れずそこの拍子をよく取ってゆく事は中々難かしい事である」と。怠ける事が一番いかぬ。之は論外。怠けるよりはあせる方がよい。

持田先生の言

武田君が持田先生に対して言う。「先生に御願いすると、出ようとする所をチョンチョンと切先を押えられてしまうので出たくても出られません」と。

先生曰く「剣道はそこだ。乗っていて起りをチョンチョンと押えて使えば労せずして使える」と。

評――之は識蘊空也。機先を制する也。

三十二年五月十七日、持田先生に対し余の昨今の剣の境涯を話す。

「警視庁へ奉職満四年。両刃交鋒、相手が技を起さんとする機を相手の切先を表又は裏よりひょいと押えると相手は出る事が出来ません。そこを覚えました。それからは稽古がらくになりました」と。

先生曰く「それ一つがたいへんの事だ。剣道は表の強い者には表をポンと押え、裏の強い者には裏をポンと押える。相手は出にくい。そこを出ればジーッと乗ってしまう。相手が動けば打つ。あなたの本年の京都の試合がそれだ。押えておいて相手が出れば切先にひっかかる。そこで立ち直って動こうとする所を面を打った。結局剣道は乗るか乗られるかだ」

余曰く「平素一足一刀で稽古すると打たれます」。先生曰く「それがほんとうだ。そこを修行してゆけばだんだん打たれなくなる。平素いい加減の稽古をしていると、それが試合に出る」。余曰く「切先のはたらきだけ持田先生のまねをするなら之は誰にも出来るが、それだけではだめです」と。先生曰く「然り」

鶴海さん曰く「本日（五月十八日）、持田先生に願ってみたが、先生の目が一分間でもジーッと見ていられない。威圧されてしまう。それでどうにもならなくなってしまうのだ。先生との差はここだけだが、ここを破らねば先生に勝つ事は出来ぬ。之は一生涯どうする事も出来ぬかもしれぬ。

出足は先生より自分の方がよい。又先生の技はどこから起ってくるかも分かる。そういう事なら先生と互角だ。然し威圧されるのでどうする事も出来ぬ。帰途、持田先生から気が引けると注意されたが、別に気が引けるわけではないが、威圧されるのでどうにもならない」と。

余が持田先生の下段攻めの事を話すと鶴海さん曰く「持田先生は切先を下段につけて攻めても何時までもそこには居ない。すぐに切先を下段と中段の中途に持ってくる。それで面にゆけば胴を打たれてしまう」と。

七月二十六日、妙義道場にて持田先生が鶴海さんに注意して曰く「グッグッと攻めると切先を上げる。そこを小手を打った」。鶴海さん曰く「始のうちは意識して切先を上げまいとしていましたが、中盤以後は意識が無くなってしまい、よいカモになってしまいます。攻められると苦しくて辛うじて立っているだけです」と言うと、先生曰く、「自分の苦しい時は相手も苦しいのだ。そこのところだ」と言うと、鶴海さん言う。

「分かっているのですが、どうする事も出来ません」と。鶴海さん余に曰く「ほんの一寸の差だが、そこを得るには少なくとも十年はかかる。十年でも出来ないかも知れない」と。


持田先生が鶴海、渡辺敏雄[註180]氏を使うのを見学す。

先生は下段で相手をグッグッと攻め、相手が切先を上げれば小手、下げれば面と同じ拍子で打つ。相手を崩すコツは下段の攻め也（一刀流なら拳攻め）。

持田先生が渡辺敏雄さんに話したとのこと。

「剣道は小川さんの使い方がほんとうだ。中心を外さずに相手の起りを攻め、引けばグーンと真面に伸びてしまう」

皇宮の宇貫君曰く「先日の皇宮の試合では立っているだけで打たれてしまった」と。

之に対し持田先生曰く「打たれる所にボヤボヤ突立っているからだ」と。

持田先生曰く「剣道は思っては後れてしまうのだからいやになってしまう」と。

技の起こる前に気の起こりが写る

第五十五回目

持田先生、昭和三十二年三月三十一日を以て警視庁を勇退され、名誉師範、講師となる。

四月七日、妙義道場にて持田先生に願う。

両刃交鋒、互に照らし切先は柔らかに巻き返す。

余先ず小手にゆく。不十分。約三十秒位は位攻め。余は下段よりすり込み突にゆかんとする所を（手の伸びた所）、先生は小手を打つ。よい機会也（あたりは不十分なるも）。

先生は余の切先を上より押えて技の起りを殺さんとす。この時余はそれにさからわず切先を下段に下げて先生の腹を攻めて之に応ず。先生はそれ以上は出られない。

余は下段より先生の小手を二、三本打つ。不十分でもあたる。先生は引くから先生の拳の上がった所を小手を一本打つ。

中盤、余は出にくくなる。この時は全身の力が右足に入ってくるの感あり。之は先生の気に捉われたのだ。位負けとなる。

面に二、三本ゆくも届かぬ。もう一本面にゆくとかえされて胴を打たれた。引きこまれたのだ。之で終。

反省――本日は先生に気分が足りなかった。それは互にギリギリの間の攻め合いの時、余は苦しくない。一歩も引かずに下段にぬき、先生の小手が見えるので小手に入ったのがその証也。

あの場合、先生に腹力が充実していれば余の切先などは押えようとせずに、スーッと手を伸ばして切先で面を攻めてくるのが定石と思う。

余が持田先生に対し言う。「すり込み突にゆこうとして切先をスッと出したところを軽くも小手を打たれました。あの気の起りを打たれたのではどうする事も出来ません」と。先生曰く「打とうと思うと技の起る前に（切先、拳に）気の起りがあり之が写る」と。

第五十六回目

四月十四日、妙義道場にて持田先生に願う。

稽古を願う前、正坐していると恰も禅定に入る前の準備姿勢となる。

対峙——良久[註181]しばし。余の方より先生の切先を表より押える。先生は裏よりポンと張る。互に切先を柔らかにからみ合う。

先生、切先を下げてグッと一寸ばかり攻めて出る。余も亦一寸出る。打ち間となる。余は切先を裏より張って小手にゆく。之はあたってみるだけの技也。

ギリギリの間で攻め合う中、先生攻勢となり面に来る。余は先手を取られた感がした。この面に出られたのは余の切先に突の気が切れたから也。

余は面にゆく。不十分。余の切先が低いので先生は片手横面に来る。応じて面を打ったが、先生がスッと入身になったので不十分也。

互にジーッと攻め合う。互に技は出せぬ。この間では余は切先を裏より張って小手にゆくより外仕方がない。裏突一本、ゆくも不十分也。

中盤以後、余の手の内が思わず柔らかとなる。（之は右の握りがグーッと左拳近くに引いたから也）それで切先にねばりが出て、体育館で助教を使う時のような手の内となる。こんな手の内となれたのは先生に対しては始めて也。

互に切先でねばり合って攻め合う。先生が小手に来れば、あたらなくとも応じ小手にかわる。先生は「よいところ」と言う。

軽い出小手を打たれたので止めんとすると、「もう一本」と言う。

又、同じねばり合い也。軽い出小手一本。止めんとすると「もう一本」と言う。

又又、同じねばり合い也。先生が切先を下げて入ってきたから面に出ようとする所を小手を打たる。終。

反省――本日は先生から面の先に出られたので、その後、余は先々とかかったので多少、心に余裕を欠いた。その証は、気をかえて使えなかった。

七、真行草三つの間

二回の懸け声は内虚の証也

第五十七回目

五月十九日、妙義道場にて持田先生に願う。

昨夜睡眠不足也。それを押して妙義に行く。

先ず遠間に対峙。余、懸け声一声、先生も懸け声を出す。

余はもう一つ懸け声を出す。先生は黙（二回も懸け声の出る時は内虚の証也。虚勢也。先生は只一声。あとは黙。之は内実の証也。思うべし）。

余、先生の切先を裏より張る。先生も之に応じ柔らかに強く裏より巻き返す。

先生、片手突に来る。不十分。先生、攻勢に出る。余は立った儘でいる。

先生、面に来る。不十分也。もう一つ先生から面に来たのを、思わず応じて胴にかわる。

先生「参った」と言う。（この胴が打てたのは始めて也）

先生が下から攻めれば余は上より入る。この攻め合い二、三合。対峙。先生より得意の小手を打たる。漸次、余が位で負け、互に打ち合い、最後に切り落し（裏より）の突を突かる。

余守勢、先生攻勢。先生にグッと攻められると手の内が固くなる。そこを小手、面と連続技で打たる。余の面はあたらぬ。

本日は最初に一本胴を打っただけで、その後は押されて余の詰まったところを何本も打たれた。

反省――本日のように使い損ったことはない。鶴岡さんが評し「本日の小川先生は何時もと異い防禦だけであった。頑張っているように見えた。平素は先先と出るが」と。

本日は稽古後、両手首が凝っていた事が何よりの証也。腹力も入らなかった。辛うじて右足親指先の気合で対峙出来たのだ。切先は少しも利かぬ。

その原因は何ぞ。
一、昨夜の睡眠不足の為、稽古前に心気が統一を欠く。
二、稽古中、ヒョイヒョイと思が湧く。
イ鶴海さんが「持田先生に願うと一分間も目を見る事が出来ぬ。威圧される」と言う。それを思い出し、先生の目をジーッと見ようとつとめたところをポンと面を打たる。

口鶴海さんが昨日、持田先生は下段で相手の中心を攻めても切先は何時までそこに居ない。中途に浮かせておき、相手が技を出せば抜胴とか出小手に応じてしまうとの話を聞き、之は体育館助教に成功す。

之を持田先生に行うと、それを行う事に思が入り、却って切先利かず。先生から先先と追い込まれ、余は後手後手となる。要するに切先に突の威力が欠けたから追い込まれて面を打たれたのだ。
三、本日は先生に対し技でいった。即ち打とうとした。鶴岡さん曰く「小川先生は稽古中、竹刀がまわる」と(何時見ても)。持田先生曰く「今日は不用意に面に出たらよい胴を応じられた」と。余曰く「先生から気の留ったところを打たれました」と。先生曰く「剣道はあそこだ。互に攻め合っている時、技を出せば、どんな技でもそこには起りがある。その起りにスーッと手を伸ばして乗れば起りが打てる。あなたの打つ面はそこだ。その時、相手の起りに自分の気が引ければ逆に打たれてしまう。引けるのは気が止るのだ。尽きるのだ。そこを打たれれば軽いも短いもない。あなたは攻められると一寸顔（上体）が引ける所がある。気が止るのだ。あれが無くなれば、あなたの稽古はたいしたものだ。私にも時々、気の止る所はあるが」。余曰く「相手に攻められた時、上体を引かずに逆にスッと手を伸ばしてしまえばよいのですね」。先生曰く「然り」

これがシンの立った稽古と言う

五月二十日（月）神田体育館朝稽古にて羽賀準一さんと二年五ヶ月振りで約三十分間位稽古す。

昨日、持田先生に妙義にて願い、先生より注意せられたる余の弱点（一足一刀ギリギリの間で持田先生からグッと攻められると、上体が引け手の内固くなる。即ち気が切れるという点）を注意し稽古す。（持田先生曰く「小川さんと羽賀さんとでは間合が異うから稽古が合わぬだろう」と。余はそう思わぬ。間合の本は真剣の気也。真剣になれば合掌[註72]となる。これ真の間合也）

両刃交鋒、対峙。彼は前後左右に足を使い切先を殺して近間（彼の間）に入らんとす。余はそれにさからわず切先を相手の腹につけて不動。故にこの間では彼はどうする事も出来ぬ。少しく間をとる。余は双手突に行くも外れる。行の間に於て彼は左右に転じて攻める。片手突と余の右手の固くなる所（技の起り）を小手を打つ。之は何本も同じ所を打たれた。中盤以後は遠間となる。この間からは振り冠れる彼の得意の面、二、三本打たれたが、ここは余の間合なる故、応じて小手も打ち、最後には応じて胴も打つ。

反省

一、気分——真剣の気で終始す。故に三十分以上やったのが五、六分の気がした。充実してやれた。それは双手突にゆくぞという気があったから也。

二、間合——三つの間を使う。

近間——ここは相手の腹に切先をつけて差しちがえでいる故、お互に結局それだけで別れる。

中間の間——ここは彼の得意の間也。ここから片手突と小手を打たる。

遠間——之は余の間也。相手にも打たれるが余も応じて打つ。

三、技——突と面に行ったが彼の構が崩れずに一歩引くのであたらぬ。小手もあたらぬ。一本になる技は遠間の時の応じ技のみ也。彼よりは中間の間で片手突と小手、遠間の時、面に伸びると得意のすり上げ面を打たる。

遠間の時の攻め合いは彼に対しては切先を水月につけて出るより目につけて出た方がよい。

羽賀さんの言──

「片手突と小手を打たれた」と言うと羽賀さん曰く「小川先生は気分が張って打とうとする時、切先を先ず下げる。それはよいが、その時左拳が中心から外れる。自分はその時、右に開いていて先生の切先の下がる所を片手突にゆくとあたる。それは左拳が中心を外れているから也。

それから小手を打つ場合には、小川先生が下げた切先を上げて技を起そうとする所を左に開いていて小手を打つ。左拳が中心を外れているから、切先を下げた時と上げようとする時との二つの場合に片手突と小手が打てるのです。小川先生にはそれ以外には打つ所はない。

小川先生は突が利いているので面は打てぬ。二年半前に願った時は小川先生は引いたが今日は引かなくなった。それから対してみて、今日は私の腹にこたえ方が異ってきた」

(見学者の言──先生の模範稽古を拝見したが真剣味があふれている。それから品がよい。それから互にあまり技を出さない、と)

羽賀さんは中間の間で足を左右に使って入って来るのが得意だ。之は中山先生の間合也。

今後は羽賀さんの中間の間（得意の間）を制する事を工夫せよ。

羽賀さんは強い（気剣体一致。特に足腰、手の内がよい）。その証は三十分間の稽古で稽古後、余の左手と左足とが疲れた。凝った。気と気との攻め合いなれば也。

本日の稽古で参考となった点もう一つ――羽賀さん級の人と稽古すると気分は差しちがえ、それから切先は中心を外す事は出来ぬ（気分も）。

互に真剣になると切先を中心より外して相手の技を引き出し、応じて打とうなどという余裕はない。つまり小手先は利かぬという事也。これがほんとうの剣道也。

ここ二、三日間、体育館で切先を外す稽古をしてみたが、之は下手には出来る。然し互角以上に出来ぬ技を下手に用いると自分の稽古を引き下げる事となる。注意すべし。

結局、中心は〝上からざっぷりあびるとも突き破って勝て〟という点也。

技は大事だが、理と一致せぬ技はだめ。形と一致せる技をやれ。これがシンの立った稽古と言う。

『剣道の終極は真剣勝負だ。世の中の終極も真剣勝負也』

五月二十日、体育館にて増田先生に松元助教が願っているのを見て感ず。

初太刀——松元さんは張り切っている。そこへ増田先生は裏より相手の竹刀を巻いて半歩入る。松元さんは頑張っている。この間に入れば増田先生の勝也。そこで松元さんが技を起そうとする出小手を立派に一本打った。
評——最初、増田先生が裏より巻いて半歩入ろうとする機に松元さんはグッと半歩出て切先で増田先生の水月を突いてしまえば増田先生は入れずに引くのだ。そこへ面に伸びればよいのだ。

気合は両足の親指の先端に置け

第五十八回目

七月二日（火）妙義道場にて持田先生に願う。

両刃交鋒、互に切先を押えてみる。互に不動。余、小手にゆく。不十分。互に思い切った技を出さぬ。

余は利生突にゆこうとしても切先を押えられるのでゆけぬ。先生から片手突が来るも不十分。先生は余の出小手をねらって打つが之はこぶしで不十分。

先生から来るスーッとした双手突は余が手を伸ばすので不十分。先生からの面は皆、余が手を伸ばすのでつっかかってしまう。

遠間となり先生の動くところを真面を打とうとするが先生に凝りがないのでだめ。一、二本真面を出したがあたらぬ。然し先生は出小手は打てぬ。

先生の間に入れぬので中盤以後は先生の切先を裏より小さく張る。之は少しく利き、余の切先は生きる（龍尾返し）。然し先生の間には入れぬ。

本日はどちらもよい技は一本も出ないで止める。

反省——本日の所得は両刃交鋒、余の切先は生きていた。今後は更に先生の構を破る工夫をせよ。その眼目は坐禅で破るより外方法はない。

余の稽古は構に於て小手と片手突とが隙いている。それは余が技を起そうとする時、左手が中心を外れ右手に凝りが出るのだ。

持田先生の技の長所は片手突と小手也。故に持田先生に願う事は、先生の長所と余の短所との稽古だ。ここを解決すれば余の剣は一進歩する也。

斎村先生曰く「自分は持田さんと試合すれば、小手や片手突などは受けぬ。それで相手が小手、片手突に来ようとすれば受けないで面に伸びてしまう」と。之も一つの方法也。

第五十九回目

七月三日（水）妙義道場にて持田先生に願う。

両刃交鋒、先生の切先を裏より裏より張る。之は裏を攻むるの意也。然し之は先生には通じぬ。結局、昨日の稽古後工夫せる裏よりの攻めは不成功。

その本は、一つは裏より攻めようと思う事がいかぬ。一つは持田先生の今日は裏も表もない。全体也。隻手音声。裏で聞いたか表で聞いたか、裏表自由自在の境界に達しているのだ。

余、片手突にゆく。不十分。先生も片手突に来るも不成功。

対峙。先生の構は澄んでいるのでつけ入れぬ。小手にゆくと一寸引いて外して軽くも面を打たる。この技を二本打たる。

先生が面に来るのは二、三本突懸けたので之は相打。どちらもあたらぬ。ここ迄は稍々互角也。

少しく切先を上より殺され気味となったので無刀流の切り落しに切先を下げる。之はいけなかった。先生の切先を避けた事になったのである。両刃交鋒不須避である。

ここで先生が位の勝となる。先生から攻められて小手を打たる。次に竹刀を合わせようとした時、小手・面と打たる（余は引身となる）。「もう一本」と先生は言う。

今度は切先を上より押えつけて胴を打たる（之は余の構に差しちがえの気が切れたから也。両刃交鋒不須避の原則に外れていた為也）。

反省――本日は前半は稍々互角。後半の無刀流の切り落しにつけてからは腹に力が入らず、先生に乗られてしまった。結局、持田先生からは小手を攻められ小手を崩されるのだ。ここが破れればあとはどこでも打たれる也。

持田先生曰く「小川さんの小手は構で隠しているからそのままでは打てぬ。然しこっちが攻めると打とうとして切先を上げる。そこが打てる。つまり相打の技である。剣道はあそこだ。

小川さんは反対に私を攻めて、私の切先の上がる所を打てばよいのだ。小川さんの稽古は相手を崩す所を研究すればよいのだ。そこが出来ればたいしたものだ」（之は高野佐三郎先生に注意された所と同じ也）

鶴海さん曰く「先日は持田先生に願い、差しちがえで一歩も引くまいと思って願ったら、先生からドンドン打たれてしまった。それだから今日は無我夢中で懸かっていった。そうすると切先が上がる。即ち自分の欠点が出る」と。

持田先生曰く「剣道で考える事は必要だが、稽古の時は思ってはだめ」

明日の研究

持田先生に対しては構の研究もいる。それは先生は長身也。故に自分としては左拳を少し上げる事。そうすると切先下がり中心を外れぬ。

今一つは気合也。之は両足の親指の先端におけ。之は坐禅の応用也。打つ打たれるよりも先ず位負けをせぬ事。

真の間、勝敗の分かれは精神也

第六十回目

七月十九日、妙義にて持田先生に願う。

両刃交鋒、少しくにらみ合い、先生からスッスッと小手を打たる。不十分也。然し之に応じられぬのは余の構が固いからだ。

互に引かぬ。先生は片手突も出す。余が技を出すと先生はスッと外して余の尽きた所を打つ。

中盤以後、余は攻勢に出て面に伸びるも少しく足りぬ。

余は先生の太刀を裏表より巻いて入る如くす。先生が小手に来たので応じ小手を打つ。先生は「参った」と言う。

最後の方は互に攻めるもどちらもよい技は出ないが、先生から小手を打たる。

反省——本日の稽古は終始、大体よく使えた。然し突の気が足りぬ感あり。故にもう一つ気分が入らぬ。

持田先生曰く「今日は小川さんによい応じ小手を打たれた。小手から渡ってゆこうとしたところだ。面もよい所へ来たが少し足りなかった」と。

第六十一回目

七月二十八日、妙義にて持田先生に願う。

両刃交鋒、余は先ず懸け声一声、持田先生は一黙(口を結んでジーッとしている)。表裏より軽く先生の切先を押える。先生不動。余は使者[註182]太刀の心で先生の小手を打つ。先生は一寸ぬいて余の面を軽く打つ。

互に攻め合っている中に先生より小手を打たる。

互ににらみ合い、先生は下から攻めてくるから水月より余は入る。

先生の気に起りがない。僅かの起りを見て面に伸びるも不十分。先生は「一寸足りない」と言う。

少しく間を詰めての攻め合いとなる。余は表裏より巻き返しでゆくので先生は技が出せぬ。(即ち小手に来れば応じ小手を打たれるので)ここは互角の位の攻め合い也。

最後にスッと入って右胴を立派に打たれた。之は先生の得意の風の如き入り方也。形がないのだ。即ち余が打たんとする一念を見、そこへスッと入ったので、余は思わず手元をあげてしまった。そこを打たれたのだ。

反省——本日は持田先生は緊張してやった。不用意の技を出さなかった。それは先日、応じ小手を打たれたからだ。

攻め合いは互角なるも常に先生の方が先になっている。ここが相違也。最後の胴は一言もなし。

鶴海さん評——「今日の小川先生の稽古を見ていたが、参考となった。互角だ。打つ打たれるは紙一重のところだ。持田先生もよい所を攻め込んでいるが、小川先生もよい所へ攻め込んでゆく。結果の技は紙一重のところ也。技は問題ではない。互角の稽古であった」と。

○持田先生を破るには「坐る」より外方法はない。

一足一刀生死の間(草)では余は一歩も引かぬから持田先生からは打たれぬ(相打、差しちがえ)。

それより互に五寸入り行の間となると従来は引くまいと固くなったが、今日に於ては巻き返しの手の内でくるりくるりと切先を生かして入るから打たれぬ（応じ技、小手）。

而して更に五寸ずつ入り真の間になると、ここで余は切先を上げる癖がある。即ち精神で負けるのだ。浮くのだ、打とうとして。今後はここの修行だ。

草と行の間は互角に使えるが、持田先生から真の間に攻め込まれると浮く。即ち切先が中心を外れる。それは精神が負けるから也。先生の太刀の届く時は余の太刀も届くのだ。勝敗の分かれは精神也。

真行草三つの間

真行草三つの間

草——太刀下六尺。一足一刀生死の間と言う。この間は互に技が何でも自由に出る。出る、引く、双手技、片手技。

行――太刀下五尺。互に五寸ずつ入り五尺の間。この間合では技が制約される。

真――太刀下四尺。互に更に五寸ずつ入り四尺の間。この間に至ると、その場で互の太刀は届き、もう技の間合ではない。

以上、真行草の三つの間合は原則である。然しこれだけに捉われてはいかぬ。

一子相伝には、くぐる技、のべ敷の技という教がある。それは真剣勝負は何と言っても勝つ事が目的であるから、その為に工夫された事と思うが「真の間」即ち絶体絶命の間に入った時、更に相手の体についてしまう。相手のふところに飛び込んでしまう。そうすると相手はどうする事も出来ない。小太刀はこの間也。発[註183]。抜順皮[註184]、払捨刀[註185]はこの間の教である。之がくぐる技である。

のべ敷の技とは、真剣勝負の時、草の間より打ち込む時、右手を左手に引きつけてしまう。そうすると二寸は刀が長くなったわけ也。敵の刀は届かず、自分の太刀は二寸届けば勝てるのである。（反省――之は余が森島君を使う時に体得せり）

この二つの技は出来上がった人に教えるのである。未熟の者が之をやると稽古がだめになってしまう。

以上、真行草の三つの間合とくぐる技、のべ敷の技の説明、笹森[註186]先生より。

七月二十八日、妙義にて持田先生に打たれた最後の胴を先生に質問すると曰く、

「あれはジリジリジリと切先で攻め込むと、あなたの右手が固くなった。そこでしめたと思い切先であなたの竹刀のもとの方をズッと上から押えた。あなたは押えられたのでぐっと手をあげた。そこを胴を打ったのである。

あの時は攻め込まれても右手が固くならずどこからでもいらっしゃい（好手還同火裏蓮、根本）という余裕が手の内（先生肱を柔らかにして屈伸してみせて）にあれば切り落して打ってしまえばよい。又こっちが攻め込んだ時にその余裕があれば、ぐっと手を伸ばせば私の方が反対に引身になってしまう所です。

鶴海さんがそうだ。負けまい引くまいという気があるからググッと攻めるとだんだんその気が形に表われて固くなる。そこを攻めると手元をあげるから出小手でもなんでも打てる。あの人は早技だから打ってしまえばよいと思うがなあ」と。（駒込警察にて）

持田先生に願いて
一足一刀の間では互角に使える。それより五寸入り行の間では従来は引くまいとして右手が固くなりそこを先生から小手を打たれたが、昨今は巻き返しの手の内で柔らかく切先を立てているから先生は小手に来られぬ。来れば応じ小手。之は一進歩也。

然し更に五寸詰め真の間となると引くまいという一念起り右手が固くなる。今後はここの修行だ。この真の間は固くならずに水月に突込めばよい。即ち突き下げるの間也（他[註129]流勝にある三つの間合の勝）。

持田先生に願う場合、先ず両刃交鋒、先生の太刀を表裏より押えてみるから、その中、余の構が浮くのだ。先生はジーッとしている。之で負也。

今度はそうでなく、両刃交鋒、ジーッと対し、先生の拳を攻めて入ってみよ。切先を下げて、即ち一刀流の拳攻めの工夫をしてみよ。今一つは、のべ敷の手の内を使え。

又、先生の特徴は、両刃交鋒、ググッと切先を下げて攻め込む所だ。攻め込まれれば先をとられ負也。先生が攻め込もうとする所を反対にこっちは小手を与えて上より（水月）乗って相手の中心に攻め込み、同時に打つ、突く、即ち技にかわれ。ここが勝負所の微妙な味のある所也。ここがほんとうの剣道也。打つ打たれるは結果也。

増田真助さんの攻めを上から乗り返したコツでよいのだ。但しあれだけではいかぬ、技にかわらねばだめ。

真の間に於て巻き返しの手の内にて対す

第六十二回目

八月二日、妙義にて持田先生に願う。

本日は切先を下げて使うこと、のべ敷の太刀を使うこと。

両刃交鋒、余は懸け声一声、先生無声。余は切先を下げて対す。

互にジリジリと攻め合う。互の間に気分一杯也。余は裏突にゆく。先生は不動なる故外れる。

ジーッと対す。互に出ぬ。一足一刀の間にて先生はスッと小手を打つ。軽かったが余は之に応じられぬ。

互に入れぬので余は先生の目を突く如く切先を伸ばすと先生はそこを小手を打つ（相手の

生きた不動のところへ手を出すと打たれる)。

互に引かず、余は切先を下げて先生の太刀を下より左右の拳を縫う如く攻める。先生は柔らかく之に応ずる。互に攻め合いのみ。技が出ない。この攻めは生きた攻め也。

面に伸びるも足りぬ。少しく間を詰めた時、巻き返しの手の内で攻めると先生は技を出さぬ。余は更に面に二、三本出たがあたらぬ。先生から軽い小手が来る。

最後に先生はぐっと間を詰めてきた。真の間也。先日はここで固く(右手)なり胴を打たれたのだ。本日は真の間に於ても巻き返しの手の内にて対す。先生は余の太刀を押え胴に来たが、本日は之は不成功也。

互に遠間、余が攻めて面にゆくと先生は引いて胴に応ず。以上。

反省——本日は稍々互角の位にて使えた。技としては一本もあたらなかったが、之は互の間が破れないから也。

本日の所得は、真の間に於て右手が固くならなかった事。即ちこの間に於ても巻き返しの余裕ある手の内でいた事が成功したのだ。

本日を以て持田先生に六十二回稽古を願い、真行草三つの間合に於て互角に使える自信が出来た。有り難い事也。

之で先生に対する研究は一段落也。今後の修行は、要は円熟する事に在り。理は明らかとなったのだ。

鶴海さんが持田先生に願っているのを見ると、一足一刀の間に於て鶴海さんが色をかける所をスラッと先生から面を打たれる。この技を二、三本打たれる。

持田先生曰く、「鶴海さんが私の切先を押え、それから開く。そこは面を打ってくれと面を出すようになる。そこを打つのだ。然しそこを打とうと思っていては打てない」と。

持田先生に昭和二十九年十一月十六日（数え五十四歳）に願いしより三十年十一月十九日（二十五回）にて一足一刀の間、即ち草の間に於て互角に使える自信を得たり。それは真行草の間を破るは「上からざっぷりあびるとも突き破って勝て」の気と切先と也――（菱角尖々鋭似錐）

更に三十一年十二月二十五日（五十一回目）に巻き返しの手の内を自得し中間の間、即ち行の間に於て互角に使える自信を得たり。技は応じ技（応じ小手）（風吹柳絮毛毬走、雨打梨花蛺蝶飛）。

更に三十二年八月二日（六十二回目）に近間、即ち真の間に於て固くならず巻き返しの余裕ある手の内を自得し、この間も互角に使える自信を得たり。

以上、満二ヶ年九ヶ月間の修行也。警視庁就職四年四ヶ月也。

尚、巻き返しの技は浮木と同じ理也。[註187]初生孩子也。之で自利はいけている。更に修行をせよ。
附記――又、行の間に於ける本覚[註188]の攻め方を自得せり（三十二年八月二日）。
一足一刀の間（草）は家舎也。ここで家舎にありて途中を離れずは易い。
行の間は途中也――途中に在りて家舎を離れずは難い。

審判は心也、自信也、之が根本也

八月八日、対署試合の最終日に四機と三機の決勝戦の審判を伊藤師範と余と中島教師との三人でやった。

本日の審判に立つ上の心構えは従来とはかえて、俺の審判を見ろという心境でやった。

この心境に立つと先ず自信がある。審判に立っていて、心はスーッとして微動だにしない。自主的となる。目も明らかとなる。歩々清風[註189]の境界はここだ。体もらくに動く。そして判決は自主的にぐんぐんやれる。他の二人を無視するわけではないが、他の二人は気にならぬ。自分の思う通りにどんどん手をあげ（肯定）、又手を振る（否定）（他の二人に先んじて、周囲にキョロつかぬ）。

十五組の審判が終始一貫、自信を以て気持よく出来た。いくらでも審判がやりたい気持で出来た。之は警視庁へ奉職して始めての審判体験也。之も昨日持田先生と話し、先生の言によりヒントを得たのだ。

従来の審判は[註190]百尺竿頭に立った時の境界也。本日の審判はそこより更に進歩の境界也。[註191]灑々落々の境界也。

従来の審判は両拳を固く握っていたが、本日の審判は手は軽く握っている。全身に凝りがない。之も思わずしてそうなったのだ。結局は心也、自信也、之が根本也。この根本が立って枝葉は生きてくるのだ。

本年、対署試合の審判にて審判の心境を悟る。何よりの収穫也。こういう審判をすれば審判をして稽古は上がる也。

俺の審判を見ろ！　とは、どこからでも見よ！　という境界也。両刃交鋒不須避、好手還同火裏蓮はこの境界也。

飯田師範曰く「今日の小川先生の審判はよかった」と。鶴海さん曰く「今日の小川先生の審判はよく見えていた」と。

「大事の思案は軽くすべし」と葉隠にあるが、軽くしようと思ってはいかぬ。俺の審判を見よ！　という自信に立ってやれば、発して節に当るの中和の道と合致するのである。之は審判のみではない。地稽古も試合も形も、更に日常の生活も根本はここ也。この自信に立てば何事も苟も出来なくなるのである。

八月十日、妙義にて持田先生の言

審判について

「剣道審判は容易なものではない。人間が人間を審判するという事は出来ない。審判で一番大事な点は公平無私という事である。それから審判技術であるが、之は大事な審判に数をかける事だ。もう一つは審判規則を頭にしっかりと入れておくということ。以上の三つである」

余が対署試合の審判の時、始めの三日間は腹が定まらなかったというと、持田先生曰く、「審判に立った時は自分が納まっていなければならぬ。それであせる事などはいらぬ。一本有ったと思った方へスッと手をあげればよい。なんの事もないのだ。写るのだ。

審判は自分の試合よりも大事だ。他人の事だから。故に試合者以上に気分を入れ然も冷静でなければいかぬ。

先ず審判に立ったなら瞑目し、ジーッと心を納めてから自分はやる。

自分は審判は何よりの自己の修養と思っている。今日の審判で自分の心が動くか動かないかの試験と思ってやる。

公平という事はむつかしい。自分の知った者の審判をする時は、心は動く事がある。天覧[註192]試合の望月、萱場の決勝戦の審判の時、望月氏は講談社で関係がある。それで身びいきをしたと言われてはならぬという気が起った。そんな事はかまわずにやればよいのだが、望月氏の打ははっきりきまらないのだ。それで稍々一本になるのがあったが、私は取らなかった。公平無私という事はむつかしい。

昔から審判はその人の稽古だけにしか出来ないと言われているが、その通り也」

余曰く「審判を一心にやると稽古も上がり、稽古が上がると審判も上がると思います」と言うと、先生曰く「そうも言えますね」と。

対署試合四日間の審判に於ける境界の反省

第一日——腹力（ウム〳〵〳〵と腹力を充満さす）→想蘊空

第二日――凝念[註193]（念々正念歩々如是）→行蘊空
第三日――一剣倚天寒（一気）→識蘊空
第四日（決勝戦）――どこからでも見よ（歩々清風）→見性[註194]了々底（三種病人）（はっきり見、聞き、言う）

余が「疲れている時は審判はだめですね」と言うと、持田先生曰く「疲れると気が一杯満たなくなるから審判はだめになる」と。

妙義道場にて増田真助さん曰く（対署試合終りて）「三日、四日位は温泉にでも行きたいものだが、それどころではない（しばられて）」と言うと、持田先生曰く「そういう事が出来る身分になったとてつまらぬ。やれ対署試合、終れば管区大会と忙しいうちが花だ。まあ体が丈夫で稽古の出来る中が一番だ」と。

八月二十日
安田五段曰く「昨日、持田先生と堀口先生に願いました」と。余曰く「間合が異うだろう」。安田氏曰く「堀口先生の間合は持田先生より近いです」と。

持田先生曰く「堀口さんは間を詰めないと技が出ない。間を詰めておいて小手から渡ってゆく。故に間を詰めた時、こっちが先に打ってしまえばよいのだ。そこを一寸でも躊躇すると打たれてしまう」と安田君に話された由。

飯田師範が「もう六十になる」と言ったら、持田先生曰く「年はどうしようもない」と。

八、ここを空と言う也

技で打たれるのは気の切れた証拠である

第六十三回目

九月一日（日）妙義道場にて持田先生に願う。

第一人目に願う。伸べ式の手の内と切先は臍付下段の拳攻め。（「本勝負は一刀に限る。何ぞ常の稽古の如く進退を労すべきや」千葉周作先生）

両刃交鋒、ジーッと対す。軽く切先の攻め合い。余、先ず先生の裏を片手突にて突く。外れる。余の切先が低いので先生は左片手横面に来る。下がった。（ここが持田先生の特徴だ。相手の構を見て攻め方をかえる。即ち切先下がれば横面、上がる者には拳攻め）

互に間が破れぬ。先生が入ろうとすれば余は切先をスッと出すので先生は引く。余としても先生の間が破れぬので技は出ない。

行の間で先生が技をしかける。即ち突（下段）で攻めてくるが之は利かぬ。余は行の間で巻き返しの手の内で応ずるので先生は打つ事は出来ぬ。

余は面に二、三本伸びるも皆面金を打つだけ。行の間で小手、胴と二、三回ゆくもあたらぬ。最後の方で双手突を二、三本出したが之もあたらぬ。先生からは軽い小手と片手突が一、二本来たが之は一本にはならぬ。

本日は互に一本になる技は無し。攻め合いも互に譲らぬ。但し中盤以後は行の間に於て先生の方が位で勝っている。

結局、どちらも構を破る事が出来ず十分の技は無かった。

反省――剣道は結局は技の打ち合いは無い。技の打ち合いは末也。本は気の攻め合い也(切先)。一本も打たなくとも気の攻め合いで気が切れなければそれでよいのだ。技で打ち打たれるのは、気の切れた証拠に打つのだ。

森島君が見ていたので批評してもらうと曰く「始の中は持田先生と小川先生の切先は互角であったが、だんだん小川先生の切先が上がってきた。望月さんと見ていて言ったのですが、持田先生に願い切先が上がればもう負けです」と。長井社長曰く「今日は小川先生は随分張っていましたね」と。

余が持田先生に言う。

「七月に五回先生に願い、体育館の稽古がらくになりました。それは先生から近間で胴を打たれてから近間で固くならぬ事を悟りました。即ち行の間、真の間を覚えました」と。

先生曰く「近間では乗っていればよいのです。それから自分から間を詰めて行ったのと相手から間を詰められたのとでは異う」と。

下手を使う時でも初太刀一本は必ず取る

第六十四回目

十月二十三日、妙義にて持田先生に願う。

本日は真行草の間に於て浮木（裏、表に下より切先を巻く）の切先にて余裕を持たせてやる心組也。

両刃交鋒、先生はジーッと対している。本日の先生は山のように大きく不動に見えた。

余は先生の切先を裏表より下より巻き押える（この浮木の巻きは手の内は凝らぬが先の気が欠ける）。先生の動くところへ面にゆくもあたらぬ。

その中、先生は間を一寸詰める（互の打ち間）。余はここも浮木で対す。先の技が出にくい。先生より片手突来る。近間で双手突も来る。小手も打たる。行の間で応じ小手を余はねらうも之はあたらぬ。面に伸びると出小手を打たる。本日は六、七分願った。

腹は動かぬ。切先も上がらぬ。別に押されもせぬが余としては一本になる技は出なかった。

反省――一足一刀の間に対した時、体育館で助教を使うように浮木（小さく）に切先をはたらかせた。之は悪くはないと思う。助教を使う時は之でらくに使えるが、持田先生に対してはこの切先は利かぬ。即ち先生の中心を攻める事が出来ぬ。只先生の切先に対し浮木で小細工をしているだけ。腹力充実せぬ。そこを先生から先をかけられたのだ。あの間で突の出なかったのはいかぬ。又切先を浮木に使わずに写ったらスッと打つ技、即ち素直な技が出ないのもいかぬ。浮木の切先はカラクリになるのだ。明るい先生にはこのカラクリは利かぬ。

[註195]東門西門南門北門だ。

あとで持田先生に問う。「近間の時、小手を打たれたり片手突を突かれたりしたのは私の右手が固くなった所ですか」と。

持田先生曰く「そうではない。一足一刀ギリギリの間になった時、あなたの攻めが足りないのだ。あの間で攻めがあれば私は動ずる。そうするとあなたの面が届くのだ。あの間で気攻めがあれば私はもう一つ間を遠くとる。それで互に攻め攻められるの間となるのだ。それをあなたは一足一刀ギリギリの打ち突きの届く間で相手の技に応じようとしている。それだから気攻めがない。故に私はあのギリギリの間に安心して居られるのだ。それであなたが技を起そうとする起りを打つのだ」と。

余曰く「体育館で元立をしていて一足一刀ギリギリの間で浮木に対し相手に応ずる癖がつきました。元立の場合はこのやり方でらくに間に合うのです」と。

先生曰く「そうです。元立なら間に合うからその癖がついてしまう。故に剣道は骨折った稽古をせぬと、やっていて上達しない。元立の場合も一足一刀ギリギリの間で気で攻めて先の技で打ってごらんなさい。そうすると相手の息も早くあがる。剣道は下手とやる時でも初太刀一本は必ずとるという心懸けでやれば大事なところが抜けない。

半分は攻めて使い（自分の稽古）、半分は引き出して使う（相手の稽古）をする方がよい」と。

反省——本日は浮木の技を悟る。即ち一刀流組太刀二十五本目也。相手の切先を巻いた方が負也。之は相手の中心を避ける事となるのだ。仕太刀は切先を相手の中心につけた儘、進み、勝となる。ここだ。

それで一足一刀ギリギリの間は避けぬ事。差しちがえの気が根本也。之を真剣という。

両刃交鋒不須避、好手還同火裏蓮とは一足一刀生死の間に於ては死中に活を求める事也。柳生流では一足一刀長短一味という也。ここは百錬自得の場也。（剣道はギリギリの間では小手先などは利かぬ）

持田先生曰く「一足一刀ギリギリの間、即ち打てる間に入ったら打ってしまわねばならぬ。ここで大事なところが抜けると万事がだめになってしまう。総てがだめになってしまう」

老師曰く「段取り。真剣（一足一刀ギリギリの間）。尻拭い」

持田先生には、技を出す前、即ち構で負けているのだ。持田先生は一枚の明鏡となってスーッとしている。余は先に打とう応じて打とうという一念が知らぬ間に萌す。之で負け也。要は心の鍛錬工夫に存す。

又一面ここに勝の場あり。之は相打ちの勝也

十二月十五日、忠信館にて佐[註196]藤貞雄君と稽古す。

両刃交鋒、互に切先を裏表に巻く。余真面に伸びるも不十分。次に余は切先を臍付下段に下げ、もう一つ気分と足でぐっと入って攻む。彼は面技を出さんとす。そこを出小手を打つ。彼は「参った」と言う。

次に余は面に伸びる。之はあたる。彼は二本打たれたので、打とうという気になり技を出してくる。面に伸びるも皆その前に小胸を突いてしまう。そこをあと打す。

彼は面がだめなので今度は小手、面と来る。之は一、二本あたる。そのあとは互に相打の面也。つばぜりで彼はあく迄離れずに打とうとする。一本胴を打たる。

彼は上段をとる。余は下段より入る。初に一本小手を打たる。余が入るので彼は面に来る。面を二本摺り上げて面を打つ。彼は「参った」と言う。以上。

この稽古の所得は小手の攻め方を一本会得す。又余の欠点は小手、面と渡られると打たれる。それは構が固くなっている証也。反省すべし。

第六十五回目

十二月二十五日、妙義にて持田先生に願う。

本日はギリギリの間で更に強く攻めて打つ事を着眼とす。

両刃交鋒、攻めて双手突にゆくも不十分也。佐藤貞雄君を打った小手の要領で小手を打つ。あたるが不十分。その中、間を詰められ先生の得意の胴を一本打たる。

面に二、三本伸びるも皆不十分也。切先を下げて攻めようとする所を立派に双手突を突かる。余は小手を打ち、あたるも不十分。先生より出小手を不十分乍ら二、三本打たる。余の下段の攻めで先生は引く所あるも打てぬ。以上。

反省——本日の稽古は攻めて打とうとし多少あせりがあった。故に機が見えぬ。畢竟先生より打たれる所は二点也。即ちギリギリの間に於て打とうとして切先を上げる所を出小手。もう一つは切先を下げて攻めようとする所を双手突也。この二点が余の弱点也。

胴を打たれるのは切先が上がり固くなるから打たれるのだ。故に出小手を打たれると同類項也。

ここに対するにはギリギリの間に於て打とう攻めようとして切先を上げ、下げするのがいかぬ。即ち心が動くのがいかぬ。ここは水月に突き下げ差しちがえの場也。工夫せよ。

又一面ここに勝の場あり。切先を上げ相手が小手を打たんとする時、小手を与えて先に面を打てば勝也。又切先を下げた時、相手が突かんとする時、突を与えて先に突けば勝也。
｝之は相打の勝也。相手を恐れるのが負の本也。気の引ける本也。

(一刀流乗身の突)[註197]

本日は鶴海さんがよく持田先生に使った。即ちジーッと対峙し、打つべき時に技を出している。弱点は一、二分たつと切先が上がるのがいかぬ。小手を二、三本打たる。終り頃、真面一本立派に鶴海さんが打つ。本日は位のある稽古をした。

あとで鶴海さん曰く「今日は先生が技を出したらアイコで行こうとした。それだから後れる」と。持田先生曰く「真面を打たれたが、結局、出てしまえばよいのだ。出れば打てるのだ」と。

持田先生の言

鶴海さんが最後の方で真面一本立派に打ったのを評す。

「あそこは出さえすればよいのだ。出た方が勝だ。——剣道は切先で攻め合い、乗るか乗られるか、そこだけだ」と。

無刀流切り落としは独立独歩の境界也

第六十六回目

昭和三十三年度

一月八日、妙義にて持田先生に願う。

腰と切先とにて願う。技は相打の技。

両刃交鋒、しばし対峙。互に不動。その中、先生ジリリと出て間を詰める（ここに於て先生の方が攻勢也)。余も亦少しく出て対峙す。互に黙。先生は自重して技を出さぬ。余裏突に出る。之はあたらぬ。

互にギリギリの間で攻め合う。先生余の小手に二、三本来るも不十分也。余も先生の小手にゆくも不十分也。余表突を突くも不十分。

その中ギリギリの間で余が表突に出ると先生少しく退かんとす。そこを間髪を容れず真面に出る。十分にあたる。先生曰く「参った」と。

余が先生の小手を打ち不十分なところを引かんとすると、すぐにつけこまれて面を打たる。ここは余の欠点也。

近間で先生が余の胴を打たんとする。それを応じて不十分乍ら二本すり上げ面を打つ。

後半になると余の気まとまらぬ。それは先生に乗られてきたのだ。

軽くとも小手を打たる。最後に切先の一寸上がるところ(右手固いところ)を小手を打たる。

反省——本日の稽古は終始よく使えたが後半に至り余の腹の気が凝った。それがいかぬ。ここは畢竟道力の問題也。

持田先生曰く「今日はよい面を打たれた。剣道はあそこだ。御年玉をもらった」と。

一月六日、妙義にて増田真助先生が下手を使うのを見て参考となる。即ち両刃交鋒、腹力でウムームと（充実）半歩出る。そうすると増田先生の間合となり切先で一寸乗って真面を打ち、又腹力でウムームと切先を下より入って小手を打つ。

先ず自分の間合を作る事が上手だ。剣道はここだ。自分の間合を作らず互角の間合に立っていて切先だけ裏表に巻いても打てるものではない。之では徒労となり互角になってしまう。先ず自分の間を作ること。その間の本は腹力だ。腹力とは正念相続也。互角の間に立っている時は互に正念、一寸動くと妄念となる。ウムームと半歩出ても正念を失わぬことが修行だ。之を念々正念歩々如是の修行とは言う也。

寒稽古署まわりで一日三回稽古し疲れた時この攻め（自分の間を作る）をやるとらくに使える。我は佚、彼は労。故に曰く、剣道は自分の間合さえ見失わねば大丈夫也。

第六十七回目

一月二十一日、妙義にて持田先生に願う。

両刃交鋒、余先ず片手突にゆく。不十分。次に余は突を攻めると先生はスーッと余の小手を打つ。

中盤に於て一足一刀よりスーッと真面に来た。之も打たれた。

最後に余の引く所へ片手突来り之もきまる。

反省――約十日間、署まわりで引立稽古のみしていた結果、稽古が浮いてきている。想蘊也。胸の息也。ジーッと丹田に納まらぬ。

故に何本も技が出たが殆ど無駄打となる。持田先生の技は何の思慮分別もなく無功用の技也。全然境界が異う。

本日の稽古を連盟の榎本君[註198]が評し、「小川先生は何時もより出来が悪かった。何時ものズーンとした面が出なかった。切先の攻め合いはあったが」と。

今一つの欠点は、一月八日に持田先生に願い、この時稍々よく使えたのが頭に残っていたのだ。之もいかぬ。

第六十八回目

一月二十三日、妙義道場にて持田先生に願う。

両刃交鋒、互にジリリと対峙す。前半は只切先の攻め合いのみにて互に一本になる技は無い。持田先生は余の構を崩す為に双手突に来るも不十分也。

後半に至り先生の気少しく勝り、余が思わず引かんとする時、片手突一本来り之はきまる。

それより先生攻勢。

余は之に対するに打たせる心境となる。故に先生は余の構が破れぬ。

余は切先で表よりスッと裏にかわり小手より胴にゆくも之はだめ。先生の打たんとする機に技が二、三本出たが皆外れる。

以上は先生と余と対立となり、余としては技が出にくい。

最後に無刀流の切り落しに気付き、切先を少しくスッと下げる。先生は余の切先を押えんとする為か先生の気と切先が少しく動く。その機に乗り、技はらくに出せる。ここを悟る。但し一本になる技は無かったが。即ち無刀流の切り落しは相手の構を見、相手の構を崩す事になるのだ。

又、中盤頃、ギリギリの間で三段突を出さんとして切先を動かす所を片手突をスッと突かれた。ここは切先の中心を外してはならぬ所也。

反省——本日の所得は無刀流の切り落し也。無刀流の切り落しでゆけば相手と対立とならぬ。独立独歩の境界也。空!!也。

ここを空と言う也

第六十九回目

一月二十六日（日）妙義道場にて持田先生と願う。

前回、無刀流の切り落しにヒントを得たので本日は之を試験す。

両刃交鋒、無刀流の切り落しにて対すると、ジーッと気が澄む。（前々回願った想蘊とは反対の境界也）先生も口を結び（良久）、ジーッと気を澄ましている。互に呼吸がピタリと合う。恰も互に呼吸を止めている感。天地も呼吸を止めている感也。

[註199]両鏡相対中無影像、良久也。剣道は畢竟ここが根源だ。ここを空!!と言う也。不空の空也、[註200]色即是空也。ここが手に入った。本日始めて。

余片手突を出すと先生も片手突を返す。互にあたらぬ。

無刀流の切り落しの境界には凝りがなく執着がないから技はスラスラと出る、起りがよい。楽だ。

真面を出す。あたらぬ。小手、面にゆくも足りぬ。先生も攻勢に出て技を出すが一本にはならぬ。然し小手、面を軽くも二、三本打たる。之は気が引けてくるからだ。本日は無刀流切り落しの試験故、四、五分間にて止める。

反省――無刀流の切り落しには稍々自信を得たり。ここは想蘊空の場也。

次に長身の伊保君とやる。無刀流の切り落しに構える。即ち一枚の明鏡。

そこで余が臍付下段より三、四寸出て余の間を作ろうとする機へ彼は長身を利しどんどん技を出す。それで余は打たれる。ここは考うべきの場也。

最後に相手の切先を巻いて入る。すると彼は下がり真面が届いた。相手の切先を殺して入ること。之の研究也。

伊保さん曰く「小川先生に願う時は面を用心していなければならぬ。小川先生の年令であの遠間から面が来るとは思わぬから。小川先生に願うと持田先生に御願いするような所がある」と。

次に連盟の榎本君と願う。

長身の彼は一足一刀にて出たり引いたりして間をとる。出る所を打たんとしても届かぬ。

そこで彼の出たり引いたりには一切かまわずに彼の切先を裏（表）より先ず軽く押え、その儘全体でウムームと三、四寸真直ぐに攻め込む。それで打ち間となるので彼が技を出そうとすれば真面を打ち、技を出せば応じ小手を打つ。之は小野派一刀流四本目の攻め也（下段の霞）。

一月二十七日、妙義にて長井社長と願う。榎本君にて自得せる攻めで使うと社長はジーッとこらえて技を出さぬ。

そこで相手の動かんとする機に真直ぐに相手の水月に切先を伸ばすと相手の技を封ずる事が出来る。之は一刀流の五本目也。

榎本君と長井社長の両人にて一刀流の四本目、五本目をしみじみと味わう。剣道は理合の稽古が大事。

榎本君で自得せる四本目の攻めを松元君に試験す。

松元さん曰く「小川先生からあの間に入られると出小手よりも先生の面の方が早い。応じられません」と。

妙義にて増田真助先生が松元さんを使うのを見ると余の攻めと同一也。

切先で先ず相手を押えておいてズーッと四、五寸攻め込む。それで自分の間となる。或は体を沈めておいて下段からズーッと攻め込んで小手を攻める。相手が攻めればさからわずに臍付下段でズーッと引いてしまう。間のかけ引きが上手だ。

余は従来は相手の切先を表或は裏より押え、又は浮木でかわしたが、それだけで相手を打とうとしていた。之では相手と互角の間也。四、五寸グーッと足で攻め込む事をやらなかった。故に稽古に非常に骨が折れたのだ。

持田先生も先ずズーッと四、五寸攻め込む。それで勝たぬと技を出さぬ。

遂に剣禅一致に至りたる也

第七十回目

二月二日（日）妙義にて持田先生に願う。

無刀流の切り落しと相手の切先を押え四、五寸グーッと攻め込む点を研究。

両刃交鋒、余は無刀流切り落し（臍付下段）、先生もジーッと対す。彼我良久。不空の空。呼吸はピタリと合う。

余が四、五寸攻め込む所へ先生から真面が来る。不十分。

互に切先の攻め合い崩れぬ。余は技が出しよいので、小手又は真面に出るも先生の中心が外れぬのであたらぬ。先生も小手に来るもあたらぬ。

先生は余を追い込まんとするも余の切先が差しちがえの中心を外れぬので追い込めぬ。

近間になった時、余の切先に突の気のあった時、先生より先に双手突を突かる。それから互にどんどん技を出すも応じたり応じられたり一本となるのはない。

近間で攻め合っている時、余の面が稍々一本あった。先生は、参ったとは言わぬ。ある程度で止めようとすると先生は「もう一本」と言う。

互に攻め攻められ、あたらぬ。最後に先生が引身となったので真面に伸びると胴に返された。

反省——本日の稽古は余裕があり、尚、互に対峙している時、実に味があった。即ち対立していないのだ。

結局、互に呼吸が合い、互に空!!の境界を離れぬから也。而してこの空より技が出るから味があるのだ。打つ打たれるではない。剣道は畢竟この空が根本也。

持田先生に七十回（満三年三ヶ月）願い、一月二十三日、六十八回目の最後に無刀流の切り落し（臍付下段）、竹刀を持ち乍ら持った事を忘れた境界、空!!のヒントを得。その後二回試験して、剣道は畢竟、空!!の自覚に立つ。

ここに到りたるは、一つは禅の修行のお陰だ。遂に剣と禅と結び付けり。剣禅一致に至りたる也。要するに剣禅一致とは打たざる以前にある也。音無しの構也。[註201]無声無臭也。

不動智神妙録に曰く
応無所住而生其心——[註202]貴殿の兵法に当てて申候へば、太刀をば打つけよ、打ても心な止めそ、一切打つ手を忘れて打て、人を切れ、人に心を置くな、人も空、我も空、打つ手も打つ太刀も空と心得よ、空に心は留められまいぞ。

（四料簡なら[註151]人境倶奪、[註34]五位なら兼中到）

[註203]十重禁戒なら慳生毀辱戒、自も無く他も無く本来空、畢竟空。

ここに至ればもう段や称号はいらぬ。只笑顔あるのみ。破顔微笑也。

今後持田先生に願うには従来と一変し空!!即ち不空の空を鍛錬すべし。剣道なら無刀流の切り落し突也（死即生）。更に参ぜよ三十年！（白雲未在）

二月二日、妙義に於ける持田先生に対し空!!の自覚、之は法話にもなる。書物に残してもよい。中途半端ではない。剣のギリギリのところ也。元立に立っていたのではここは分からない。先生の有り難い所也。

持田先生曰く「剣道は自然であればよいのだが、私なぞは時々よい所を打ってやろうなぞという気になり使い損う事がある。私は小川さんと稽古するのを楽しみにしている」と。

長井社長曰く「小川先生は六十を越すと稽古を上げると持田先生が言っている」と。

増田真助先生曰く「剣道の試合は大場でやる場合は技などではない。技などは出ない。気である。高輪署は今日の気合でゆけば対署試合には優勝出来る」と。

二月九日（日）妙義にて伊保君とやる。（二月二十三日に同君と稽古したのを参照）

両刃交鋒、彼は長身なる故、ここは彼の間也。余は五、六寸攻め込まねば余の間は出来ぬ。先ず切先を表又は裏より軽く押え体（足）で三、四寸入ろうとする所を面を打たる。この面を三、四本打たる。余は彼の間に入れぬ。

中盤以後は切先を彼の咽喉につけて余は不動。彼が面に来れば面を与えて突く（即ち相打也）。

之には彼は技が出しにくい。面を出してもどこかへひっかかる。之で互角の間だ（即ち間合の本は気だ）。

最後に互に技を出し近間となった時、余の面が届く。
反省——結局、長身の伊保君には間を詰める事が出来れば余の勝也。然し彼の気分には凝りがなくジーッと遠間に構えて余の起りを見ているのだ。それで余が入ろうとする所へ面が伸びてくるのだ。

之に処するには間合也。その参考は一刀流他流勝なら不慮天[註204]也。即ち左足のみで相手に分からぬように間を詰めること。もう一つは大正眼にて間をとる事也。

稽古の参考としては中山先生が宮崎先生を使った左足と肱の曲げ伸ばしで間をとった事也。而して畢竟は心也、心が留らぬ事也。

笹森先生曰く「早稲田の道場で斎村師範、伊東祐蔵[註205]、玉利[註206]君を使ってみたが、私が中段の構を少しく高く構え、切先を相手の目につけていると相手はどうする事も出来ぬ」と。

又曰く「引身本覚、同逆本覚をその儘手を伸ばすと、引身本覚は横正眼と言い、逆本覚は逆正眼と言う。昔はこの構はよく使ったそうだ。この構に勝つ構は高霞[註207]より外はないと言われている。高霞より右足を出して相手の太刀を上から張るのであると。中山先生は竹刀を真直ぐに出す(横正眼、逆正眼でなく)。持田先生の稽古を見ると先生もこの太刀を使う。即ち手を伸ばして相手の臍に切先をつける也。横正眼、逆本覚はしのぎで応ずる故、強く応じられる」と。

腹力と切先で乗る

第七十一回目

二月二十三日、妙義にて持田先生に願う。

本日は先生に願えるとは思わなかったが、先生が道具をつけたので第一番に願う。三週間目に願ったので先回迄先生にどこを中心に願ったか忘れてしまった。禅なら公案を忘れて入室[註208]したのと同じ。之では出たとこ勝負となる。そこで今日只今の境涯で願う。即ち中段で攻め合うも切先を上げぬこと。

両刃交鋒、互に照らす。先生はジーッと構えジリリと出る。余は押されたので双手突にゆく。外れる。

対峙。余片手突。だめ。先生から片手突。外れる。余は切先を上に伸ばし返る切先で下段となり拳を攻めて小手にゆく。之を何本も出した。あたるが不十分。小手より胴もだめ。真面も不十分。先生の技も不十分だが余の右手が凝るところを小手を一本打たる。

中盤以後、近間となれる時、先生は小手をチョイチョイと出す。最後迄互によい技は無かった。

反省――本日は正中段で願う。之では結局間合と技の稽古となる。真の気は入らぬ。前回は両刃交鋒不須避、無刀流の切り落しで願ったから気が一杯入った。本日は五、六段の稽古也。

昭[註209]が見ていて評――切先は終始中段。最初は互角に見えた。持田先生が動けば父さんに打たれそうであった。中盤以後は持田先生がジリジリと攻めて出る。父さんが打たれそうだなと思うと持田先生から軽い小手、片手突が出た。始に父さんの面が一本あたったが、持田先生、参ったとは言わなかった。

第七十二回目

三月十九日、妙義にて持田先生に願う。

本日は無刀流の切り落しにて願う。

両刃交鋒、余は無刀流の切り落しにてスッと切先を少しく下げ臍付下段。気が澄む。持田先生はジーッと見ているだけ、余、表の双手突にゆく。あたらぬ。互に対峙し、よい技は出ぬ。

先生の得意の片手突は不十分。軽くもスッとしたよい小手が二本ばかり来る。余は面に三、四本伸びたが皆不十分。もう少しという所也。

只本日の所得はギリギリの間になろうとした時、余は腹力と切先で先生の切先に（表の上より）乗る。すると余の構は生き、先生は出にくくなる。この乗りを四、五回やった。之が従来にない使い方であった。この乗りで願うと疲れぬ。又先生の気に押されぬ也。

最後迄押されず、どちらも十分な技はなかった。然し本日は従来にない切先の乗りを持田先生にて体得せり。

三月の方面稽古で日本橋の阿部六段を使う。彼には欲がないので打てぬ。

中盤以後、押せるなという気が起ったのでグーッと乾坤只一人で力んで押す。自分では押している積りだが、之では彼我の縁は切れる。その力みのところへスッと入られて右胴を立派に打たれた(余は手をあげた時)。之はほんとうの負也。即ち乾坤只一人の力みが過ぎると独り稽古となり、之が敗の本となる也。参考となった。

試合になって力み過ぎると負ける。三十一年の京都、秩父の福岡氏との二本目はこれ也。力み過ぎは簡単に言えば固くなるのだ。気の凝り也。硬直状態也。之は急ぐこと、あせる事より生ず。落ち着きを欠く也。

第七十三回目

五月十一日（日）妙義にて持田先生に願う。

本日は京都試合直後なので未だ十分に気が張っている。

対峙。ジーッと互ににらみ合い、機を見て表突にゆく。あたらぬが之は先の気の表われ也。

本日は徹頭徹尾攻勢にゆき、真面などは従来になく三、四本あたる（先生は参ったとは言わぬが）。先生が引き気味となるからあたるのだ（余は足の指先の気にて使う）。

松元さん本日の稽古を評し「小川先生はよく使った。真面などは何本もあたった」と。

持田先生曰く「小川さんの今日の使い方はよい。京都の試合も今日のように使えればよかったのだ」と。

第七十四回目

五月十八日（日）妙義にて持田先生に願う。

本日も突を主にしてやったが先日のように攻勢には出られなかった。それは持田先生が緊張したのだろう。どちらも殆ど十分の技は無かった。然し最後の方に於て先生の方が一寸よかったと思う。

足の指先の気

第七十五回目

五月二十五日（日）妙義にて持田先生に願う。

本日も突を主とす。

両刃交鋒、余は思わず両足の指先をジーッとしめると、ここに気入り腹腰が納まり中段の構が独脱無依となる。互に照らし合う。

余小手にゆく。不十分。余が技を出さんとすると先生は引く。互に攻防、一本になる技はない。

中盤に於て近間で余の構の開いたところを軽い面を打たる。之は余の左拳が中心を外れたのだろう。余にはこの癖あり。注意すべし。

更に一本になる技は互になく、近間の時、余が双手突にゆかんとするその気の起りを軽くも小手をポンと打たる。之も余の癖也。打とう突こうの一念が右拳に表われるのである。この時も左拳は中心を外しているに相違ない。注意すべし。

十分な技はなく、終。

第七十六回目

六月一日（日）妙義にて持田先生に願う。

（構に於て左拳を少しく上げること）足の指先の気。

立ち上がり対峙。互にジーッと照らす。良久。互に切先をさわって見る。先生は出ない。それは余の突が利いているからだ。間が破れぬからだ。

余裏突にゆく。あたらぬ。体を少しく鎮める如くにし切先を下げて先生の小手を攻む。この切先及体勢で小手を打つと稍々七、八分の打ちがあたる。(この小手の攻め方、打ち方は従来はしなかった。之は昨日の増田真助さんの話にてヒントを得)

先生突より小手に来り七、八分のがあたる。「之であいこ」と言う。

互に片手突を出し合うも不十分。余は突と面に伸びるも不十分。小手より胴にゆくも不十分。近間の攻めの時、先生より手を伸ばした双手突が不十分でも一本きた。

先生が出ようとする所を余真面に出る。余の面があたる。先生曰く「小手の方が後れた」と。

先生が一本打ったら止めようという気が起る。

互に間が近くなった時(打ち間)先生の方が乗る。先生が切先を下げる。余は〃なんの〃という気で切先を下げる所を裏小手に来る。之を二、三本打たる。以上にて終。

近間(打ち間)の時先生が切先を下げ、余も下げる所を裏小手を打たれたのは、近間の時に乗られていたから也。乗られていなければ先生が切先を下げる所を双手突にゆけばよいのだ。この技が出ないのは乗られていた証也。

持田先生曰く「あの場合は一旦引いて出直してきてもよいし、きたなくはなるがズーッとつばぜりに入ってしまってから離れてもよい」と。

余曰く「あそこは打ち間だから、引くとズーッと追い込まれて面を打たれます」と。先生曰く「然り」。

昨日、体育館にて増田真助さん曰く「助教の試合を見ていると心のはたらきが少ない。ある助教などは正眼に構えて相手の面のみ打とうとしている。そうでなく、正眼の構からジーッと切先を下げて小手を見ていれば、相手が面を打とうとすればそこをパッとらくに出小手が打てるのだ。面ばかり打とうとせずに面も小手も打てる構（切先）になっている事が大事だ」と。

評――この出小手の打ちは増田さんの得意中の得意也。聞いておく必要がある。

又、この話に対し出小手の上手な長島教師曰く「切先を下げて構えれば出小手が打てるが、それは気分で攻めていて、押していて始めて打てる技也」と。之もよい。

今後、持田先生に願う着眼は、技でなく、終始互角の気位、態度で使うこと。即ち押されぬ事を主としてやれ。

最初の一、二分は互角也。最後になると押され気味となるのだ。始は互角だが最後になる程、こっちがよいという稽古をやれ。

それは道力也。

九、切先の浮くのは心の浮く事、既に負也

伸べ式の手の内は収穫也

第七十七回目

八月十七日（日）妙義にて持田先生に願う。

（七月二十六日発病。その後殆ど稽古をしていない）

呼吸（息を止める）にて願う——今一つは左足を出すこと。伸べ式の手の内。

両刃交鋒、互に照らす。息を止めて対す。余小手にゆく。不十分。

先生より面に来る。少しく足りぬ。次に攻めて胴に来る。不十分。

対峙。先生よりスーッと小手に来る。之は立派に打たる。

以上、先生より先々と攻められて応じられぬのは結局切先に先の気がないからだ。

余は攻めて双手突（表突）にゆかんとし、突き出した所を先生手を伸ばしたので先生の切先に余が突き当った形。即ち突かれに行ったのだ。之は写ったのだ。名人の技也。

余は気分では始より少しも押されず息も苦しくない。

故に小手も出れば面も出る。但し不十分。伸べ式の手の内にて攻めし時、先生小手に来る。それを無心に右に応じて一歩出て真面を打つ。之はあたる。先生曰く「面の方がよかった」と。

この手の内は本日の収穫也。その後、この手の内にて攻め入るも一本打ったという気のゆるみがありし為、伸べ式だけではあたらぬ。先生より一、二本打たる（余の気の引くところ）。それにて止む。

評——本日の息は終始互角。只、切先が負ける。この工夫が必要也。之は体育館でも出る。切先ゆるむ故、小手を打たれ、又面技なども起りがあってあたらぬ也。上手に願うと自分の欠点がありありと分かる。

羽賀準一氏、余の稽古を見て評、「小川先生は左拳が左右に動く。そこを持田先生に小手をねらわれる」と。

第七十八回目

十一月二日、妙義にて持田先生に願う。

両刃交鋒、ジーッと対す。先生不動。いつもならグッと攻めてくるのだが、今日は自重してか攻めて来ない。余は裏又は表に先生の太刀先を抑えてみる。少しく間が詰まったところで小手にゆくもあたらぬ（之は打ってみただけの技也）。

互に攻め合っている中、先生から得意の小手が来る。十分ではないがあたる。

それから互に技を出し合う。どちらも不十分。余の切先が中心を外れぬので先生も容易には打てぬ。余が切先を下げて攻める時、先生より片手突来る。之は一本。

又、互に攻め合い、打ち合いする。互の技が不十分。先生が小手に来れば余は応じ小手にかわる（あたらなくも）。

一寸気のとまる所を小手を打たる。余「もう一本」と言い、互に攻め合う中、余思わず先生の攻めにより引身になる所を軽い面を打たる。以上。

反省――心気は崩されないが、心のとまる所を先生の得意の小手と片手突を突かれた。余の技で一本となったのはなかった。

持田先生曰く「小川さんは応じ小手も胴も出たが今日は、突が出てもよいと思った」と。

九、切先の浮くのは心の浮く事、既に負也

○それは本日は余の攻勢が足りなかったから、かく先生は感じたのだろう。

持田先生と対談

余曰く「老境に入ると稽古が近間となり手先だけの技を出すような傾向となります」

先生曰く「そうです。それで近間に入って使えばらくに使えるのだ。そこでごまかし稽古をやってしまうのだ。まとまらない稽古になり勝ちである。自分の為にも相手の為にもならぬ。

剣道は下手とやっても遠間で使えば相手の為にもなり自分の為にもなる。下手に対しても自分から先の技を出してやる事も大事也。

小川さんは面が得意だ。あの面は遠間だから出るのである。近間ではだめ。手先だけで打つ事となり、あの面は出ない。

自分はもう立っているだけだ。見えていても足が利かないので出られず、遂に機会を失してしまう。それで相手の出て来る所を打つだけになってしまう。

剣道はむつかしい。三菱道場に中大卒の高橋という五十七、八才の人が来る。この人はかついで面に来る技が得意也。かついで来る面であるから、かつぐ所へスッと切先を伸ばすか、又はそこを打ってしまってもよい。なんの事はないのである。

所が相手がかつぐ時に面に来るなと思い、思わず受けようとする。そうすると反対の左面を打ってきて打たれる。――あとで考えてみるに、打たれる時は結局、自分の方の攻めの足りない時である。相手は得意技であるから、かつぐ時に気魄がある。それで受けようとするのである。自分の方の攻めが十分である時は相手がかつぐ所をスッと打ってしまえるのである。それが分かっていながら、かつぐ所を防ごうとして打たれる事がある。それだから剣道はむつかしいのだ」

註――之は遠近の間也[註210]。敵より遠く我より近く。この原理は結局、気合也。攻めの時は我より近く敵より遠く。防ごうとすると、我より遠く敵より近くなる。

第七十九回目

十一月五日、妙義にて持田先生に願う。

着眼――呼吸（丹田）と手の内は伸べ式。

両刃交鋒、先生はジーッとしている。余打ち間に進む。先生の切先を押える。先生の切先は初生孩子也。こたえがない。柔軟にして然も切先は生きている。

余、攻めて表突にゆくも先生不動の為あたらぬ。次に攻めて右胴にゆかんとする起りを小手を見事に打たる。以上で先生に先手を取られた感也。この場合の右胴は無理であったのだ。

次に余は切先を下げて拳を攻めるもこの攻めは利かぬ。

小手にゆく。先生はその場でぬいて余の面を打つ。

又小手にゆく。同じくぬいて面を打つ（そこで持田先生、余に注意す「この場合は、小手を打ったら引かずに出た方がよいですよ」と）。

次に余は先生の顔（上）を攻む。それから面に伸びるも不十分。余が引かぬので先生はいつもとは異い、すり込み突を何本も突いて出る。余は突かれはしないが受身となる。

そこで余は攻勢に変ず（心に余裕を欠く）。先生は間をグッと入って守る（近間となる）。余は少しく浮かされた感也。その切羽詰まった間から面を出すと、あまされて胴を打たれ、又同じ面を出すと出小手を立派に打たる。

反省——本日は昨夜の睡眠不足もあったか最近になく先生からよい所を打たれた。余の構はほんとうにまとまらなかったのだ。切先一つになりきっていなかったのだ。最後の胴と出小手は完全に余が浮かされたのだ。それで先生からは近く、余からは遠い間合となったのだ。

次に持田先生の小手を打ち、あまされて面を打たれた（二本）。この技は余の最近の欠点也。つまり打ったあと技の尽きた所を打たれたのだ。

持田先生曰く「小手を打って打ち損じた時、打たれまいとして上体を引くから丁度面の打ち間となり面を打たれるのだ。あそこは上体を引かずに打った儘で居れば打たれぬ。それでそのあとは突に行ってもよいのだ」

　之は以前は乳井君[註211]と稽古し体得していた技であるが、八年空白のために焼が回ったのだ。今後鍛錬工夫すべし。

切先の浮くのは心の浮く事、既に負也

第八十回目

十二月十四日（日）妙義にて持田先生に願う。

事前準備——技及構には意を用いず気合を充実させる事に主眼を置く。

両刃交鋒、互にジーッとにらみ合い、微動だにせぬ。只切先だけは互に生かして之の押え

合いはある（浮木の切先）。約二、三十秒間。

先生の構に隙がないので双手突に行くも外れる。先生からも技を出すが余の切先が中心を外れぬのであたらぬ。互に攻め合い技を出すも不十分。

互に打ち合い、どちらもあたらぬ時、余は退かんとす。その中途を先生より真面を打たる。之は立派に〝参った〟。

この時は余の体は崩れており切先も中心から外れていた。その僅かの隙を捉えられて打たれたのだ。

次に余は面にゆくも面金。互に攻め合い、先生が小手に来るのを応じ返しの小手を打つも、之は拳であった。先生曰く「惜しかった」と。

互に一足一刀の間に攻め合っている時、一瞬ポツンと先生得意の出小手を打たる。立派に〝参る〟。先生傍に近寄りて曰く「今の折りは切先が上がりました」と注意してくれた。

つまり互にギリギリの間で対し攻勢を持している時、余は面技を出そうとして切先が上がったのだろう。その崩れを打たれたのだ。ここは余の何よりの欠点也。攻め合っている時、切先の浮くのは（畢竟、心の浮く事）それだけで既に負也。

最後に余は面にゆく。之を先生は軽く応じて胴を打つ。

以上四、五分間と思うが、心が浮いていたので之で止めた。

反省——本日は今回が先生に願う最後の心でやった。終始気分が入って気持よく使えた。固くならず技もスラスラ出た(一本になるのは無かったが)。最初に打たれた面と二本目の出小手は実に参考となった。有り難かった。

持田先生曰く「互に一足一刀に構えている時、小川さんが切先を下げる(之は余の攻め也。相手の腹を攻むる也)。そこは面が打てそうに思うが出にくい。出にくいのは、面に出ると突を突かれそうな気がするのだ。面に出れば突を突かれるだろう。それだから見えていて出られないのだ。

小川さんの右小手は切先で囲ってあるので構えている所は打てぬ。(之は高野先生の三角矩だ)

又、最近小川さんの元立を拝見するに、以前のように技を起す前に肩に凝りが無くスーッと技が出るようになった。又、構にも余裕、ゆとりが出来て来た。之は非常な進歩です。

〝心広く体胖也〟と言う言葉は実によく言ったものだ。之が大事だ」

註——持田先生は余の稽古を、十二月十、十一、十三日と三日間、妙義で見学した時の所感也(之を十日の濱清の忘年会の時も言った。「下手を使うのにらくになったようだ」と)。

本日、持田先生から、互に攻め合っている時、余は打たんとして切先が上がると注意され、元立になって下を使う時、互に攻め合い技を出す前に切先を上げぬ所を注意して使うと切先。

に気分が入り之が攻めとなり、下手がいつもと異いらくに使えた。

余曰く「従来は構に力みがあったが本日は力みがなく、その力みが切先にゆく。そうなると切先の威力となってらくに使えました。こう使えれば年を取っても衰えずに使えると思います」と言うと、持田先生曰く「そうです」と。

○体の力みは害となる。この力みが切先に出ると有効となるのだ。それには鍛錬によるの外なし。

○切先に気が入るようになったのは持田先生の注意もあるが、一つは臘八[註212]以来大いに坐っているから定力が出たのも一原因也。この切先の威力と眼と腹力との三つが三角矩也。切先の威力の無い三角矩は死物也。

第八十一回目

十二月二十五日（木）妙義道場にて持田先生に願う。

本日は妙義本年度の最後の稽古日也。余が第一番目に願う。

着眼（技には意を用いず、只気分を十分張ることを主眼とす）。

両刃交鋒、ジーッと対す。先生不動。余は切先で先生の切先を押え右又は左に少しく開く。

互に一、二本技を出すもあたらぬ。つまり互に気満ちている為也。

先生より片手突来る。不十分也。そこで余も片手突を返すとあたらず。先生は余の切先についてきて余の面を打つ（之は余が自ら招ける隙也。こんな不確実な技を出す事がいかぬ）。

互に対峙。余は面にゆくもだめ。先生の近間の技は応じ小手に応ずるのであたらぬ。その中、先生より片手突来る。之は多少外れたがとまる。

その中、互にジーッとにらみ合い、余は切先を下げてジーッと攻む。互に打ち間。余は今度は面が打てるぞという感じがしたのでジーッと攻めるとそこをポツンと小手を打たる。之は余が面を打たんとする気の起り也。立派な模範的な起り小手也。

次に互に攻めつ攻められつ技はあたらぬ。最後に先生の攻めに余が引身になったところを軽く追込み面を打たる。以上。

持田先生の言

「今日は小川さんが出しつけない片手突を出したのでつけ入られて面を打たれたのです。片手突は相手が技を起すところか引くところかでないと当らぬ」

余曰く「今日打たれた小手は、私は面の打ち間に入り面が打てると思った時打たれました」と言うと、先生曰く「小川さんは近間に詰めてから技を出す場合がある。それで今日は小川さんが間を詰めるのを待って起りを打ったのだ」と。

先生曰く「小川さんは下からぐっと攻めるが下からのみでなく、上から乗って攻める事も大事。それも切先で上から攻めるのみでなく気分でぐっと上に乗って攻める。そこからも技が出るから。今日の稽古はもう少し小川さんの得意の面が出てもよいと思う」と。

反省——本日持田先生から打たれた小手と十四日に打たれた小手は場合は異うが根本は同じ。即ち技の起りを打たれたのだ。気の起りを打たれたのだ。

而して気の起りの場合を反省するに、右手の手の内が一寸固くなる。凝る。それだから相手の技に応ずる事が出来ないし、又先に出る事も出来ないのだ。

一足一刀で攻め合うギリギリの時、ここから技が生れようとする機に大事な点は右手の手の内が凝らぬ事、固くならぬ事也。ここは用心すべき所也。

右の手の内が固くなれば同時に心も硬直す。即ち形より心に隙が出来る。又一面、心が打たんとする一点に集中すればそこに凝りとなり、之が右手の内に表われる。

ここは心の面、形（右手の内）の面で工夫すべき所也。即ち将に技を起そうとする機に心も右手の内も凝らぬ事が大事也。即ち巻き返しの手の内、生きた手の内になっている事大事也。

曽て（昨年八月）持田先生から近間で胴を打たれたのも手の内が堅くなった所を打たれたのだ。

緊張していて余裕を持つ事が大事

第八十二回目

昭和三十四年度

一月六日（火）妙義道場にて持田先生に願う。

両刃交鋒、互にジーッと対す。互に切先だけの攻めにて不動。ジリジリ攻め合い、僅かの機を見て余は表双手突に突込む。之はあたらぬ。次に余はかつぎ小手にゆく。之は稍々あたるも不十分也。

次に余が技を出し尽きた所を先生は下がって胴を打つ。

先生からは攻めて真面に来たが之は足りなかった。又双手表突も来たが不十分也。余は裏突にゆく。あたらぬ。真面を四、五本出したがあたらぬ。先生は一寸引くので届かぬ。

先生から二、三本打たれたが、之は立派な一本にはならぬ。余の出した技も皆悉く一本にはならぬ。気の攻め合いは終始一貫也。最後迄追い込まれぬ。

只ここ十日間許り稽古を休んだ為、体に十分な張りがなく気も十分に澄まぬ。頭がはっきりしない(目が明らかでない)。故に自ら機を見る事が出来ぬ為、微妙な技が一本も出なかったのだ。

稽古後、持田先生と話す——余言う。「剣道は少し休んでいると精神の緊張は出来るが緊張しておって余裕を持つという事が出来ません」と。

先生曰く「緊張していて余裕を持つ事が大事。緊張していて手足に少しの凝りのないという事が大事だ」と。

反省——本日の稽古は双手突を中心としてやり切先を外さなかったから終始互角の位で使えた。之は長所。冴えた技の出ないのは十日間稽古を休み体が張っていないから也。之は欠点。

本年は双手突(張りより出る先の気)を中心として修行すべし。

○註——緊張して余裕を持つとは、緊張とは精神也、腹腰の張り也。之は坐禅で出来る。余裕を持つとは、手の内也。手の内の修錬は素振り及び形で基礎が出来る。余の剣道の欠点は手の内が悪いのだ。竹刀のまわるのもその表われ也。

一月七日、妙義に於て稽古後、持田先生と話す。

持田先生曰く「小川さんは近頃はお得意の突が出なくなった」と。

余、考えるに、之は老年になり気魄の衰えの表われと思う。それではいかぬ。双手突の気、即ち生気、浩然之気が本也。之は年で衰えぬ。不生不滅の絶対のものなれば也。

○持田先生曰く「小川さんの出小手を打つには、小川さんがグッグッと攻めてきた時、ジーッとこらえていて将に面を打とうとする機を小手を打つのだ」と。

○「只待っているだけではいかぬ。その中に攻めが無ければいかぬ。懸待一致とはよく言ったものだ。又小川さんの面は、引いて余してもよい」

○「他所の道場へ行っては余程用心してやらぬと」と言うと持田先生曰く「他所へ行って改まってしっかりやろうとする、それがいかぬ。自分の道場でやっている積りでやればよいのだ。この道場（妙義）で使っている心で体育館でやればよいのだ」と。之は至言也。

○「剣道は相手にも自由な技を出させてそれで使う事が大事だが、中々うまくは使えぬ。又一方、殺して使う事も必要。殺したり活かしたりして使う事だ」

○「気は張っていて体は柔らかでなければいかぬ。殊に手の内は柔らかでなければいかぬ。そうでないと、しまった打は出来ない」

○「剣道では先と言って之が実に大事だ。気が張っているから先がとれるのだ。気が張っていれば相手の突などはなんでもない。スッと手を出しただけでこっちが先になってしまう」

第八十三回目

一月十一日（日）妙義道場にて持田先生に願う。

両刃交鋒、両鏡相照らす。互に気攻め（切先）だけ。余はかつぎ小手、双手突、面、時には小手・胴とゆくも一本になる技はない。先生から来る技も一本になるのはない。先生から軽い面が来たので止めようとすると「もう一本」と言う。

互に一本になる技はなかったが、最後に先生がスッと近間に入り、得意の小手を一本打たれた。余はこの時は引いたのだ。

反省——本日は何時も面の起りを出小手を打たれるので（一本ぐらい）、先生がジーッと待っている時、打つ気にならず、ジーッと右手を柔らかにして機を待つの態勢で願う。それで一念が起ろうとする時は、先ず両足をあげ大正眼の心持となるとこの一念を空じ得。

それで持田先生は余に起りがない為に本日は小手も片手突も出さず、更に言えば余の間合に入る事が出来なかったのだ。只軽い面と最後の小手は先生の気が先になった。

思うに剣道は、相手（持田先生）が不敗[註213]の間（懸待一致で持している間）にジーッと立っていると、こちらからはつけ入る隙は絶対にない。本日はこの隙のない所へ技を出したから皆届かないのだ。

今後願う時は、互にこの不敗の間で満を持して対し(中心を外さず)、先生が技を起そうという所まで乗って辛抱し、将[註214]に技を起そうとする所を相打をもって出よ、これ技を起すの真機也。而してこの機を捉うるは思ってはだめ也。只念々正念歩々如是也。無[註215]思無為、寂然不動、感而遂通天下之故也、真人知真機也。畢竟勝負を決する最後の一点は心也。

勝敗の分岐点は正念の切れた所也

第八十四回目

一月十五日、妙義にて持田先生に願う。

去る十一日の稽古を反省し、機を中心として願う。禅機也、正念相続也。

両刃交鋒、互に照らす。先生の心及び構に隙なし。余にも隙なし。而して前半は先生の切先の動く機に小手、双手突、面、又は小手・胴とゆくも皆不十分。又先生から出す技は全部、突の気（切先）又は応じの気分（応じ小手）で対し一本となるのはない。

先生は余の面に対しては引いてあましてしまう故に届かぬ。余は技を出す前に右手が凝らず切先が上がらぬので先生は得意の小手を打つ事は出来ぬ。

最後に余の息が少しく胸に上がろうとした機を先生スーッと入り双手すり込み突を突かる。一刀流の刃引第一本目也。

剣道は結局ここだ。互に技を極めれば打つべき隙はない。技は互角となる(相打で)。そこで差のつくのは心だ。正念が切れ、息が胸に上がれば（想蘊）ズーッとすり込み突也。曾て斎村先生から国士舘でここを突かれた。斎村先生が真剣になったからこの技が出たのだ。山岡先生が高山峰三郎氏[註216]を最後に突き倒したというのはこのすり込み突だろう。剣道の極意はここである。

ここで余が止めんとすると先生は「もう一本」と言う。

余の技（面）を先生はあますのであたらぬ。先生からの技もあたらぬ。最後に無理な所を遠くから気で押して面に伸びると先生引いて応じて胴を打つ。之で終。

反省——持田先生に八十四回願い、結局互に技で攻め合い打ち合っても之は互角になってしまう。勝敗の分岐点は正念の切れた所也。即ち気の上がったところ。胸の息となったところ。ここは打たれなくも負也。正念の切れた所を隙と言うのである。

剣道は相対し待っていてはだめ。そうかと言って懸ってゆくだけでもだめ。何となれば、相手の隙のない所へ只打ち込むは盲打ち也。たとえあたるもまぐれ当り也。

待っていかず懸っていかず、それではどうするか。要は機を打つ事也。崩して打つ事也。

それには先ず自己がズーッと一枚になっている事が先決。三昧になっている事が先決。猫が鼠をにらんだところ也。之を心気力一致、懸待一致とも言う。念々正念歩々如是、畧して言えば歩々清風。

畢竟剣道の根本的の修行は、四六時中、気を養うということに尽きる也。「孟子浩然之気」、直[註217]心道場。

第八十五回目

二月十九日、妙義にて持田先生に願う。

対峙、互に構が崩れないので技を出し合っても一本にならぬ。

攻め合っている中に中段三角矩の自信が出来た。之が出来ると構に余裕が生れ、而して構を破られぬ。

最後の方に於て先生の方が攻勢となった。余が小手を打ってゆくと応じ小手を打ち、すり込み突も来（一本にはならぬ）、下から入って小手を打たる。

本日の所得は中段三角矩の構が出来た事也。従来は之がなく、只気合と技だけで攻めて行った。

本日鶴海氏が持田先生に願うのを見、参考となる。

先ず対峙。その中鶴海氏は中段の儘ズーッと一歩入る（切先は相手の中心につけ突の気で。もう一尺入れば双手突となる）。而して又一歩退き対峙す。――之は一刀流[註218]の形の長短の使者太刀也（形と異る点は、持田先生が一歩退らなかった点也）。之で互角の位となる。

それから小手に二回ゆき、三回目に小手にゆき、その場で胴にかわり一本先取す。それから一足一刀の間から先生が技をかけようとする所を真面を二、三本打った。前半は鶴海氏がよかった。

参考となったのは一刀流の長短の使者太刀也。相手の中心を突をもって攻めて相手の動きを見る也。探竿影草[註219]也。

第八十六回目

二月二十二日、妙義にて持田先生に願う。

本日は竹刀を上太刀に伸ばして使う。そうすると技はスラスラと出る。然し先生の構はそれだけでは破れないので一本になる技は無かった。

本覚の切先と左拳の位置、この二つに自得ありたり

第八十七回目

二月二十六日、妙義にて持田先生に願う。

両刃交鋒、先生の切先へ表より乗って攻めて願う。そうすると技がスラスラと出る。面な

ども何本も出る。然し一本になるのは無かった。

あとで持田先生曰く「今日は面が二、三本届いたが惜しかった。よい機会に出る。

小川さんの欠点を言えば、構では小手に破れがある。それからこっちが打ってゆくと突っかけるぞという気があるが、その気では突っかけるだけだ。之が欠点。

　突っかけるのでなく、こちらから技を出すと自然に突っかかる方がよい。スーッと手を伸ばしさえすれば突っかかる。そう使うと、そこから又変化の技も出る」

第八十八回目

三月一日、妙義道場にて持田先生に願う。

対峙――片手突が来、攻め合っている中にスッとつられて手をあげた所を小手を打たる。

攻め合いで先生攻勢、余の構は多少不安定となる。そこで構をかえ、左拳をぐっと上げると切先は先生の水月を突くの気とかわり、先生が技を出さんとすると自然に切先は伸びて先生の水月を突くので先生の技はだめになる。これだけで余の構は安定す（左拳には微妙なところあり）。

『之が生[註220]きた構也。前半は死んだ構也。生死の分は只左拳の位置にある』

それから出す技は全部相打となる。而して気分は前半は構不安定なりし故押され気味なるも左拳の位置をかえてからは気満ち却って攻勢となる。かかる使い方――出来たのは始めて也。

二月二十三日、連盟道場にて滝澤君を使い――

昨年、白土氏[註221]道場にて使い、出小手を打たれたのを覚えていたのでそれに注意す。自重し長短の攻め方にて使う。

両刃交鋒、彼は小手に来る。軽くもあたる。余は長短の攻めにて使う。彼に対し小手が打てる。真面もあたる。彼の片手突などはすり上げて面、又彼の技をすり上げて面、彼が面に出ると突っかかる。彼からも何本かは打たれたが、最後に彼は「三本」と言う。

この時は打とうという気が起った為、余の技はあたらず、彼から四本打たれた。

滝澤氏曰く「小川先生は切先が利いているので面が打てぬ。若さで思い切り飛び込めばあたるが、入り方が不十分だと抜いて打たれる。小川先生は切先を中心を外さぬ」と。

三月二日、連盟道場にて滝澤君を使う。

本日は只攻めて使った。真面一本、応じ小手三本ばかりあたる。彼からは真面を二、三本、小手等を打たる。本日は技のあたりでは彼の方がよい。真面に伸びて出小手なども打たれた。本日は只攻めて使っただけだから失敗したのだ。先日の如く長短の攻めで使えばよかったのだ。

滝澤君曰く「先日、小川先生に面を出したら突かれた。突かれてはだめだから、そこを今日は考え、思い切ってグーッと四、五寸入ってから面を出してみた。そうしたら突かれずに面があたった。小川先生には未だ御願いしてみたい点があるから又この次も御願いします」と。

第八十九回目

四月十二日（日）妙義にて持田先生に願う。

対峙。互にジーッと見ている。余、先ず表双手突にゆく。あたらぬ。先生から片手突、小手来るも皆不十分。余は小手、胴、又は面は何本もらくに出た。然し面はもう一、二寸足りない。余が打とうとしても先生に隙がなかった時、小手を打って出ると、先生は之を応じ返して小手を打つ。その他は互に一本になる技はなかった。

本日の余の構は中段に於て切先を生かすこと、即ち本覚の切先を工夫す。之は稍々成功。

これからは技が出る。

もう一つは左拳を少しく左に外して構えると構に余裕が出来た。この構は持田先生に対して始めての体験也。成功だ。その構で対し持田先生が技を出そうとするとスーッと切先を伸ばして先生の腹を突くようにすると先生の技はとまる。之は無理な突ではない。スーッと自然に切先を出すだけのはたらき也。之も今日始めての体験也。以前は先生が技を出さんとする所を強く突きかけたのだ。

本日は構に於て得る所あり。それは本覚の切先（居付かぬ切先）と左拳の位置、この二つに自得ありたり。

左拳を少しく上げて構えると気満ち切先生きる

第九十回目

五月十四日、妙義にて持田先生に願う。

両刃交鋒、対峙。先生に破れ[註222]がないので表突にゆく。之はあたらぬ。

互に攻め合っているうち真面を何本か出したが一、二本、今少しというところで不十分也。

先生に対しては使者太刀の足は利かぬ。却って押される結果となる。

一足一刀にてジーッと対峙している時、先生より小手が来る。又片手突が来る。不十分でもあたる。又左拳を少しく中心を外して構えると構に余裕が生れた。

余、持田先生に対して言う。

「一足一刀に対峙している時、先生から（小手又は）片手突が来ましたが、あれは応じて打てる技ですが、応じられぬのは気が待になっている、止っているからです」と。

先生曰く「片手突は弱いのだから、あそこはかまわずに面に伸びてしまえば面があたるのだ。面に出られぬのは気が留っていると言ってもよいでしょう。

小川さんは一足一刀に構えている時、切先が少しく下がり手元を引く癖がある。そこを小手又は片手突にゆくのです。手元が引けるのは気のゆるみです。

又、小川さんは構えている時、左拳を左右に動かして拍子をとる。右手は動かしてもよいが、左手は動かさぬ方がよい。その方がもっと剣尖が利く。又、相手を攻めいそがしくなると左足[註223]のひかがみが曲がる」と。(之が京都試合にも出た)

○段や称号問題について

持田先生――色々の条件はあるが、結局は実力がものを言う。

第九十一回目

五月二十八日、妙義にて持田先生に願う。

両刃交鋒、ジーッと気を張って対す。先生はジーッとしているので余はぐっと間を詰めて出る。先生はそれに動かずして乗る。余擬議[註224]する所を小手を打たる。

次に互に攻め合っている中に片手突を突かる。余が動こうとする所へ小手又は片手突が来る。余は出にくい為、延べ式の手の内となり面を攻め面に出ると立派に出小手を打たる。本日は先生から先、先と打たれ、余は全部出はなを留められてしまった。

稽古後先生曰く「今日は小川さんは気は張っていたが先が出なかった」と。

第九十二回目

五月三十一日、妙義にて持田先生に願う。

二十八日の稽古は結局余の構は居付き[註225]となり技が出にくい。即ち死んだ構であった。技の出にくいのを反省するに、左拳が下がっていたのだろう。長身の先生には左拳を上げて構える。そうすると切先は先生の中心を攻め生きてくる。要は相手の中心を攻める事也。両刃交鋒、左拳を少しく上げて構えると自ら気充満す。而して切先生き体は不動にして居付かぬ。全身の切先にて攻む。約十秒位か対峙す。余の切先の攻めに先生少しく擬議す（体が少しく崩れた感）。そこを裏突へ突込む。あたる。先生曰く「少々参った」と。

この攻めにて小手又は面にゆく。技は出易い。先生からは時々片手突が来る。止めようとすると「もう一本」と言う。先生から不十分であったが一本きたので止める。（十分間）

先生曰く「今日の小川さんの使い方はよい。先々ときた。こう使えればよい」とほめる。

「私の整わぬ所、整わぬ所へと技が来た。最初の突は私が一寸さがったから突かれたのだ。あれは乗りさえすればなんでもないのだ」
◎左拳の位置（左拳を少し上げて構えると気満ち切先生く。初太刀に裏突を突く。先生曰く「少々参った」と。森正純先生、之を見ていて「持田先生が初太刀にあれだけの突を突かれたのは私は始めて見た」と）。

十、剣道の大敵は自己也

相手が打とうとした時ウムームと入れ

第九十三回目

六月十四日（日）妙義にて持田先生に願う。

左拳を少し上げ切先を少しく下げて構える。

両刃交鋒、対峙。互に打ち間に入らぬ。余、切先で攻めるも先生は不動。突にゆこうとしたが、突にゆこうという念が起きたので突技にゆかなかった。之は三十一日に先生の初太刀を突いた事に捉われているのだ。

かつぎ小手にゆく。之はだめ。互に攻め合い技を出すも、どちらも不十分。本日は先生も三十一日の突を気にしてか引かぬ。

近間で余が思わず切先を下げる所を小手を打つ。余は面にゆく。少しく足りぬ。小手より胴も不十分。先生は双手突に二本きたが何れも外れた。

近間となり余が技を出そうとする所を出小手を打たれた。近間で互に攻め合い、余は先生の技を応じ返して打とうとしたが之は不成功。その心が先生に写る[註226]ので先生は不用意な技は出さぬ。先生から又双手突が来たが不十分。最後に余が技を起そうとする所を出小手を打たる。以上。

本日は技としては互に十分なのはなかった。余としては中盤より先生に対し構えた儘、ウムームと半歩、真直ぐに攻め入る入り方をし、ここから技を出した。この攻めをやった事は従来は無かった。内藤高治[註227]先生の所謂「相手が打とうとした時、ウムームと入れ」とはここ也。

稽古後、持田先生曰く「今日は双手突を三本出してみたが、みんなだめであった。外れた。それは突く前に右手が固くなり肩に力が入るので外れるのだ。

それは突こうと思うから右手が固くなるのだ。三本目の時、十分に右手を柔らかにして突いてみたが外れた。私は平素双手突は出しつけない技だから思いが湧いて固くなるのだ」

余の本日の稽古の評を聞くと、

先生曰く「小川さんは打ち間になった時、相手の技を応じて打とうと思うが、あそこは思わずにスッと打ってしまった方がよい」と。(面でもどこでも)(之は余が林田敏貞[註228]氏と試合

した時、二本目からの心境也。之は後手也。負の心也）
又曰く「今日、鶴海さんを使う時（初太刀）小手を攻めたらだんだんに切先を下げて小手を囲った。そこを片手突で突いた」と。（之を傍で見ていると、始は互角に構える。その中、先生がズッズッと小手を攻めると鶴海さんの切先が上がる。そこを更にゆるめずに攻められるので、鶴海さんはだんだん引いて切先が下がった。そこを片手突を突かれたのだ）
余、之に対して曰く「あの場合、片手突に対し、応じて胴を打ってもすり上げて面を打ってもよい。そうすれば、たとえその技はあたらなくも片手突もあたりません」と言うと持田先生曰く「然り」
評――余、思う。ここは剣道の一番大事な所也。即ち両刃交鋒不須避の場也。一剣倚天寒の場也。ここで避け、逃れようとした心が負の本也。好手と悪手との分岐点は只この心に存す。

八月二十三日、横浜にて関東都県対抗剣道優勝大会の折。
高野[註230]弘正先生の言
「私は最近は稽古をかえて父のように三角矩で使う。それは一刀流の伝書に〝鍔で相手の喉を攻めろ〟とある。こう使ってみると具合がよい。即ち切先を外して三角矩の中段で使うのだ」

乳井君の言

余が「無[註231]刀流五点の独妙剣、即ち打太刀が打ってきても仕太刀は只打たせて中段に構えているだけだ」と言うと乳井君曰く「只打たせて中段に構えているだけでは死物だ。中段に構えているように見えても手首は柔らかく働いているのだろう。その中段なら僕には分かる」と。

左転右転の足にて対峙する

第九十四回目

十二月二十七日（日）妙義道場にて持田先生に願う。

持田先生とは半年振り也。

警視庁十二月の幹部練習にて体得せる足（横に開く）と左拳をあげる事とにて願う。

両刃交鋒、ジーッと対峙。ギリギリの間に入らず、その寸前（ここが勝敗の分岐点。正より変に転ずる妙所。剣道はここ也。太刀風一寸にして身を転ずるのカンが大事。一寸の間也）にて左足より左横にジーッと転ず。又機を見て右足よりジーッと右に転じて対峙す。この左転右転の足にて対峙すると心の落ち着きを失わずして相手を見る事が出来る。即ち待中懸也。

互に打つ機会がない。余はかつぎ小手にゆくもあたらぬ。先生の技もあたらぬ。互に柔らかく切先の巻き合い。その中、一寸間が詰まる。それは先生が出ようとした所か。そこを思わずすり込み突にゆくとグンときまり先生は後へ引き、はめ板にぶつかる。先生曰く「参った」と。

それから互に攻め合い技を出すも何れも不十分。その中、余が攻勢の状態となり、グーンと面に伸びると一本あたる。先生「参った」と言う。

尚、不十分な面は二、三本出る。先生から来る片手突は払うと応じ技にかわらんとする態勢に出られる。又先生の面に対し余はスッと乗って軽くも面に先に出られた。先生からよい所を一本打たれたら止めようと思う気でやる。

先生から来た技は拳を攻めて余が引き身になるとスーッと入って面（表）に来た技、又得意の小手が軽く二、三本来た。

反省——本日はよく使えた。その原因は七月以来、余は体育館朝稽古に於て片手突、双手突の練習をなし手の内が柔らかになってきた事と左右に転ずるの足（待中懸）を自得しあせりがなくなり機が見えるようになったこと也。（本日一本になった技はすり込み突と余が攻勢の状態の時出した真面との二本也）

持田先生曰く「今日は小川さんによい所を突かれた」と。

両刃交鋒、ギリギリの間（完全態勢）に入らずその寸前にて左足より左横にジーッと転ず（右でも同じ理）。そうするとこの大事の間で相手が上手と雖も自分の方は先の気位を失わぬ。相手が見える。ここで相手が動けば打てる。何となればこちらが完全態勢なれば也。（将棋なら中盤の難所也）

○升田[註232]九段の言——自分の得意の態勢に完全に持ち込んでしまうとかえって手が出にくい場合がある。この態勢をこわすまいとして気がひるむのである。だから万事完全態勢に持ちこむ一歩前がいいと知るべきかもしれない。

（註＝気がひるむとは、剣道なら気がとまるということ）

中盤は勝負の分れ道であり、しのぎをけずるべき所だ。記憶や常識やごまかしではどうにもならない。その人の持っている力全部が出る場所が中盤である。ここでしくじったらもう取り返しはつかない。出てくる問題も変化が多いし深い。大勝負になれるとかなれないとかよく言われることだが、僕はこれは中盤に処するコツを覚えたかどうかということだと思っているほどだ。

昭和三十四年度、持田先生に十三回願い、その中一本となった技を打ったのは三本だけ。五月三十一日、左拳を少し上げて中段に構え、攻め合いの中、初太刀裏突一本と、十二月二十七日、左拳を上げる事と右転左転（ギリギリの間の寸前にて）の足で願い、すり込み突一本と余攻勢となりし時真面一本也。

気が満ちないから機が見えぬ

第九十五回目

昭和三十五年二月十四日、妙義にて持田先生に願う。

両刃交鋒、ジーッと対す。互に間を持す。破れぬ。先生は無理に入って来ない。攻め合っている中に間を引く事が度々ある（引いて間をとる）。以前は引かなかった。

間が破れぬので余は技を出すも一本もあたらぬ。然し技を出したあとは一本も打たれぬ。只技を出そうとして切先の下がった所を片手突を突かる。又近間の時すり込み突を突かる（余の気が止ったのだ）。

本日は技を出そうとする前に技が出しにくい状況となる。即ち切先がにぶるのだ。ほんとうに構が一本になりきれなかった。つまり先生から先先と起りを攻められたのだ。押えられたのだ。本日は余の不出来也。

それは十二日、岸川[註233]先生を見舞に行き、自動車のガスのため軽い中毒で頭の半分がボーッとしていた事も原因也。この次は工夫して願ってみよ。


二月十四日、忠信館にて学院[註234]稽古の折――

余に滝澤、清水[註235]保次郎、菊池[註236]傳氏等がくる。この稽古を中村[註237]定芳氏が見て評す。「左拳が固い(手首に凝りがあるとの事ならん。死んだ手)。それから右足が曲がる。それから相手を攻める事が足りない」と。

之も一つの見方也。参考として反省せよ。

清水君曰く「小川先生の面は起りがないから分からない。見学していると下からばかりではなく上からもくる。構えたままでスーッとくる」と。

菊池傳さんを使い、手の内体験――

相手を攻め込む場合、只中段の儘で気力のみで攻めると相手と別々となり機が見えぬ。それで技を出すと届かぬし、又相手から技をかけられた時、応ずる事が出来ぬ。

そこで竹刀の持ち方にコツがある。それは左手一つで持っていると(右手の力は全部ぬく)切先が柔軟となって生き(不可得の切先也)、相手が技を出せば応じて打てる。又この手の内なら柔らかに相手を押す事が出来る。

第九十六回目

三月三日、妙義にて持田先生に願う。

本日の妙義道場は教育大学の生徒が多数来た為、道場はゴチャゴチャ稽古であった。余は学生の元立をしていたが持田先生が道具をつけたので願うことにした。

本日は道場がザワザワしている為か、お互の気持がジーッと真剣になりきれぬ。対峙し互に攻め合い、ギリギリの間に入らぬ。つまり機が熟さないのだ。その状態で余より技をかけるも不充分。少しく近間となった時、余は小手を打たる。ここは余の欠点也。それから互に攻防。然し気分は相変らずヂリリと真剣にならず。その結果、互に熟しない技を出す。

余は真面を打つ。あたったが先生は「参った」とは言わぬ。先生から来る技は殆ど応じてしまう。片手突などは一本もあたらぬ。面なども応じて打ち、胴なども切り落して面を打ってしまう。

然し之ではどっちもほんとうではない。争である。途中でいやな気がした。止めようと思いその機を待つ。先生から軽い小手が来たので止めた。

先生に御願いして本日位いやな気持の事は無かった。本日のような稽古では互の為にならぬ。

気が満ちないから機が見えぬ。それで打とうとするから無駄打ばかり出たのだ。

今後の修行はギリギリの間で気が先になっている事

第九十七回目

三月十七日、妙義にて持田先生に願う。

持田先生が道具をつけたので願う。

両刃交鋒、対峙。先生の切先を押え又は張ってみるに実に柔軟也。常山[註238]の蛇の感也。本日の先生は真剣に構えてやった。

攻め合い、真面に伸びると先生は引く。かつぎ小手もあたらぬ。余が真面に伸びると、あまして胴を打つ。次第に間がつまる。先生からすり込み突が二本きた。余の出す技は先生の間が破れぬのであたらぬ。

最後に近間で先生の得意の小手（下よりすくう如くした小手）を打たれた。

反省——一足一刀の間は見えるが、それより一、二寸入ったギリギリの間になると見えない。そこを打たれ突かれたのだ。

之を持田先生に問うと先生曰く「ギリギリの間で攻め合っている時、そこでこらえようとして気がとまるのでしょう。気がとまるから切先が死物となりはたらけぬ。そこへすり込み突、又は小手がいけるのです。ギリギリの間で気が先になっていれば、私が技を出せば応じでもなんでも出来る。今後の修行はギリギリの間で気が先になっている事でしょう」と。之は有難い批評也。

○持田先生に願い第九十四回（三十四年十二月二十七日）はよく使えた。その本は足を右転左転、左拳を少しく上げて願いし故也。
九十五（二月十四日）、九十六（三月三日）、九十七（三月十七日）の三回はだめ也。之は右転左転の足を使わぬ(即ち間合の観念なし。只押しの気だけ)。之では間の明るい持田先生には技は通じない。剣道は気と間だ（間は足と切先也)。十月一日記す。

余の剣の欠点は間の観念が足りぬ点也。

第九十八回目

範士となり第一回目。

十月二日（日）妙義にて持田先生に願う。六ヶ月半振り也。

本日先生が道場へ立った時、既に五、六人並んでいた。余はその次也。故に本日の稽古の最後の方であった。

右転左転の足と左拳を少しく上げて願う。

両刃交鋒、左前に攻め、又右に転ず。下手を使う時ならこのくいちがいの足で攻めると自分の打ち間が出来るのだが、先生に対しては左斜前に丹田の力でぐっと攻めても先生は切先柔らかに然も先の気位があるので先生の間は破れぬ。

結局、右転左転の足は上手には利かぬという事を本日体験す。之は本日の何よりの収穫也。

余は右転左転の足だけで一歩も引かぬ。先生は柔らかにして先の気位の為、互に打ち間が出来ぬ。先生の片手突はものにならぬ。余は面に三、四本出た。攻め合っている中に先生の切先が一寸ゆるんだので面に伸びると不十分ではあったが、もう少しというところ也。先生曰く「よいところ」と。

先生は攻勢に出ず、余が面に伸びる所を出小手を押えんとする作戦也。軽いが一、二本余の出小手を押える。それで本日は止めた。約四分間位也。結局互に試合で一本になる技は無かった。

反省――本日は先生が約三十分位使ったあとで願ったのだから、いつものようにジーッと両鏡相対する境界にはなれなかった。先生が少しく疲れていたのだろう。

先生の間は明るい。間の明るいのが先生の特徴也。互に腹にズンとしたものが無かった事は物足りなかった。

本日の所得は持田先生に対しては右転左転の攻め込み足は利かぬという事也。

余が一歩も引かないのでジーッとした間、熟した間が出来ず。結果、互によい技は生れなかった。

右転左転のみでなく、ジーッと小半歩引いて一足一刀真の間に構える事も必要という事を稽古後感ず。

もう一つは、かかる時は打とうとせずに打たせる事も研究問題也。

本日は只右転左転で攻め込み、打とう打とうとした事がよい稽古の出来なかった根本也。右転左転で攻め込み打とう打とうとした所に気が止ってしまったのだ。今後の修錬を要す。

剣道は右転左転（横竪上下[註239]、松風[註240]）も大事だが更に根本は一足一刀ギリギリの間（兼中至）也。ここに居て（一足一刀ギリギリ）臨機応変に外して勝つ事也。ここを好手還同火裏蓮とは言う也。（両刃交鋒、外そうとすれば既に負也。十月十五日記す）

両刃交鋒不須避（一足一刀ギリギリの間合）——気合・間合

好手還同火裏蓮（臨機応変）——技

持田先生に願い総評（九十八回願い）

一足一刀ギリギリにて攻め合い、その時先生が引く気になれば裏突（九十二）、出ればすり込み突（九十四）、ここ以外に先生に対して勝はない。

ここで大事は一足一刀攻め合いの時、余は切先一つになり（心気力一致）先生に乗っている事が大事。ここで先生に乗られれば技が出しにくくなり先生から制せられてしまう。

この理は試合でも同じ。三十六の時、唯要一氏[註241]との試合。技が出しにくく結局負。五十八の時はそこを工夫し技を出しよくした為に優勢勝也。彼は技が出しにくく、出した技は無理也。剣道は結局ここだ。気の持ち方一つだ。

突きのない剣道は死んでいる

第九十九回目

昭和三十六年八月十七日（木）妙義にて持田先生に願う。十ヶ月ぶり也。
十七、十八、十九の三日間、対署試合後の暑中休暇也。
本日は第一人目に願う。
十四、十五、十六の三日間、体育館にて助教稽古（その前約十日間休み、その前一ヶ月署稽古）し、――両刃交鋒。一、切先のねばり。二、相手が小手を攻めれば切先を下にさげて防ぎ相手の小手を打つ。三、臍付下段よりスッと切先を上に伸ばし入り上太刀となる（一刀流二本目の形)、この攻防を三日間やり助教には成功す。

両刃交鋒、余は切先を少しく下げる。先生は之を上より押える。互に切先のねばり、攻め合い。先生から軽い小手、片手突、近間となった時の小手が来る。先生は少しく引きあげ気味。

要するに始から先生は先先と技を出してくる。余は技が出しにくい。先生得意の軽い胴が来る。余は先生が余の切先を上より押えんとすると下にさげ小手を打つ。之を四、五本やる。然し手先だけで、あたっても不十分。遠間になった時、面を二、三本出すも先生が引くので不十分。約四、五分で止める。余からは一本になる技は一本もない。先生からは軽いのが何本か来た。

反省——約一年振りで先生に願うと両刃交鋒。余としては先生から気分で攻められて打たれるのなら仕方がないが、そうでなくて軽くも打たれるのはいかぬ。応じて打てるはず也。それは余の気が後手となっているからだ。剣道はここだけだ。

本日の余は下腹に力が入らない。切先が生きていない。これではほんとうの技の出るはずがない。気に凝りがあるのだ。それは稽古後、左拳が疲れているので分かる。

本日は先生から押されはしないが技を先先とかけられ、それに応じられなかった事がいかぬ。自分の方から先先と出る工夫をせよ。

先の出ないのは平素助教の元立をしていて自分では思わなくても待の癖が付いているのだろう。之では試合には負ける（下手に対するコツでやったのが誤）。

持田先生は余に対し余の技の起りを小手と片手突とで攻めてくる戦法也。然もこの技が先生のお得意の技也。

本日気の満たぬ根本原因は只切先の攻め合いだけでやったから、そこが先生の一日の長で思うように使えなかったのだ。切先の本となる気で使うべきであった。

それは正しい中段と双手突を主にして使えばよかったのだ。之は稽古後気付く。今後の参考とせよ。兼中至の則の中心は双手突也。先ず相手に自己全体を与え而してその中に双手突を蔵している事也。

「突のない剣道は死んでいる」

本日の持田先生の使い方は、余は一杯に願わんとする。先生はそれに対して四つに組んで一杯に使わず、拍子を外して半拍子で使ったとも言える。之は先生の頭のよい使い方也。拍子を外されるから余の全力が出ないのである。斎村先生はこの拍子を外す使い方をするのだ。つまり相手にならない事也。[註242]石に綿の理也。以正合以奇勝。

又、持田先生の最近は体に力みがない。それは老齢の関係もあるが、よろめくところも見えるが、よろめいてもよろめいた儘でやっている。力まない。それはよろめいても勝つという自信が自然に出来たのだろう。

満七十六歳十一ヶ月、持田先生初太刀の双手突

第百回目

十一月五日（日）妙義道場にて持田先生に願う。

本日は持田先生に願う心で行ったのではないが、先生が道場に来られていた。その時余が先生に「今迄九十九回願いました」と言う。以前先生が百回やろうと言われた事がある。

余が道具をつけると先生も稽古着にきがえられた。稽古時間は未だ四十分もある。先生としては、いつもより十分位早い。これは余を使ってくれる積りだなと写ったから余は第一番目に並ぶ。余は稽古に注文はつけなかったが之が先生に御願いするのは最後と思って願った。

先生もその積りらしかった。

立ち上がり両刃交鋒、先生は電燈を気にした。まぶしかったのだろうが、いつも使っている妙義道場で電燈を気にし上を向いたのはどういうわけか。電燈が気になるのはおかしい。

互に切先のねばり合い。先生はジーッと用心している。余も軽々しく技を出さない。

然し本日の稽古で余として以前と異う点は右手が非常に柔らかになったということ也。(之は鶴海さんとの試合の時も感ず)。即ち自然に右手を一寸ツバ元よりスーッと引いて添え手の手の内。すると切先がスーッと生きる。之は最後迄そうであった。

攻め合っている中に先生から双手表突が一本きた。当りは軽かったが余は「参った」と言う。

次に攻め合い、余が出ようとする所へ(近間)先生から小手が来た。余は下より又は上より攻む。然し先生の間には入れぬ。

面を三、四本出したが届かぬ。先生から来た面を三、四本、皆すり上げて面を打つもすり上げただけで面の打は間の関係上ものにならぬ。先生は余の出小手をねらう使い方也。

結局、最後迄余の出す技は機会はよいのだが一本になるのは一本もない。先生の技は最初の双手突と次の小手だけ。あとの技は全部不十分也。

技は先生からはよい機会にくる。余の技はよい機会に出るのだが不十分。それは先生の間が破れないからだ。

対峙していて苦しい事は少しもない。

本日は先生は真剣に使ってくれた。その結果かもしれないが、片手突などは一本も出さぬ。軽い小手をちょこんと打つような事も一回もなかった。

本日の稽古で感じた事は、あの間の明るい技の熟した先生でもほんとうに使えば正しい中段に対しては双手突で突込むより外はないのだ。この鋭気がなければ他の技は利かないのだ。剣は先ず気で勝つ事也。

本日の所感は、余の持田先生に対する構は形はあれでよいと思うが、もう一つ下腹に力が入りその力を切先に表わす事と思う。之は今後の修行也。

自分の体有るを忘れる位充実しなければほんとうの技は生れぬ。

本日の稽古に於て満七十六歳十一ヶ月の先生が初太刀を双手突で突込んで来た事は何よりの教であった。剣道はこの気魄一つ。この気魄が有れば年令などは問題ではない。持田先生の剣道の根本は技に非ず、間合に非ず、気魄即ち精神力のみ。之が根本。それを本として間合と技で使っているのだ。以前は先生の剣道は間合が根本と思っていたが。その精神力の証は初太刀の双手突也。

持田先生が余に対し初太刀に双手突を出してきたのは妙義で百回、講談社で五十回、その他で十回(国士舘、警視庁、戸山学校、右武会稽古等)、計百六十回願っているが今回が始めて也。

持田先生には以前は裏から入れたが今日では裏からでは入れない。

いつもは先生は打って引きあげがあったが本日は殆ど引きあげはなかった。

本日は余は技が出しよかった。それは手の内が柔らかになったから也。

本日は先生から胴などは一本も来なかった。双手突と小手と面(三、四本)のみ也。

本日の余の技に対して先生が「よい所」と言われたのが四、五本あった。

持田先生に願い気付きし点

一、構——余の構は左拳を少しく上げよということ。之で切先生く(九十二、九十四)。

二、間合——ギリギリの間に入る一寸前に用心せよということ(右転左転の足を使うも一法)。要はここで先を取れということ。

ここで先を取らずにギリギリの間に入ってしまうと、こらえようとして気が留る(九十四)。ギリギリの間に入ってから先を取ろう乗ろうとすると遅い。先を取ろう乗ろうとする事が思いとなり凝りとなり気がとまるのだ。形に於ても一足一刀の間に入った時は既に先になっていなければいかぬ。ここを教える人がないのだ。

以上、要するに形の上に於ては左拳の位置と足さばき也。

剣道の大敵は自己也

十一月十三日（月）妙義道場、中野[註243]八十二さん稽古にくる。

両刃交鋒、攻め合う中、余は切先を上太刀にして中野さんの面を攻む。中野さんの切先がちょっと動いたので真面に伸びる。あたったが中野さんの気は動揺していない。之は形を打ったただけで心を打っていないのだ。軽はずみな技、浮いた技を出したという感がした。この技に対しては中野さんが引いても出ても外せるのだ。気を打っていないから。

次に余が切先を下につけて攻めている時、真面を真直ぐに打たる。余は「参った」と言う。

それから余は三、四本真面を打つ。中野さんは皆「参った」と言う。

攻め合っている時、中野さんが浮く所がある。即ち出ようとする前に一瞬気がとまる。そこに二本ばかり面がいく。又技をかけ引こうとする時、隙が出来る。そこに面が二本ばかりゆく。

中野さんからも面を三、四本打たれた。それは皆余が切先を下げ攻め合っている時、切先が一瞬居付くのだ。ここを先に面を打たれた。

以前の中野さんの面は左斜から外して来たが本日は真直ぐに来た。二年前より一段の進歩也。又小手を一本打たる。又余が不十分の所で面を打つと一本胴を返された。中野さんから小手面が三、四本きたが之は一本ものにならなかった。

切先の攻め合いは、余は中野さんの面、水月、拳を攻める。相手が長身なので面と水月の攻めは利くが拳攻めは利かぬ。拳攻めをすると面に伸びられる。

気分の攻め合いは相手の気分には押されない。

稽古が済んで考えるに今日は中野さんはほんとうに使ったのだろうかと思う位気分が通じない。即ち浮いている所がある。

間合は終始一足一刀で互角。但し中野さんは打ち損じ引く所がある。

一昨年十二月二十七日に中野さんと稽古を願った時より中野さんは稽古をあげている。故にやり易くなった。

無理な打は一本もなくなってきた。今後の修行は気分がズンと腹に納まり気分と切先で乗って使うことだ。剣道の修行と坐禅とをやると大成し持田先生のあとつぎになれると思う。

中野さん曰く「今日は体の拍子もよく、よい竹刀が手に入ったから小川先生に願ってみた。よい所を打たれました。先生から打たれるところは二点だ。結局は一点になるのだが、それは対峙している時、一瞬気のとまる所がある。そこを打たれる。もう一つは技をかけてだめの時引く、その引くところを面を打たれる。あそこを打たれると完全に自己の欠陥をつかれたという気になり参る。初太刀の面はどうして打たれたか分からなかった」と。

中野さんのこの反省は偉い。自分の打たれた所を反省する点は偉い。一般は打った事のみ覚えていて打たれたことは忘れてしまう。反省のある人はどこ迄も伸びる。

中野さんと稽古し打てる所は全体[註244]（通身是道）で攻めていて（切先は相手の中心を攻める。水月と面を攻めるとよい。一昨年は相手が面を打とうとした時、切先を下段にさげて防ぐ（之が攻めとなり）そこから面が打てたが、今日は下より上を攻めた方が利いた）気のとまり、又は引くところ（換言すれば相手の浮く所。先日鶴海さんとの試合は相手の浮く所をすり込み突）を打てばよい。結局剣道はここ以外には打てぬ。故に通身是道で浮かない人（持田先生）はどうする事も出来ぬが、打とう打たれまいとして浮く人はこの浮く所に技が入る。それには先ず自分が通身是道で浮かない人になる事が先決也。

剣道は打とうとしては打てぬ。相手に隙があれば打てる。又打たれる所はどんな早技でも自己に隙が無ければ打たれぬ。自己に隙があれば下手からでも打たれる。故に曰く剣道の大敵は自己也。

中野さんは七段優勝者、八・七段優勝者であるが稽古してみて余も四、五本よい所を打つ。中野さんも四、五本よい所を打つ。十歳の年令差などは問題外也(但し六〇歳と五〇歳)。六十以上になると年令差はあると思う。年令差はあってもほんとうの所は打たれないと信ず。ここが剣道の面白さだ。他のスポーツはこうはゆかぬ。

一昨年十二月二十七日の時は中野さんの面をすり上げても打ったが本日は一本もすり上げては打てなかった。それは中野さんの向上也。

本日の中野さんの稽古も大体に於て表から切先で押え相手の切先を殺してくるという使い方也。持田先生もこの押え方をするが持田先生は腹が納まっている。

中野さんは一足一刀で相手の起りへ先先と技を出してくる使い方だ。

本日の稽古は固くならず、あせらず、柔らかに終始使えた。

百回稽古●註

持田盛二範士十段——小川忠太郎範士九段

この別冊「註」は、小川忠太郎範士の稽古日誌を繙くにあたって、理解の一助になればとの考慮から剣道時代編集部の文責で編集したものである。原則として当用漢字、現代かな使いによったが、日誌の原文や参考文献を引用する場合はそれに限らない。巻末には索引を設けたので利用されたい。

編集部註1　昭和二十九年

百回稽古の第一回目は昭和二十九年十一月十六日に妙義道場で行なわれた。このとき小川忠太郎範士は五十三歳、持田盛二《もりじ》範士は六十九歳。そして百回目の稽古が昭和三十六年十一月五日で、小川範士六十歳、持田範士七十六歳であった。一回目から百回目まで実に七年を要したことになる。

この百回稽古について小川範士は小社刊の『剣道講話』で次のように述べている。

「持田先生が六十九のとき妙義道場で私に『小川さん、これからあなたと百回稽古をお願いしましょう』と言った。これは私が五十三のときだが、先生は『剣道は七十歳くらいになると技ではない。心を動かさないことである。だから修行の方向を技から心に転換した。しかしその当座はずいぶん打たれましたよ』と言っている。そして第一回目の稽古は昭和二十九年十一月、それから七年かかって百回の稽古をお願いした。

これは先生にとっては一番発憤したときであるし、七十から五年間で先生はまた一段と稽古を上げたので、私は先生が一番充実していたときに稽古をお願いしたことになる。このことは私にとっても大きな感激であった。私はその記録を一回目から百回目まで克明に稽古日誌につけて反省の材料とした。

持田先生が私に百回の稽古を申し込んだのは技の修行ではない。心を動かさない修行、つまり剣道の極意である正念相続の修行である。普通の人ならもう隠居を考えるような年齢でこうした志を立てて発憤するというところが持田先生の偉大なところであり、大いに見習うべき点である」

註2　妙義道場

戦後の混乱期に妙義出版社をつくって成功した長井武雄氏（講談社勤務）が昭和二十七年十月、文京区小日向台町（拓殖大学の裏手）に創設。持田盛二範士と増田真助範士を師範に招き、管理責任者に地福義彦氏（現立教大学剣道部名誉師範）を据えてスタートした。

当時は戦後の剣道禁止の余波を受けて講談社野間道場をはじめ多くの道場が閉鎖状態にあったこともあり、東京近県は言うに及ばず、地方からも多くの剣道家が訪れて活況を呈した。

熱心に通って来た主な顔ぶれを挙げてみると、近くでは佐藤卯吉、森田文十郎、鶴海岩夫、森正純、小澤丘、羽賀準一、小川忠太郎、大野操一郎、増田道義、中島五郎蔵、中野八十二、滝澤光三、渡辺敏雄、湯野正憲、伊保清次、森島健男、松元貞清、谷崎安司、窪田彰宣（順不同）などの先生方。地方からは全日本剣道選手権大会の折りなどを利用して、佐藤忠三、大森小四郎、越川秀之介、三角卯三郎、紫垣正弘、乳井義博、井上公義、鶴丸壽一、木戸高保、村山慶佑（順不同）などの先生方が顔を見せた。

稽古は毎朝七時から八時までの一時間。小川範士はここの稽古をすませてから警視庁へ出勤した。

道場は六間に四間と狭いこともあって、いつも文字通りの芋の子を洗うような稽古が行なわれていたが、母体の妙義出版社の経営悪化にともなって運営が困難となり、管理をまかされた地福氏の必死の努力もむなしく、ついに昭和三十七年をもって閉館となってしまった。

註3　警視庁

剣道が復活して間もなくの昭和二十八年三月、小川範士は体育事務嘱託・人事部教養課勤務として警視庁に入り、同年六月に剣道師範となる。したがって第一回目の稽古が行なわれたのは、警視庁に入ってから一年八ヶ月目となる。範士は警視庁生え抜きではなかったため、さまざまな苦労を経験するが、そんなことには一切かまわず、ひたすら求道の精進を続けた。

註4　足の指先

剣道で先ず大事なのは構えだが、その根本となるのが足、とくに左足である。中山博道範士があの小さな体で猛者連中を軽々と遣いこなしたのは左足が生きていたため。中山範士はそれを知っているから審査のときでも足の悪い者は絶対に通さなかったという。

それでは生きた足を使うためにはどうしたらよいかというと、呼吸を練る。呼吸を練って息を下げること。それについて高野佐三郎範士は、呼吸は三呼吸だと言っている。

第一の呼吸は胸の息。現在の剣道は、ほとんどこの息で、これは無駄打ちが多い。

第二の息は胸の息を気海丹田まで下げたもの。丹田の息。ここではだいぶ気が落ち着いてくるが、ここまで下げただけでは技が出にくい。そこが難しいところ。

第三の息は、この丹田に下げた息が体全体にまわる。そして踵《かかと》まで来る。荘子は、一般の人は喉《のど》で息をしているが、「真人の息は踵をもってす」と言っている。その踵まで行った息が充実して上にずーっと上がってくる。その息で打ちを出せば無駄打ちはない。この第三の息は坐禅と一致する。

また足の指先の大事なことは剣道に限らず、相撲でもこんな話がある。

双葉山が晩年、どうも最近の力士はねばりがなくなったと思って考えてみたら、その原因が靴にあることが分かった。下駄を履いているときは自然に親指の指先に力が入るが、靴の場合はまったく指先に力を入れる必要がないから、親指の力がなくなってしまう。土俵につまったとき、力士は親指で土俵をつかむようにして踏ん張るが、それができなくなるのでねばりがなくなってしまったというわけである。

註5　じーっと

一本の事《わざ》には始めから終りまで三段階がある。遠間・一足一刀の間・残心。一足一刀の間を二つに分けると触刃《しょくじん》と交刃《こうじん》＝註9＝になる。触刃のところで相手の起こりを制して先を取ることが大切である。普通は交刃のところへは入れない。ここになると技は利かず、自分の人格のすべてでぶつからなければならない。一足一刀の間での攻めが「じーっと攻める」ということ。この一足一刀の間になると、たいてい平常心を失ってしまう。平常心を失わなければ間が見えるから、余裕をもって攻めることができる。持田範士は打ちを出さずに、このじーっとした攻めで相手を道場の隅まで追い込んでしまうことがたびたびであった。

註6　面技

小川範士の剣道は決して器用な稽古ではなかった。技は真正直な面一本。しかしその面は小手先の技ではなく相手の心を打つ面、誠心誠意の面。そういう納得のいく面が一度でいいから打ちたいと常に勇猛精進。ついに他の人には真似のできないような冴えた面を打つようになった。

註7　攻勢

持田範士の剣道を表わす象徴的な言葉で、相手と対峙してジリジリと平押しにずーっと押してゆくこと。普通の人はその前に、表から攻めるとか裏から攻めるとか色々と工作するが、持田範士の場合はそのままずーっと押してゆく。

攻勢という文字から考えると、勢いよく攻め込むことかと思うかもしれないが、そうではなくて、心身を調和させて気でジリジリと追い込む。気は充実しているが体全体はやわらかい。持田範士自身「私の剣道はこれで勝つ」と言っている。

註8　固まって

これは心が何事かにとらわれて自由に動けなくなっている状態。打ちたいとか勝ちたいとか、どうやって打ってやろうとか、そういう雑念にとらわれると心の自由が奪われ、体も固くなって打たれてしまう。

これを沢庵禅師は『不動智神妙録』で水と氷に例えている。水と氷は本来同じものだが、水は融通無碍《ゆうずうむげ》であるのに凍ってしまうと氷になって自由に動けなくなってしまう。人間の心もこれと同じで、本来は自由なものだが、物事に執着するとそれにとらわれて自由に働けなくなってしまう。こうした心にかかった迷いの雲を取り除き、自分の心を自分で自由自在に使えるようにするには剣道や禅などの〝行〟が必要なのである。

註9　両刃交鋒《りょうじんこうほう》

両者構え合って遠間から攻めて、剣先が触れるか触れないかのところを触《しょく》刃《じん》という。ここで〝先《せん》〟になっていることが大切である。ここで〝先〟の技が出なかったら気合だけでも〝先〟でいく。ここが勝負の分かれ目。ここは殆ど動けない。相手が退けば入れるが、互角の場合は入れるものではない。修錬を積んだ上の人の場合、ここから攻めてさらに剣先が一寸《いっすん》入って交わっているところを交刃《こうじん》という。ここは出ることも退くこともできない。ここで意を働かせてはならない。遠間のときは互角でも触刃のところで差がついてしまう。切るか切られるかギリギリの間。一刀流では〝切先のカチッと触れるところに勝がある〟と教えている。この触刃と交刃の二つから成り立っている間を「一足一刀生死の間」という。剣道で一番大事なところである。

「両刃鋒《ほこさき》を交えて避《さ》くることを須《もち》ひず、好手還《かえ》って火裏《かり》の蓮《れん》に同じ、宛然《えんぜん》自《おのずか》ら衝天《しょうてん》の気あり」という句がある。これは禅の公案だが、山岡鉄舟はこれを解決して無刀流を発明した。

これは両刃交鋒、つまり交刃の間においては千鍛万錬した人は意気がますます盛んになる。これを火裏の蓮（火の中へ物を入れると草木はみなしおれてしまうが、蓮《はす》の花だけはしおれずに色も匂いもますます強くなる）という。このたとえ通り、交刃になると鍛え抜いた人は衝天の気となり、そうでない人は青菜に塩となる。

註10　尻を据える

これは註8と同じことで、負けないという気が充実しているのはよいが、そのことに執着するとそれに心がとらわれて自由な働きが失われてしまう状態をいう。

註11　七分三分

この七分三分というのは打ち合いの分ではなく気の攻め合いのこと。

持田範士は普通の人と違って七十歳から稽古を上げ、七十五歳ぐらいのときは誰も手も足も出ないくらいの格段の強さがあった。その証拠に昭和三十五年四月二十九日、皇孫殿下（現在の皇太子殿下）の御誕生を祝って行なわれた全日本剣道八段七段指定選手優勝大会の入賞者である中野八十二、渡辺敏雄の両氏が妙義道場で持田範士に稽古を願ったところ、二人とも一本も当たらなかったという。そうした持田範士に七分三分というのは、小川範士の気合がいかに充実していたかということである。

註12　荒い気

「気」には色々あるが、とかく若い頃の気は元気から出た血気、客気《かっき》が多い。こういう気は相手が未熟な者ならよいが、鍛錬を積んだ人には通じない。

『猫の妙術』＝註106＝の虎毛の猫がそうで、自分は今までひたすら気を養ってきて、どんなねずみでも戦う前に気合で勝ってしまった。しかし今日のねずみには気合が通じなかったと言うと、それを古猫が評して、お前の気は体力、勢いから出た気。今日のねずみは死を覚悟しているから〝窮鼠《きゅうそ》猫を嚙《か》む〟で、そんな気は通用しないと。

山岡鉄舟も『剣法邪正弁』で「妄《みだ》りに血気の力をもって進み勝たんと欲するが如し。之を邪法と云ふ」と言っている。こういう邪法は若くて体力のあるうちはよいが、年をとったり病気にかかったりして体力が衰えてくると途端にだめになってしまう。やはり年齢や体力には左右されない正しい気を若いうちから練っていくことが大切である。

註13　体育館

警視庁体育館のこと。戦災で消失した得剛館にかわるべき道場建設の気運が熟して、昭和二十五年九月二十日、現在の日本武道館のところに完成した大道場（四百畳）で剣道と柔道とで半々に使用していた。

註14　下手《したて》

警視庁には非常に優秀な若手が揃っていた。だから小川先生も師範として、それらの猛者連を相手にするのは大変だったはずである。しかし先生は少しも苦にせず、自らの信ずる真心の剣道を熱心に指導し続けた。

とにかく親切で真面目。切り返しなどでも竹刀で受けずに直接面を打たせる。当時、持田先生や増田先生、鶴海先生でもそういうことはしなかったが、小川先生だけがまともに打たせたという。この一事をもってしても小川先生がいかに下手を一所懸命引き立てようとしていたかうかがえよう。

註15　工夫

勝海舟は青年時代の四年間、真剣に修錬した剣と禅の体験を「段取り・真剣・締めくくり」の三つに整理し、これを座右銘とした。そして

一、事の未だ成らざるときは小心翼々

一、事の将に成らんとするときは大胆不敵
一、事の已《すで》に成るときは油断大敵
と常に青年たちに教えていたという。

これは事を成す上での三要点で、小川範士が稽古日誌を事前の工夫・稽古・反省と三つに分けて記しておられるのもこの三要点を踏まえたものであろう。

註16　大正眼

中庸に「天命之を性といい、性に率《したが》う之を道という」と大道を定義している。大道を天命・性・道の三つに分けてあるが、これは体(本体)・相(すがた)・用《ゆう》(はたらき)であり、剣道に当てはめれば心法・身法・刀法の三つの位となる。

本体たる心法(別の言葉で生命力と言ってもよいが)は宇宙の一切の現象の根本にある唯一絶対のものである。孟子はこれを名付けて「浩然之気」と言い、山岡鉄舟は「浩然之気は天地の間に塞《ふさが》ると云ふは則ち無敵の至極である」と言っている。この本体を悟得してはじめて剣は道に通じ、人間形成の道となるのである。

相手に負けまいとか、打ってやろうなどという血気、客気は浩然之気とは似て非なるもの。大正眼とは浩然之気をもって構えることで、その構え方は笹森順造著『一刀流極意』に次のように書かれている。

「正眼の両手を高く大きく伸ばし切先をやや高く、敵の額をわが刃方の下におさえる心得にて威風堂々と構える。わが切先は敵に近くなり、体は遠くなっているので、間合の慮点を測り、腕脚の屈伸進退自在の働きを弁え、勝利を決するに徳のある気品のある構である。なお大正眼から常の正眼に移る中間で両腕をややひろげた所を中正眼と言い、待中懸・懸中待の機動に適する働きを蔵する構である」

註17　斎村先生

斎村五郎氏。明治二十年五月四日、福岡市に生まれる。福岡県立中学修猷館に入学し、吉留桂の遺愛堂道場で剣道を学ぶ。大日本武徳会武術教員養成所にすすみ専門家の剣道を修行するとともに京都南禅寺で南針軒老師に参禅し心胆を練る。武道専門学校助手。大正五年、二十九歳のとき上京。早稲田実業学校、警視庁、陸軍戸山学校、皇宮警察、早稲田高等学院、早稲田大学、日本大学等の師範、国士舘専門学校の教授をつとめる。剣道範士十段。昭和四十四年三月十三日没。享年八十一歳。

小川範士は国士舘専門学校と警視庁で斎村範士の指導を受け、大日本武徳会主任教授内藤高治範士ゆずりの遠間大技の捨身稽古に感化を受けた。

註18　真面

剣道はつきつめれば面一本。面一本を打てればいい。自然体で構えて、真っ直ぐ上げて真っ直ぐ打つ。その間に雑念を交えない。形《かた》でも、切り返しでも、懸り稽古でもすべて同じ。この面一本を覚える。これを真面《まめん》といって、真面の出るうちは上達すると言われている。切り返しや懸り稽古をやってやってやり抜く。そうすると手や足が利かなくなり、全身全霊でぶつからなければならなくなる。そうして今まで自分が頼りにしてきたすべてのものを投げ出して最後の面を打つ。この面が真面であり、すべてを投げ出したところにほんとうの自分、剣道の本体が悟れるのである。

註19　一息

仏が、ある人に「人の命はどのくらいの長さか」と聞くと、その人は「数日の間」と答えた。すると仏は「あなたはまだまだ道を知らない」と。別の人が同じ質問に「飯食の間」と答えると仏はやはり「あなたもまだ道を知らない」と。そこでもう一人が「呼吸の間なり」と答えると、仏は「あなたは道を知っている」と。

人の命は、吸う息吐く息、この一息。この一息の中に雑念を交えない。坐禅でもこの一息に徹することが秘訣である。この一息に徹すれば、一息は同時に無限であり、将来につながっていく。正受《しょうじゅ》老人はこの一息を一日暮しの説で「一大事と申すは今日只今の心なり」と言っている。

註20　一拍子

柳生流では相手が「イチ」と来たのに対して、こちらも「イチ」で行ってしまう。「イチ」で来たのを「ニ」で受けて「サン」で打つのではない。この技は一刀両段と言い、柳生流では「一拍子の打ち」と呼んでいる。これは相打ちであり、一刀流の極意「切り落とし」など、本当にいい流派の根本はみな相打ちである。

註21　腹力

剣道と坐禅の修行によって備わった腹の力。

清水保次郎範士は高野弘正氏の「左足一本」の秘伝を次のように語っている。「極意の中に、腹力という最高の極意があるらしい。それは相手が打ってきたら、下腹に力を入れて、ウーンとすれば、竹刀は面からはずれるという。本当にそうなんです。それをあまり教えてしまうとうまくないが、それを会得すると相当違いが出てきます。それは、弘正さんがある時、私に『清水君な、剣道は左の足だよ』と言って、シマッタというような顔をした。それから私

は左足に乗ることを研究した。それが腹力ですね」（小社刊『私の剣道修行』第二巻より）

註22　増田真助氏
本名貞之輔。明治三十四年二月十六日、東京都に生まれる。昭和十五年の紀元二千六百年奉祝天覧試合（指定選士之部）に優勝した名剣士。持田盛二範士とともに講談社野間道場や妙義道場で後進の指導に当たられたが、「小手増」と呼ばれて小手技を得意とした。その小手打ちは、手の内のよさは勿論だが、足腰が土台になった見事なものであった。警視庁剣道師範。剣道範士八段。昭和四十六年十月三十一日没。享年七十一歳。

註23　腹腰
古流の形が一番最初に教えている極意は腹と腰。一刀流では「腹と腰と顎」、柳生流では「ハ・セ・セの位」と言っている。「ハ」は腹、臍下丹田に気をおさめる。「セ」は背中の帯仕を充実する。「セ」は西江水《せいごうすい》（禅語）と言い、何ものにもとらわれぬ堂々たる心の位であるが、その根本は腹。腹の力が抜けると腰が引ける。腰が引けると顎が出る。こうなるとからだがバラバラになってしまう。古流の形で腹と腰を練っていくことが大事である。

註24　三昧
三昧とは、古代インドの言葉で、「心を一境（一対象）に住《とど》めて散乱させないこと」と解されている。剣道で言えば真剣、一心ということ。道の修行は、この三昧に入らないと目的は達せられない。

三昧に入るには、柳生流の極意である「三摩の位」で練り上げる。三摩とは「習・工・錬」の三つ。習は良い師匠について習う。工は工夫。錬は錬る。これを別の言葉で言えば涅槃経にある「聞・思・修」。正師に学び、それをよく思い、それから実際に修行する。どちらも三つのうちどの一つを欠いても修行は成就しない。

三摩の位、聞思修で錬っていくと三昧に入り、それで本当の自分、山岡鉄舟の言う「三角矩」＝註35＝をつかむことができる。三角矩は剣道の本体であり、無刀流では打込み三年の捨身稽古で得られると言っている。

三昧には浅い所から深い所まで段階があるが、初心者が三昧に入る簡単な手段は、剣道なら素振りである。佐藤忠三範士は素振り三昧で大成し、ご自分で「素振り一生」と言っている。禅では数息観。白井亨《とおる》は白隠の『夜船閑話《やせんかんな》』を読み、わずか二ヶ月の数息観三昧で悟りを得たという。

剣道の素振り、禅の数息観は誰にでも

できるが、素振り三昧、数息観三昧は難しい。日常生活でも、食事三昧、仕事三昧、勉強三昧と、一日すべて三昧。その一日を一生涯続けていくことが大切である。

註25　照らす

自分の心を鏡にたとえる。そして鏡のように心の曇りを取り去る。そうすればその鏡に何でも写る。相手も写る。その写ったものをありのままにとらえる。そうすれば相手を打つこともできる。それを相手に勝とう、打とうなどの「我《が》」が出ると鏡が曇ってしまう。だから先ずこの「我」を取る修行をしなければならない。

だが剣道は相手があるから、相手にも鏡がある。二つの鏡が向かい合っている。これを「両鏡」と言う。一点の曇りもない二つの鏡が互いに照らし合い、映し合う。これが禅で言う「両鏡相照らす」の高い境涯である。

註26　勝敗の両頭を超越

山岡鉄舟は、剣道の修行で大事なのは「勝敗の両頭を截断」することだと言っている。これは簡単に言えば、勝敗にこだわるなということ。人はとかく勝敗、大小、美醜、強弱などにこだわるものだが、心がそれにとらわれると、心の自由が失われてしまう。『不動智神妙録』でも「とどまるな」と説いているように、そういう相対の世界を脱却しなければほんとうのものはつかめないのである。

たとえば孟子の浩然之気は「至大至剛」とあるが、これは何かと比較してのものではなく絶対の大、絶対の剛ということ。こういう気を養っていけば、持田範士や高野佐三郎範士のような、おかしがたい気品、気位が生まれるのである。

註27　相手に打たれる

持田先生は相手から一本打たれると、二度目には決してそこを打たせなかった。自分の非を打って教えてもらったのであるから、感謝してその欠点をなおして、完全なものに近づいてゆくというのが先生の修行法である。

非を知ることを「ヒジリ」と言う。漢字で書けば聖と書くのは聖人のことであって、自分の非を知って、その非をなおして完全な人になってゆくのが聖人である。

持田先生は、三十歳以後は稽古相手に上がなかった。それにもかかわらず、あそこまで行かれたのは、打たれたところを反省して、非知りの稽古をされたから、八十四歳まで停滞することなく進歩されたのである。

註28　懸待一致（懸中待・待中懸）

昔から剣道では、攻めはあるが受ける

こと、防ぐことはないものと教えられている。それは、時に相手の太刀を受け流し、応じ、あるいは切り落としたりするのは、すべて相手を打突するための手段であるからである。すなわち、体をかわすのも、太刀を外すのも、切り落とすのも、張るのも、払うのも、同時に切る太刀であり突く太刀でなければならない。反対に切る太刀、突く太刀は取りもなおさず防ぐ太刀となる。いわゆる攻防不二。防御は攻撃のためであって、攻撃はおのずから防御となるのである。

相手に対してただ懸かるばかりでは、こちらに先んじて相手から打突されたならば、それに応ずることはできない。懸かる間に相手のどんな変化に対しても応じ得ることが大切である。また相手の攻撃を防ぐことばかり考えて待つだけでは、こちらの太刀は全くの死に太刀となってしまう。懸かる中に待ちあり(懸中待)、待つ中に懸かりがある(待中懸)。懸の太刀を正しく遣うとそのまま待の太刀となって相手の変化に即応する。また待の太刀が正しければそのまま何時でも懸の働きをなす。それは懸の後に待がくるのではなく、待の後に懸がくるのでもない。懸待一如となっているのである。

高野佐三郎範士は「常に修養鍛練して懸待一致し、ついには懸もなく待もない境地に到るように努めるべきである」（『剣道』より）と懸待一致の大切さを説いている。

註29　松元さん
松元《まつもと》貞清氏。大正九年十二月十四日、鹿児島県に生まれる。警視庁で剣道を修行するとともに小野派一刀流宗家笹森順造範士のもとで一刀流を学ぶ。警視庁剣道副主席師範。剣道範士八段。平成三年二月二十四日没。享年七十歳。

註30　丹田
丹田には上丹田と下丹田がある。普通、丹田というのは下丹田のことで、上丹田は寸田《すんでん》と言い、眉間（眉と眉の間）のこと。

丹田というのは道教の言葉で、丹は赤い仙薬、田はそれを栽培する畑の意。貝原益軒《かいばらえきけん》は「臍下《せいか》三寸を丹田《たんでん》と云《いう》。腎《じん》間《かん》の動気ここにあり。難経《なんけい》(古い医書)に『臍下腎間の動気は、人の生命也。十二経《けい》の根本也』といへり。是《これ》人身の命根《めいこん》のある所也。養気の術つねに腰を正しくすゑ、真気を丹田におさめあつめ、呼吸をしづめてあらくせず、事にあたっては、胸中より微気をしばしば口に吐き出して、胸中に気をあつめずして、丹田に気をあつむべし。(中略)凡そ技術を行なふ者、殊に武人は此法をしらずんばあるべからず」(岩波文庫版『養生訓』より)と書き残している。

剣道は、まず姿勢を正し、そして気持

ちは「気海丹田」に下ろす。これが最初の修錬である。姿勢と心の関係。白隠禅師は『夜船閑話』(序)で、「生を養ひ長寿を保つの要、形を錬るにしかず。形を錬るの要、神気をして丹田気海の間に凝《こ》らしむるにあり。(中略)千万唯《ただ》心火を降下《こうげ》し、気海丹田の間に充たしむるに在るらくのみ」(講談社「禅入門」第十一巻『白隠』より)と教えている。真っ直ぐの姿勢で足腰の方に気合がおさまっている。これを稽古で覚える。「姿勢」と「丹田におさまる」は二即一、不二である。

また「法定の形の努力呼吸」は呼吸を練り、心気を足腰におさめる優れた法である。この流儀の特徴は努力呼吸であって、最初はアーッと口を開いて胸と腹一杯に息を吸い込み、そこでウーンと息を止めておいて、それを足の方へグーンと降ろす修錬をする。だから百万言を費やさなくても息は下がる。踵まで下がる。そこで構えが熟してくるのである。そういう教えが正伝の古流の形の中にある。

坐禅の数息観=註55=を数息三昧で修養していくと自然に気海丹田に気が充実してくる。正しい坐相で無理のない自然の呼吸にまかせ入息と出息をもって一つ（ひとーつ）と数えてゆく。呼吸が足腰におさまり心身の調和にともなって効果が現われてくる。

古来、〝剣禅一味〟と言われるが、剣も禅も修行が進んでくると丹田に気息を集中し、思念工夫をこらすことが重視される。

念流の祖である禅僧慈恩《じおん》は『念流兵法心得』の中で「立会ひて敵に気を遣ひ切らせること第一なり。その気の根本は臍の下(丹田)にあり」と述べている。宮本武蔵、寺田宗有、白井亨、山岡鉄舟などは、こうした呼吸法により呼吸を練って丹田を鍛え（白井亨は練丹と呼んでいる）剣禅一味の妙境を体得したのである。

註31　森島君

森島健男《たてお》氏。大正十一年一月一日、熊本県に生まれる。国士舘専門学校を卒業し警視庁に奉職。警視庁の代表選手として活躍するとともに全日本剣道連盟創立二十周年記念全国選抜八段戦に優勝。警視庁剣道主席師範、警察大学校教授をつとめる。現在は全日本剣道連盟副会長、警視庁剣道名誉師範、明治大学剣道部師範、乃木神社尚武館道場師範。剣道範士九段。

国士舘、警視庁ともに小川忠太郎範士に師事。この百回稽古が始まった当時は警視庁の助教で選手としても最もあぶらの乗りきっていた時期であり、妙義道場の朝稽古と警視庁の稽古で新任師範の小川範士に懸かり、猛稽古を続けた。こうした関係は警視庁退職後も続き、通算四十年間にわたって指導を受けた。

森島範士は師の思い出を次のように語っている。

「小川先生は打った打たれたの剣道ではなく、何ものにも心を動かさない正念相続の剣道。また下手《したて》の者に対してあれほど一生懸命、真心をもって指導してくれた先生はいない。

先生はもともと器用なほうではなかったが、私は晩年になっても先生が打てなかった。打つところがない。先生が八十五歳くらいのとき警視庁で稽古をお願いしたことがあるが、とうとう一本も打てない。そこで、もうあまりにも長くなるから、この辺でやめようと思ってパッと退った。すると『なぜ、そこで退るか』と大きな声で叱られた。他の人が見たら〝森島はどうして打てないんだろう〟と思うかもしれないが、ただ打った打たれたの勝ち負けならいくらでも打てる。しかしそれは本当に自分が納得できるものではない。相手の気持ちが動いたところを打つのが本当の一本だが、小川先生のように気持ちが動かなければ打つところはない。今はこういうお手本になるような剣道をする先生がいないが、私は小川先生に指導を受けることができ、本当に有難いと思っている」

註32　石田先生
石田和外《かずと》氏。明治三十六年五月二十日、福井市に生まれる。第一高等学校、東京帝国大学法学部政治学科卒。東京、福島、長野などの地方裁判所判事をつとめたのち東京高等裁判所判事、東京地方裁判所所長、東京高等裁判所長官を経て最高裁判所長官。
剣道は一高撃剣部でのちに義父となった佐々木保蔵氏に師事。猛稽古に励むとともに、古流の必要性を痛感し、直心影流、小野派一刀流、一刀正伝無刀流、宝蔵院流高田派槍術などを学ぶ。小川範士とは小野派一刀流宗家笹森順造範士のもとで一刀流を共に学んだ仲である。昭和五十四年五月九日没。享年七十五歳。

註33　柳生先生
柳生厳長《としなが》氏。明治二十四年一月十七日、名古屋市に生まれる。四歳にして新陰流兵法正統第十九世の師父厳周《としちか》より兵法を学ぶ。七歳のとき旧藩主徳川義礼侯が自邸に新たに設けた道場開きに際し、諸流の師弟を集めて御覧のとき、御流儀として第一番目に三学圓之太刀五箇を演武。
早稲田大学高等師範部、東京帝国大学文学部哲学科選科卒。立命館大学師範、大日本武徳会全国各府県中央講習会講師、大日本武徳会古武道保存振興委員会委員、大日本武徳会抜刀術基本要綱

審議専門委員会委員などをつとめる。新陰流兵法正統第二十世、柳生但馬入道石舟斎宗厳道統第十四代。

註34　洞山五位・正中偏・偏中正・正中来

一刀流に伊藤一刀斎が鐘捲自斎から許された高上極意五点があるが、山岡鉄舟は『**洞山五位**』の禅の公案を透過して無刀流五点を作った。洞山五位とは曹洞宗の祖、洞山良价が悟りの境涯の要諦を正《しょう》中偏・偏中正・正中来・兼中至・兼中到の五段階に分けて説いたもので禅門の重要な法財。

無刀流では最初の**正中偏**を「妙剣」、第二の**偏中正**を「絶妙剣」、第三の**正中来**を「真剣」、第四の兼中至を「金翅鳥王《きんしちょうおう》剣《けん》」、第五の兼中到を「独妙剣」という名称にしている。

五点は大道を低い所から高い所、浅い所から深い所へと五つの段階に分けて道の深遠さを示している。

五点の第一番目・妙剣、第二絶妙剣、第三真剣について小川範士は次のように書かれている。

○第一の妙剣の書き入れには、「妙は万物くうなる所則妙也。仏法の妙の心も同じ」とある。妙剣とは本体のことであり、道に入る第一関門である。この本体は観念では得られない。道は行《ぎょう》より入って自得する以外になく、剣道は剣道の稽古という行から道に進む、禅は坐禅という行から道に進むのである。そしてこの行をやる上において肝心要《かなめ》なものは三昧＝註24＝であり、これが修行の基本となる。

第一関門の妙剣の位に至るには、打込み三年、懸り稽古、捨身稽古に成りきることである。捨て捨て捨てきった所に機熟し大死一番絶後に再蘇、大きな自己、剣法三角矩＝註35＝が生まれる。ここが妙剣である。「身を捨てて又身をすくう貝杓子」である。この本体が得られないと剣道では一生涯救われない。

これを無刀流の形では、お互いに三間の間合で脇構えに構える。この脇構えに構えるということは、自分を全部相手に与えるということである。そこから互いに駆け足で進みポツンと相打ちして終り。出発点が捨て身、到着点が相打ち、この修行である。

この遠間大技の捨身技を無刀流では切り落としと言い、柳生流では直立之身(つっ立ったる身)と言う。乾坤只一人《けんこんただいちにん》と立ち上がったところである。押せども引かず、引けども至らず、ここが妙剣の位、正中偏の境涯である。

まことに雄大な気位であるが、ここに執着すると他を殺してしまい、差別の世界では働けない。そこでさらに悟後の修行へと進む。それが次の絶妙剣の段階である。

○絶妙剣の書き入れに「これは妙にはたらき付きたるもの也。則ち無心なる中よりはたらき出るなり、妙を絶したるはたらき也」とある。はたらきとは事(わざ)。本体である理を悟っただけでは十人十色の実際の場では働けない。そこで次の悟後の修行が必要になる。この絶妙剣には浅い所と深い所の二段階がある。

先ず第一段階(前期)、この修行が最も苦しく長くかかる。少なくとも十年はかかると言われている。禅なら先ず坐ること、則ち蒲団上の工夫・実参実証・日常の工夫の三つで修錬すること。剣なら古流の形で理法を学び、現在行なわれている竹刀稽古で形の理法を活用して理事一致の修錬をするとともに剣道即生活、生活即剣道の工夫を相続することである。ここで大事な点は反省である。反省して自己の非を知る。その非をなおすと又新しい非が生まれる。非を知り非をなおす『聖』の修行をする。

妙剣の一刀は、大きく立ち上がった所の一刀、「一刀万刀を生ず」の一刀であり、絶妙剣の一刀は「万刀一刀に納まる」「万法帰一」という一刀であり、この「一」は一瞬であり境涯が高いのである。

千葉周作はここを「夫《そ》れ剣は瞬息《しゅんそく》也。心気力の一致」と言い、「我が剣はこれに尽きる」と言っている。ここまでが絶妙剣の第一段階で、ここでもう一つ大事な点は、この時代に道力《どうりき》を養うということ。「応無所住而生其心《おうむしょじゅうにしょうごしん》」の実行は、道力が十分に養われていないとできない。道力を養うには、禅なら大いに坐ること、剣なら大いに稽古すること。「人一度すれば吾十度す」という量の問題である。

次の第二段階(後期)は程度が高い。人間の心には段階がある。孔夫子は「吾、十有五にして学に志し、三十にして立つ。四十にして惑わず、五十にして天命を知る」と、ぐっぐっぐっと修行して六十になるとコロリと変わって「六十にして耳順《したが》う。七十にして心の欲する所に従って矩《のり》を踰《こ》えず」と。後期はこの七十の心境である。ここは遊《ゆ》戯《げ》三昧《ざんまい》、平常心是道《びょうじょうしんこれどう》の境涯。ここまで行くと剣道が深く入って楽しみになってくる。日常生活の上でも役に立ち、剣道即生活となってくる。前期の所は苦しい。その苦しい所を通り抜けて楽しみになってくる。楽しみながら自己形成をやる。

後期のギリギリの所はどこかと言うと、山岡鉄舟は「これは危険だから」と言って皆に見せなかった『猫の妙術』の最後、眠り猫である。虎は眠っていても百歩以内に他の動物を近づけない。これを「睡虎《すいこ》の気」と言うが、こういう所である。

剣道修行者も絶妙剣の第二のギリギリのところ、帰家穏坐《きかおんざ》=註59=の大閑《おおびま》のあいた刀を忘れた無刀の境涯に到達できたら、自分一個の人間は剣道で形成されたといっても過言ではない。

妙剣・絶妙剣の二位は自利、つまり自己形成であり、真剣・金翅鳥王剣・独妙剣の三位は利他、つまり社会形成である。五点は境涯であって、説明では届かない。説けば説くほどそのもの自体からは遠ざかってしまう。

○真剣とは、五位なら正中来である。正位より偏位に、自利より利他に出る準備段階である。この境涯は高い。

山岡先生は『剣道悟入覚書』に「自己なければ敵なし」と書いているが、これが真剣の位である。「自己なし」とは、本当の「空」に徹すること。当てるをもって足れりとする現代試合剣道は、自己があり他があり、対立である。これは道ではない。競技である。

「自己なければ敵なし」とは、打たれまいとする畏《おそ》れもなく(我なし)、打とうとする欲もない(彼なし)。我も彼も共に空じてしまったところ、いわゆる「能所両忘」「施無畏《せむい》」の剣である。

我も空、彼も空、能所両忘では、利他行のやりようはないのであるが、どうしてもこの関門を透過しなければならない。この関門を透過し、最後に、捨てても捨ててもどうしても捨てることのできない人間自然の情、一点無縁の慈悲が残る。これが真剣、正中来の一位であり五点の骨子となる。この位を透過してはじめて最後の独妙剣のはたらきに出られる準備段階ができるのである。

(人間禅教団刊『剣と禅』・小社刊『剣道講話』より)

註35　三角矩

山岡鉄舟は、三年の苦修鍛錬により流儀の体が備わると言っている。この流儀の体というのは剣道の本体、道の本体のことで、道に入る第一関門。これを鉄舟は「三角矩《さんかくく》」と称して、「当流の門に入り剣道を学ばんとせば先づ此三角矩を初学第一の根元とす」と言っている。万物は体があって後に用《ゆう》(はたらき)があり、体が無ければ用は無い。剣法もこれと同じであるという道理を知って三角矩を固く守って修行すれば体用不二の奥義を得ることができるというわけである。

さらにこの三角矩について鉄舟は「太刀の寸は自身の手を以て十束を定寸とす。十束は自身の半ばなり。三角の矩は眼・腹・剣頭の三つを一つとなし敵に立ち向うなり。太刀の寸は我が左右の手を延ばしたる所の全体の半ばなるが故に、十束の剣を持ち立つときは、全身延びて敵に向うわけなり」(春秋社刊『山岡鉄舟』大森曹玄著より)と説いている。

註36　円相

「円相」「一円相」とは、文字通り一つの円《まる》い形であって、それは欠ける所もなく余す所もない、完全にして円満な意味を表わしている。また円は始めもなければ終りもない。

一刀流では一刀即万刀、万刀即一刀を根本理念とし、太刀の働きは循環無端、始めも終りもなく働き続けるものであることを教えとしている。また無刀流では一円相を流儀の心とし、その業は機に応じ、変にこたえ、いかなるときにも千変万化できるもの。体が太刀の動きにつれ、太刀は体の動きと一つになって円くはたらき、気剣体が一致したとき一円相の目的が達せられるのである。

註37　武田君

武田正冨氏。大正九年東京都に生まれる。十二～十三歳頃、文京区の市民館で剣道を始め、町道場の三段をもって皇道義会東武館に入門。小澤豊吉範士から半死半生の荒稽古で徹底的に鍛えられ、剣道の土台ができた。戦時中は錬士四段をもって軍隊に入り、部隊長付きで師団の指導員として活躍。戦後は柴田万策範士と知り合って早稲田警察などで稽古。昭和二十七年、妙義道場にうつり幹事長として道場の世話をしながら持田盛二、小川忠太郎、佐藤卯吉、森正純、小野十生等の先生方に指導を受ける。妙義道場代表選手として多くの大会に出場。昭和三十一年日光大会の教士選抜試合に準優勝。妙義道場閉鎖後は講談社野間道場道好会の会員として稽古。これは現在も続いている。文京区剣道連盟副会長。剣道範士七段。

註38　一刀流の拳攻め

一刀流では下段でも中段でも剣先を相手の拳に付けるように構える。だから一刀流の下段は普通より少し高目である。下段から中段にかわる場合でも、相手の拳に切先を付けながら中段になる。拳を追って剣先がだんだん上がっていくのである。目付けも同様に拳に付けるのがポイントである。

註39　屈伸の中段

大正眼（正眼の両手を高く大きく伸ばし切先をやや高く、敵の額をわが刃方の下におさえる心得にて威風堂々と構える。腕脚の屈伸進退自在の働きを弁えた気品のある構え）から常の正眼に移る中間で、両腕をやや広げた中段。この構えは待中懸・懸中待＝註28＝の機動に適する働きを蔵する構えである。これを一刀流では「中正眼」と呼んでいる。

註40　地福君

地福義彦氏。大正三年鹿児島県に生まれる。小さい頃は竹下義章氏に指導を受ける。昭和十六年警視庁巡査を拝命し、大塚、本富士、浅草の各署に配属。特練で警視庁代表選手として活躍。警視庁助教。昭和二十九年全日本剣道選手権大会に出場。警視庁、野間道場、妙義道場で持田盛二、小川忠太郎など多くの先生方に師事。妙義道場管理責任者、東京都剣道連盟理事、文京区剣道連盟副会長などをつとめる。現在は立教大学名誉師範、立教高校師範、エーザイ師範。剣道教士七段。

この「百回稽古」当時は警視庁の代表選手として最もあぶらの乗っていた頃だが、小川範士の稽古ぶりについて地福氏は次のように語っている。

「小川先生は国士舘から警視庁に来られましたが、来られた当時は剣先の利いた剣で、面と諸手突きをよく出されました。面は上からかぶさってくるような面でしたが、気力で押されているので逃げることができません。またちょっと油断していると突きが来ます。面を打たれたら稽古をやめようと、いつも何分間打たれないでいられるか必死でこらえて稽古するのですが、どうしても気力で負けてすぐに打たれてしまいます。とにかく剣先が強いので、こちらからはなかなか入っていけません。そして引くに引けないという感じになり、しまいには息がつまって呼吸ができなくなってしまうのです。

こういう状況に陥ったときにどうしたらよいか。そういうときは諸手突きで崩して、こうするんだとよく教えていただきました。

私は小川先生が持田先生に懸かるのをいつも見て勉強させていただきましたが、小川先生は本当に苦労された努力の人、信念の人と言えると思います」

註41　真空・空

真空とは、ほんとうの「空」、観念では得られない絶対の空のこと。この真空が本来の面目、つまりほんとうの自分、真実の自己、本体。道の修行は、この本体を悟ることが大事であり、そのために剣道や坐禅などの行が必要なのである。

だいたいこの本体に気が付かないで毎日毎日、仕事をしたり暮らしている人が多い。剣道で言えば本体に気が付かないで勝った負けた、打った打たれたをやっている。そういう自己はほんとうの自己ではなく虚妄の自己。坐禅で剣禅一如の境涯に体達した白井亨《とおる》は、わずか二ヶ月でこの本体を悟ったが、「一刀流の一刀とは技ではない。父母未生以前における本来の面目である」と、本体がいかに大事であるかを『兵法未《へいほうみ》知志留辺《ちしるべ》』に書いている。

山岡鉄舟は無刀流の入門規則で「初心

の者予が門に入り、勇悍不退の志を励まし、苦修鍛錬する時は、三年にして流儀の体を備へん」と言っている。この流儀の体というのが本体、本来の面目のこと。そして山岡鉄舟は、その体を備えていない者には他流試合を禁じている。体が備わらないうちに、つまり本来の面目をつかまないうちに試合に走ると、いつまで経っても本体が得られないからである。

註42　赫機《かくき》

白井亨は『兵法未知志留辺』で「練丹につとめた結果、真空赫機を包む底の悟りを得た」と述べている。練丹とは丹田を練るというような意味で、坐禅により心を練り精神を修養すること。また悟りを開いた白井は「おれの木剣からは輪が出るぞ」と言った。

白井の言う赫機とは、剣と体が一如となり、構えた剣があたかも自分の身体の一部分のように自由自在にはたらき、その剣尖から猛烈な気魄が天地一杯にひろがり、戦わずして敵を「従容《しょうよう》として制する」ということであろう。

註43　正中段

註39の中正眼を正中段と言ったものであろう。

註44　正位、偏位

修行の段階、道の深遠さを示した『洞山五位』＝註34＝は正位と偏位に分けてある。これは人間が分けたものであり、真理は正・偏に分かれてはいない。ゆえに正位と言えばその裏には必ず偏位が含まれている。

正は平等・空・暗、偏は差別・色・明と言っても同じ。言い換えれば、正位というのは自分一個の修行、自己形成。偏位というのは自分とともに社会を良くする修行、社会形成である。

自分だけが悟っても、そこにとどまっていたのでは相手があるとはたらけない。剣道なら、いくら構えが良くても、その構えにとらわれていては相手を打つことはできないし、相手に打たれてしまう。切先の変化・活動により勝の機をつかむことが大事である。

註45　小さい間合

打突というものは、むやみやたらに跳び込んでできるものではない。一足一刀の間を二つに分けると触刃と交刃となる。互いの切先が僅かに触れるところが触刃である。ここで先になることが大切である。一刀流に〝切先のカチッと触れるところに勝がある〟との教えがある。触刃のところで相手の起こりを制して先を取る。

持田範士はよくこれをやられたらしい。相手が出ようとすればジリジリと、この切先のジリジリの攻めで機先を制してしまった。「私はこのジリジリの攻めで勝つ」と述懐しているが、打ち間に入るまでに、そういう細かいところがある。小川範士はこれを「小さい間」と呼んでいる。

註46　中山先生

中山博道《ひろみち》氏。明治五年二月十日、金沢市に生まれる。斎藤理則について山口一刀流を学び免許。根岸信五郎に神道無念流を学び免許皆伝。また土佐の細川義昌について居合術を、筑前の内田良五郎について杖術をそれぞれ学ぶ。恩師根岸信五郎の有信館を再興して多くの子弟を育成。中倉清範士、中島五郎蔵範士などは有信館の出身である。大正二年神道無念流七代を相伝、同十一年夢想神伝流十八代を相伝。
中山範士は恵まれない体軀を不屈の努力で克服し、剣道・杖道・居合道と三道範士となった克己の人。高野佐三郎範士と並び称せられ、一時代を築いた。警視庁、皇宮警察、東京大学、三菱、慶応大学、海軍兵学校、明治大学、中央大学、法政大学など二十数ヶ所の剣道師範をつとめる。昭和三十三年十二月十四日没。享年八十五歳。

註47　心にゆるぎ

『五輪書』水之巻に「兵法心持の事」として、「心を広く直《すぐ》にして、きつくひっぱらず、少しもたるまず、心のかたよらぬやうに、心をまん中におきて、心を静かにゆるがせて、其《その》ゆるぎのせつなも、ゆるぎやまぬやうに、能々《よくよく》吟味すべし」とある。心を静かにゆるがせて……とは、「一事一物に凝滞することなく、つねに流動自在な心の状態を保つこと」（岩波文庫版『五輪書』渡辺一郎校注より）である。

註48　頑空

剣道の修行は本体（構え）を悟ることが第一関門だが、構えができても、それにとらわれてはいけない。構えにとらわれると、打たれても打たれていないと錯覚してしまう。これを頑空という。つまり、ほんとうの空＝註41＝ではないということ。
昔、京都の北野の武徳殿で、ある九段の先生が稽古をしていて相手から打たれた。するとその打った相手のところへ行って、「わしが無念無想で構えているところをなぜ打ったか」と言った。この先生の言う無念無想というのが頑空であり邪道である。
無念無想というのは、何も思わない、何も考えないということではなく、こだわりのない千変万化にはたらく心のことであるから、相手が打とうとすればすぐにわかるし、打たれる前に打ってしまう。正脈の師につかないと、こういう恐ろしい落とし穴にはまってしまうのである。こういう病気はだんだん修行を積んで段が高くなるほどかかる者が多いが、この病気を治すには克己の修行以外にはない。

註49　相打・平等

古流にはたくさんの流派があるが、本当にいい流派の根本は、みな相打ちである。柳生流の一拍子の打ちは、「一刀両段」と言って、相打ち。一刀流の極意に「切り落とし」があるが、これも相打ちである。この相打ちには浅い所から深い所まで段階があって、これを体得するのは容易なことではない。

互いの息の根の止め合い。相打ちにはこういう面もあるが、これは武術。それから一刀流の五点など高いところに進んでいく。彼我一体となる。これは武道、人間性を根幹としている。相打ちの極致が相抜け、合掌＝註72＝である。このように段階があることを知っておく必要がある。

相打ちは自分を捨てていなければできない。出発点が捨て身、到着点が相打ちである。山岡鉄舟はこう言っている。「誰でも刀と刀を合わせれば打ちたくなる。それはその通りだ。が、それではいけない。その打ちたくなるとき我が体を敵に任せろ。任せれば恐懼疑惑はない。そして相手の出方によって臨機応変に行け」という、これが自然の勝。自分を任せるということは、自分が死ぬということ。ここが関門。技ではない、心の問題になる。

ここでは捨て身の一本（平等）は悟ったが心に余裕がないと実際の場ではたらけないと反省、非知《ひじ》りの求道心に燃えた稽古ぶりがうかがえる。

註50　思わずして打つ

剣道で打込み三年、捨身の修行を本気でやって三昧力を養えば、そこから自然に本当の構えが生まれる。山岡鉄舟は、これを三角矩の構えと言い、苦修三年にして本体（構え）が得られると入門規則で言い切っている。そこには雑念が入っていない。〝俺が〟というものが入っていない。自分が無ければ相手も無い。自分と相手は一つ、自他不二である。

こうした本当の構えなら、ありのままが写る。写ったら写ったままで二念を継がなければよい。相手と対した時に〝面〟と思う。思ったら思った時に面を打てばよい。〝小手〟と思う。思った時に小手を打てばよい。思った時に体はそこに出てしまっている。これが自然の技。それを思ってから打つのでは人為的であり、後れてしまう。面と思ってから打つのでは遅い。小手と思ってから打つのでも同じこと。だが、思ってから打つのはだめだと言っても、思わず打つのはもっとだめである。それはでたらめ。思ったら打つ。二念を継がない。これを一刀両断という。

沢庵和尚は『不動智神妙録』で「敵の身に心を置けば敵の太刀に心をとらるるなり、敵の身の働に心をとらるるなり。敵を切らんと思ふ所に心を置けば、敵を切らんと思ふ心に心をとらるるなり。我太刀に心を置けば我太刀に心をとらるるなり。我切らんと思ふ所に心を置けば、切らんと思ふ心に心をとらるるなり。人の構に心を置けば人の構に心をとらるるなり」と言っている。つまり相手を打とうと思えば、打とうと思うことに心がとらわれ自己がお留守になる。そうなれば心は自由に働けない。心が何ものにもとらわれず自由であれば、逆に相手の打とうと思う「う」のところをとらえて相手を打つことができる。だから沢庵は「留《とど》まるな」と言って、何事にも心をとどめてはいけないと教えているのである。

「間髪を容れず」とか「石火の機」というのもこれと同じことで、これは速く打つということではない。速い遅いの問題ではなく、物を二つ重ねた間には髪一筋も入らない。石を打てばその瞬間にピカリと火が出るが、石を打つのと火が出る間にはまったく隙間はない、ということ。即ち、いずれも心を留める間のないことを示しているのである。

註51　正しい稽古・三摩の位

柳生流の極意に「三摩の位」がある。摩は「磨」である。三摩とは「習・工・錬」の三つのことで、これは修行の方法を教えたものである。

「習」とは習うということで、良い師匠、正師につく。自己流ではいけない。道元禅師は「正師を得ざれば学ばざるにしかず」と言っている。いいかげんな指導者にでたらめを教わると、教わる方は純真なのでその通りにやって邪道に入ってしまう。だから先ず正師を選ぶことが大事。山岡鉄舟は禅が滴水和尚、剣が浅利又七郎と、それぞれ正師について大成したのである。

「工」は工夫。自己に納得のいくまで疑い思うこと。本当の自分、剣道の本体とは何かと徹底するまで工夫すること。

「錬」は大勇猛心。工夫に工夫してゆくと次第に窮してくる。窮しきったときに転ずるのは勇猛心による外はない。大勇猛心をもって鍛錬することである。

このように三摩の位は道を得るための手段であり、この三つのうちのどれ一つを欠いても修行は成就しない。

宮本武蔵も『五輪書』の各章で「よくよく習い、吟味し、鍛錬あるべし」と三摩の大事なことを、くどいほどくり返し述べているほどである。

註52　正三角矩では使えぬ

註35で記したように、打込み三年の捨

身稽古で本当の構えが生まれる。山岡鉄舟はこれを「三角矩の構え」と言っている。これは正しい構えだが、ここに一つ危険な落とし穴がある。それは三角矩の構えに執着すると、その三角矩は自分一個の三角矩の構えとなり、相手には通じない。つまり正位に住していると、相手があると働けないのである。

註53　工藤教師

工藤一《ひとし》氏。明治四十五年青森市に生まれる。旧制中学時代、青森武徳殿で警視庁出身の香月勇雄の指導を受ける。昭和八年上京し警視庁に奉職。同時に檜山義質《ひやまよしただ》範士の弘武館に入門し修行。この「百回稽古」当時は警視庁教師。警視庁師範、三井物産師範、東京都剣道連盟審議員、全日本剣道連盟審議員。剣道範士八段。平成十年三月十一日没。享年八十六歳。

註54　出ず入らずの息

剣道の稽古は一日に一時間か二時間であるが、一日は二十四時間。その二十四時間、休みなく活動しているのは呼吸である。呼吸は人の命であり、この呼吸を正す工夫をする。これが日常生活の土台となるのである。

呼吸を鼻と喉でしている人を剣道に当てはめてみると、手だけで打っている人と同じこと。これではだめで、呼吸を首でする。そういう修錬をすれば、構えにも繋《つな》がってくる。日本神道では、臍《へそ》で呼吸せよ、臍は一尺位前に出ていると思え、と教えている。臍で呼吸をすると、心火がずーっと下に降ってくる。小澤愛次郎範士は、「臍を鍔に乗せろ」と言っている。これは落着けという意味であり、呼吸を臍でする。

それから丹田で呼吸する。白隠禅師は『夜船閑話《やせんかんな》』で「心火を降下し、気海丹田の間に充たしむ」と言っている。ただし、無理に力を入れてはいけない。無理に力を入れると力みとなり、技が出なくなる。丹田から呼吸が全体にまわるように修錬すると、相手にも通じるようになる。

それから呼吸を足でする。荘子は「衆人の息は喉を以てし、真人の息は踵を以てす」と言っている。呼吸を足腰でする。剣道は足腰が大事である。足の踏み方の悪いのは、呼吸が乱れる。左足から崩れてくる。

斎村五郎範士は足が良かったが、三十歳位の時から歩き方の工夫をしたという。道を歩いていても呼吸を足でする練習をした。こういうふうに普段から心掛けて呼吸を修錬することが大切である。

剣道は呼吸の乱れたところを打たれる。昔から呼吸を「聞く」というが、相手に呼吸を聞かれたら、打たれてしまう。しかし呼吸を練ると、息をしていながら吐く息、吸う息の切れ目がなくなり、まるで息をしていないようになる。こうなれば呼吸が乱れることはなく、相手に呼吸を「聞かれる」こともない。持田範士などは隙がないと言われるが、呼吸の修行を積んでいるため打つところがないのである。

註55　英山老師の第二期・数息観・一炷香

人間禅教団立田英山《たつたえいざん》老師に『数息観のすすめ』という名著がある。これにはインドにおいて古くから行なわれた観法で、安楽の法門なりとも言われている数息観の方法や効果がわかりやすく書かれている。それによると、数息観というのは、坐禅を組んで静かに自分の息を勘定する修養の方法で、お釈迦様をはじめ宗祖とか教祖とかいわれる方々でこれを実修されなかった方はないと言ってもよい、根本から心身の調整をはかる修養法である。

数息観のやり方は、先ず坐禅を組み、自然の呼吸を心の中で数えることから始める。その呼吸は深呼吸や腹式呼吸ではなく、強いて下腹に力を入れることも必要ない。あくまで自然の呼吸。その呼吸の吸う息と吐く息を一つと数え、次の吸う息と吐く息を二つと数える。そしてこの数え方を修錬の程度に応じて、百まで数える場合、十まで数える場合、数えない場合と三つに分け、これを前期（第一期）、中期（第二期）、後期（第三期）と区別している。

先ず前期は一から百まで数えるが、ただ数を数えるだけでなく、ここに条件がある。この条件にかなうということが非常に難しいことで、大いに錬磨修熟を要するところ。その条件とは、(1)勘定を間違えないこと、(2)雑念を交えないこと、(3)以上の二条件に反したら一に戻すこと、この三つ。これは何でもない条件のようだが、いざ実施してみると容易でないことに気づく。

(1)の勘定を間違えないとは、数をとばしたり後戻りをしないこと。(2)は数を数える以外のことを考えぬこと。勿論、無感覚になっているわけではないから、まわりのものが見えもするし聞こえもする。それを見たら見たまま、聞こえたら聞こえたままにして、自己の考えを乱されないこと。難しく言えば二念を継がないこと。

例えば、目の前を一匹の蚊がブーンと過ぎたとする。そうしたら、蚊がブーンと過ぎただけにしておけばいい。それを、今のは縞蚊《しまか》だ、刺されたらかゆいだろう、病気をうつされることは……などと連想を働かせない。つまり二念を継がない。二念を継ぐと三念四念と連想が起こり、記憶を呼び起こす想像をたくましくして、ついには数息観をしていることすら忘れてしまう。

実際にやってみると、この第二の条件が一番難しい。
(3)は勘定を間違えたり、雑念が入ったりしたら、正直に一に戻って始めから数え直す。これらの条件をクリアーしたら次にうつってよいが、この原則を良心的に守ることは非常に難しい。だからある程度の黙認をして細く長く続けること。途中でやめては何にもならない。これを目標として続けてゆくと、習慣になって、一日休むと何だか気持ちが悪いようになる。そうなればしめたもので、これはと思うような効果が現われ始める。
次に中期は、一から十まで勘定して、再び一に戻るやり方。この方が前期よりも楽なように考えられるが、そうではない。実は中期は前期の三条件を絶対に守ることになっているからである。この辺までくると数を間違えることはほとんどないが、雑念の入るのを全く許さないというのは難中の難。どんなに小さな念慮でも、数息観以外のことにわたる時は、容赦なく一に戻す。たとえ近くに雷が落ちたとしても二念を継がない。これは不可能と思われるかもしれないが、この中期の錬磨を長く続けていけば、数息三昧の力が養われることは間違いない。

この三昧の力を養えば、どんな環境であっても左右されることはない。大燈国師の「坐禅せば四条五条の橋の上、往き来の人を深山木にして」という心境にまで達せられる。例えば大変騒々しい場所で精密な仕事に従事している場合でも、周囲に関係なく仕事に没入することができる。またいかなる逆境にあっても「それもまた風流」と平然として日々是好日の日を送ることができる。

最後に後期だが、これは数息観を二十年、三十年続けたからといって、ただそれだけで誰でも達せられるという境涯ではない。つまり年数ではなく熱心さの度合いに関係がある。前期・中期は細く長くだが、後期は太く短く。ぶらぶらやっていたのでは一生かかってもだめだが、勇猛心を奮い起こして坐れば、そんなに長年月を要するわけではない。この後期の域に達してこそ「よくぞ人間に生まれたものである」と、人生のほんとうの意義を味わい得るのである。

この域に達すれば、もう呼吸などは意識せず、従って息を数えるのでもなく、そういうことは一切忘れはててしまう。忘れるといっても放心状態になっているのではない。きちんと数息観はしている。一休禅師の歌に「忘れじと思いしほどは忘れけり、忘れて後は忘れざりけり」というのがあるが、その意味で忘れはてるのである。これは非常に高い境涯。元円覚寺派管長の釈宗演老師は「数息観は坐禅の最も初歩であるが、また最も終極である」と言っているほどである。

註56　増田道義氏

明治三十五年愛媛県今治に生まれる。東京帝国大学法学部を卒業し、警視庁警部、関東庁事務官、朝鮮総督府警察官講習所教授などをつとめる。高野茂義、中山博道、大島治喜太、小関教政、中野宗助等の先生方に師事。昭和九年皇太子殿下（現在の天皇陛下）御誕生奉祝天覧試合に朝鮮代表選士として出場。小手が得意で「小手増」と呼ばれた増田真助範士に対し、突きを得意としたため「突き増」と並び称された。剣道範士八段。平成四年八月二十二日没。享年八十九歳。

註57　家舎

禅門の言葉で、本分の家山をいう。本家郷ともいう。『臨済録』に「一人有り、功を論じて、途中に在って家舎を離れず。一人有り、家舎を離れて、途中に在らず」とある。

註58　無刀流の一つ勝

本来、無刀流では「一つ勝」と言わないで一本目と言う。無刀流は、山岡鉄舟が一刀流を元に禅に徹底して創始した流儀で、一刀流の「一つ勝」とは形が微妙に違うが精神は同じ。

註59　十牛図・帰家穏坐《きかおんざ》

禅の公案にある言葉で、『十牛図《じゅうぎゅうのず》』の第六番目の境涯である。

『十牛図』とは、第一尋牛《じんぎゅう》、第二見跡《けんせき》、第三見牛《けんぎゅう》、第四得牛《とくぎゅう》、第五牧牛《ぼくぎゅう》、第六騎牛帰家《きぎゅうきか》、第七忘牛存人《ぼうぎゅうそんじん》、第八人牛《じんぎゅう》倶忘《ぐぼう》、第九返本還源《へんぽんかんげん》、第十入鄽垂手《にってんすいしゅ》と真実の自己（本心）を牛にたとえて修行の段階を十通りに分けて絵解きしたものであり、山岡鉄舟の愛読書である。第一、二は真実の自己を尋ねて理解する。第三、四、五は克己の修行。そして第六で牛に乗って家に帰る。ここまでくればもう克己はない。楽になる。この心境を平常心という。己れに勝つということを通りすぎて遊戯三昧。こうなると修行が楽しくなる。剣道ではここを目標として稽古をすればよい。この平常心は、日常生活でも剣道でも平常心。病気をしても平常心。平常心でずっといけばよい。そういう心境になれば日々是好日、「晴れてよし曇りてもよし富士の山　元の姿は変わらざりけり」で、晴れようが曇ろうが人間の真実の姿には変わりがない。真実を見失うから順境でのぼせて失敗する。逆境でぺしゃんこになる。順境も逆境も結構、元の姿に変わりはない、とここを目標にして剣道をすると、打たれたところは参ったと正受し、今度は打たれない工夫をする。持田範士は打たれたところは「参った」と言う。だが次には工夫して二度と同じところは打たせなかった。これは平常心だからできるのである。ここまでいけば個人としては、ほぼ完成と言えるだろう。

註60　光風明月

『碧巌録』第六則に「誰が家にか明月清風無からん」とある。明月は清く澄み渡った月で陰暦八月十五夜の名月、または九月十三夜の月。清風は心地良いさわやかな風を指す（光風も同じ意）。明月清風（清風明月ともいう）は、くもりも汚れもない純真清明な心境、即ち煩悩妄想を払拭した無我・無心の境地をいう。

（久須本文雄著『禅語入門』より）

註61　兼中至

曹洞宗の教理『洞山五位』＝註34＝の第四番目。無刀流五点では「金翅鳥王剣」という名称にしている。金翅鳥王剣について小川範士は次のように書かれている。

金翅鳥王剣は最後の独妙剣の位、利他に打って出る前にもう一つ透過しなければならない関門。五位なら兼中至である。兼中至は「両刃鋒《ほこさき》を交えて避くることを須《もち》ひず、好手還って火裏の蓮に同じ、宛然自ら衝天の気あり」というのである。この境涯は「変」であり、これを我がものにするのは容易なことではない。

山岡鉄舟の無刀流剣法はここから出ているので、ここに先生の剣禅一如に至った道程を先生の手記『剣法と禅理』によってお話致します。

――略――

山岡先生はこの兼中至を我がものにした上で「剣法と禅理の関係は、表われた形は違うが本体において剣禅一如である」と説いているのである。

先生は明治十三年三月、兼中至の境涯に体達し、明治十五年一月、後進のために『剣法邪正弁』を著わしている。

「夫れ剣法正伝真の極意は別に法なし。敵の好む処に随ひて勝を得るにあり。敵の好む処とは何ぞや。両刃相対すれば必ず敵を打たんと思ふ念あらざるはなし。故に我体を敵に任せ、敵の好む処に来るに随ひ勝つを真正の勝と云ふ。譬へば筐《はこ》の中にある品を出すに、先づ其蓋《ふた》を去り、細かに其中を見て品を知るが如し、是則ち自然の勝にして別に法なき所以なり」

これで尽きている。無刀流剣法極意は、自然の勝にして別に法もなく工夫もない。

両刃相対し敵を打たんと思う念のあるのはよい。勝負だから勝つという念のあるのはよい。これは初一念。ただし勝敗に対して余計なもの、打たれずに打とうとしたり、二念三念と継ぐことはいけない。これらは雑念であり妄念である。初一念だけでゆき、二念以下をぶち切ってしまう。これがなかなかできない。この一念不生に体達すればここは悟りである。但し悟りにはピンからキリまである。五点の第一番目・妙剣の空、一念不生はピンであり一隻眼である。

「我体を敵に任せ」とは、無敵の極処、〝自己なければ敵なし〟のところ。両刃鋒を交えたまま、我もなく敵もない自他不二の境涯、兼中至の位であり、この悟りはキリであり慈眼である。

剣の名人と名人が、真剣の切先と切先が触れているどころか、さらに一寸入って交わっているところ。出ることも引くこともできない〝一足一刀生死の間〟。ここで意をはたらかせない。ここは自発的でなく、無作の作、無功用、労して功無きゾッとする境涯である。「風柳絮《りゅうじょ》を吹けば毛毬走り、雨梨花を打てば蛺蝶《きょうちょう》飛ぶ」＝註133＝というところ。自然の妙用である。ここまで鍛え上げれば、どんな難敵、難関に対しても遊戯三昧で勝つことができる。観音の三十三応身、これを「敵の好む処に来るに随ひ勝つを真正の勝」と言っているのである。

「譬へば筐の中にある品を出すに、先づ其蓋を去り」の蓋とは自他を対立させる畔《あぜ》のこと。自他の畔が切れれば相手は自然に写る。相手が写れば、敵の好む処に随って自由に勝つことができる。これを山岡先生は「自然の勝」と言われるがその通りである。

「然りと雖《いえど》も此術や易きことは甚だ易し、難《かた》きことは甚だ難し、学者容易のことに観ること勿《なか》れ」

別に法なき自然の勝は「易きことは甚だ易し」とは「衆生本来仏なり」で誰でもが生まれながらに持っているのであるから易しいのである。「難きことは甚だ難し」とは、これを哲学的に相対的に求めても、あるいは当てるを以て足れりとする勝負を争う剣道、または難行苦行の荒行でも絶対に得られない。「学者容易のことに観ること勿れ」とは山岡先生の心からの訓えである。

以上は正法の弁、以下は邪法の弁である。

「即今諸流の剣法を学ぶ者を見るに是に異り、敵に対するや直に勝気を先んじ、妄りに血気の力を以て進み勝たんと欲するが如し。之を邪法といふ。如上の修行は、一旦血気盛なる時は少しく力を得たりと思へども中年過ぎ或は病に罹りし時は、身体自由ならず、力衰え技にぶれて、剣法を学ばざる者にも及ばず、無益の力を尽くせしものとなる。是れ邪法を不省所以と云ふべし。学者深く此理を覚り、修行鍛錬あるべし」
勝気や血気で末の身法と刀法だけに頼り、根本の心法の修錬を怠った者は、中年過ぎると衰える。結局、無駄な力を労したことになり、一生を棒に振ることになる。剣を学ぶ者はまず正脈の師について剣禅一如の正法を学び、まず正しく楽しい人間個人の形成、さらに仲よき人間社会の形成を目的として修行鍛錬あるべし、と山岡先生は教えているのである。

「附して言ふ、此法は単に剣法の極意のみならず、人間処世の万事一つも此規定を失すべからず。此呼吸を得て以て軍陣に臨み、之を得て以て大政に参与し、之を得て以て教育宗教に施し、之を得て以て商工農作に従事せば、往くとして善ならざるはなし。是れ余が所謂、剣法の秘は、万物太極の理を究むると云ふ所以なり。

明治十五年一月

山岡鉄太郎誌」

兼中至の関門は、正念相続（当たり前のことを当たり前にやる）によくよく骨を折る一方で、活社会で実際の事《わざ》を身につけ、その上利他に必要な資格をつけてゆく段階である。

この段階で多年磨きに磨き、アク抜きができて悟了同未悟の凡夫にまで人間形成された山岡先生にしてはじめて「此法は単に剣法の極意のみならず、人間処生の万事一つもこの規定を失すべからず。この呼吸をもって云々」と言い得るのであり、また遊戯しているうちに自然に人を化するのである。

因みに山岡先生の『剣法邪正弁』は全日本剣道連盟で定めた剣道の理念「剣道は剣の理法の修錬による人間形成の道である」と内容は同じである。道は古今東西一貫底である。

持田先生に稽古を願うと自分の方に何か欠陥があるのではないかと反省させられると言った人がおるが、剣道なら構えているだけで教えとなる。稽古の上で相手にそういう感化を与えるのである。正念相続しているから教育になるのである。

（人間禅教団刊『剣と禅』・小社刊『剣道講話』より）

註62　道力
たゆまぬ稽古によって養われた本物の力。「人一度すれば吾十度す」という努力が大切である。

註63　澤木さん
澤木《さわき》興道《こうどう》老師。明治十三年三重県津市に生まれる。十七歳の時、出家を志して永平寺に入り修行。熊本大慈寺僧堂講師、駒澤大学教授、大本山総持寺後堂などをつとめる。「宿なし興道」と称され、生涯寺を持たず、参禅と教化に生きた稀有の禅者であった。昭和四十

年、八十五歳で死去。
小川範士は国士舘専門学校に澤木老師を招いて学生に坐禅を学ばせたが、これは他の学校からも見学者が来るほどの盛況であったという。
坐禅では一般に、腰を伸ばし、背筋を伸ばし、首筋を伸ばし、顎を引いて、後頭部で天井を突き上げるような感じで坐れと教え、姿勢を重視しているが、「頭を糸で上に引っ張りあげられている感じ」というのもこれと同じことである。

註64　たけ比べ
宮本武蔵は『五輪書』水之巻で「たけくらべといふ事」として次のように述べている。
「たけくらべは丈《たけ》くらべなり。身の丈を比ぶる心なり。何れにても敵へ入込《いりこ》む時、我身のちゞまざるやうにして、足をものべ、腰をものべ、首をものべて強く入り、敵の顔と我顔とをならべ、身のたけをくらぶるに、くらべ勝ちと思ふ程高くなって、強く入り所肝要也。能々工夫すべし」(大日本雄辯会講談社刊『武道宝鑑』所収の同書より)
これはつまり、相手と対する時、萎縮するのを戒めたもので、相手を呑んでかかるくらいの気組みが大切であるということである。

註65　浩然之気
人間形成をしようと志を立てたら、先ず孟子の説く気魄、「浩然之気」を養うのが第一であると小川範士は説いている。
これは孟子と弟子の公孫丑《こうそんちゅう》との問答に出てくる言葉で、公孫丑が「夫子《ふうし》悪《いずく》にか長ぜる」(先生の長所はどこにありますか)と聞くと、孟子は「我れ善《よ》く吾が浩然《こうぜん》の気を養ふ」。そこで公孫丑が「敢えて問う。何をか浩然の気と謂《い》うや」(敢えて聞きますが、浩然の気とはどんなものでしょうか)。すると孟子は「曰く言い難し」(言葉では表わしにくい)と言いながらも「その気たるや、至大至剛にして、直を以て養ひて害すること無ければ、則ち天地の間に塞《ふさが》る。その気たるや、義と道とに配し、これなければ餒《う》う――」と諄々《じゅんじゅん》と説明している。
つまり「浩然の気というものは、天地の間、これ以上大きなものはなく、またこれ以上に強いものはない。養い得るには〝直〟すなわち正しいこと、正義をもっているという自信が大切である。そしてその気をそこなわないようにする。そうすれば、浩然の気は満ち充ちて、天地に塞るほどの力を発揮することができる。また浩然の気は、人間の心の中の正義の〝義〟と天地の自然の道理である〝道〟との二つのものを配合してできたもので、この二つは大切にしなければならない。もしこの浩然の気が失われると、飢えたる者のごとく腹に力がなく、心に自信がなくなる」ということである。山岡鉄舟は、これが無刀流の極意だとも言っている。（註16参照）

註66　心も身も直

宮本武蔵の『五輪書』水之巻「兵法心持の事」に、「兵法の道におゐて、心の持ちやうは、常の心に替《かわ》る事なかれ。常にも、兵法の時にも、少しもかはらずして、心を広く直《すぐ》にして、きつくひっぱらず、少しもたるまず、心のかたよらぬやうに、心をまん中におきて、心を静かにゆるがせて、其《その》ゆるぎのせつなも、ゆるぎやまぬやうに、能々《よくよく》吟味すべし」とあり、また「兵法の身なりの事」には、「身のかゝり、顔はうつむかず、あをのかず、かたむかず、ひずまず、目をみださず、ひたいにしわをよせず、まゆあいにしわをよせて、目の玉うごかざるやうにして、またゝきをせぬやうにおもひて、目をすこしすくめるやうにして、うらやかに見ゆるかを（顔）、鼻すじ直《すぐ》にして、少しおとがい（下あご）を出す心なり。くびはうしろのすじを直に、うなじに力をいれて、肩より惣身《そうみ》はひとしく覚へ、両のかたをさげ、脊《せ》すじをろくに（真っ直ぐにして）、尻を出さず、ひざより足先まで力を入れて、腰のかゞまざるやうに腰をはり、くさびをしむるといひて、脇差《わきざし》のさやに腹をもたせて、帯のくつろがざるやうに、くさびをしむるといふおしへ（教）あり。惣而《そうじて》兵法の身におゐて、常《つね》の身《み》を兵法の身とし、兵法の身をつねの身とする事肝要也。能々吟味すべし」（岩波文庫版『五輪書』より）とある。

註67　我ここに今かくありぬ……

人間禅教団立田英山老師（小川範士は英山老師から無得庵の庵号を受ける）の俳句。

これは悟了同未悟（悟り了って、悟っていない人と同じになる）の境涯。この境涯は高い。ぼんやりと日向《ひなた》ぼっこをしているように見えるが、そうではなくて、修行をやってやってやり抜いた末に、修行をしていない人と同じになる。沢庵和尚の言う「ずっと高きはずっと低きと同じものになり申し候」ということろ。学ぶことは学び尽くして、もう学ぶことがない。為すべきことは為しはてて、もはや為すべきことはない（絶学無為の閑道人）という大《おお》閑《ひま》のあいた境涯であり、ほんとうに人間形成の究極に徹し生き甲斐を感ずるところである。

註68　縁の当り

『五輪書』水之巻に「縁のあたりといふ

事」として、「我《われ》打出す時、敵打ちとめん、はりのけんとする時、我打《わがうち》一つにして、あたまをも打ち、手をも打ち、足をもうつ。太刀の道一つをもつて、いづれなりとも打つ所、是縁《これえん》の打《うち》也。此打《このうち》、能々《よくよく》打ちならひ、何時《いつ》も出合《いであ》ふ打也。細々《こまごま》打ちあひて分別あるべき事也」（岩波文庫版『五輪書』より）とある。

また同じく武蔵が著わした『兵法三十五箇条』には、「縁のあたりと云は、敵太刀切懸るあひ近き時は、我太刀にて張る事も在り、受る事も在り、あたる事も在り。受るもはるもあたるも、敵を打つ太刀の縁とおもふべし。乗るもはづすもつぐも、皆うたんためなれば、我身も心も太刀も、常に打たる心也。能々吟味すべし」（前掲書より）とある。

註69　任せて

山岡鉄舟の『剣法邪正弁』に「我が体を敵に任せ、敵の好む処に来るに随って勝つを真正の勝」とある。

「邪」というのは、試合で言うと構えて打とう打とうと打ち気をさかんにした打とう打たれまいという試合。これは〝俺が俺が〟という「我《が》」がもとになった見苦しい試合。つまり悪い試合。

「正」は打ち気、俺が俺がという「我」を相手に任せてしまう。そして相手の出方に応じて勝つ。これが本当の勝ちである。

山岡鉄舟は「誰でも刀と刀を合わせれば打ちたくなる。それはその通りだが、それではいけない。その打ちたくなるとき、我が体を敵に任せるのだ」と言っている。任せれば驚懼疑惑はない。そして相手の出方によって臨機応変にいける。これが自然の勝。自分を任せるということは、自分が死ぬということ。これは技ではなく心の問題である。

註70　浮木

水に浮いている木を押すと、沈まないでひょいと浮き上がる。右に押えるとくるりと廻って左に浮き、左に押えるとくるりと廻って右に浮く。また強く押せば強く、弱く押せば弱く、押した反対の方が浮き上がる。

これと同じように、例えば相手が表から竹刀を押えてきたら裏へ、裏から押えてきたら表へ自分の竹刀を廻すというように、相手が押えたり巻いたり、どんなに攻めてきてもそれにさからわない。懸かってくる心にも力にも技にもかかわることなく、はずしては乗り、はずしては乗る。それをくり返しているうちに相手は根負けし、自然に自滅する。そうして遂には〝争わずして勝つ〟のである。

これは一刀流の極意で非常に程度が高

い。『猫の妙術』＝註106＝で言えば眠り猫、眠っていても近くに鼠を寄せつけないという境涯である。

註71　早切り返し

一刀流の技。打方陰、仕方正眼に構え、機を見て仕方の面を打っていくと仕方はこれを切り落とす。打方はただちに仕方の左肩へ早く切り返すと仕方はそれを受けとめる。打方は切先に力を入れて仕方の胸を突きに行くと、仕方も進んで打方の胸を突きに行く。打方は仕方の太刀を右下に巻き抑えると、仕方は一瞬耐え、急に右手を中心にし脇にくるりと手首を右廻りに巻き返して打方の太刀をはずす。打方は拍子抜けして崩れる体を取りなおそうと右上段にとるのを仕方がその右小手を打って勝つ。

この技は、真っ直ぐに切り落とし、真っ直ぐに受けとめ、真っ直ぐに突き、くるりと巻き返しながらはずして打って勝つ。これを一筋に早く続けて勝つ。打方が技を一度二度三度四度と続けて早く切り返し、突き返し、巻き抑えて百計を尽くしてきても、仕方はすべてを明察して引き受け、少しも許さず正しく理に則って勝つのである。

（笹森順造著『一刀流極意』より）

註72　拝む心・合掌

剣道は「剣の理法の修錬による人間形成の道」である。理法というのは天地自然の理法。人間のつくったものではない。この理法を便宜上二つに分けると理と事《わざ》に分けられる。山岡鉄舟は剣と禅とを究めた上で理と事を、理の修行、事の修行、理事一致の修行、理事相忘の修行と四段階に分けている。

○理は心である。心とは自己である。この自己は彼我対立の自己ではなく絶対の我。人間形成のための剣道修行に於ては先ず心を把握することが先決である。それには昔から打込み三年と言っているが、切り返し・懸り稽古三昧になりきり、機熟し大死一番絶後に再蘇する以外に術《て》はない。俺が俺がという「我《が》」を捨て、本当の捨て身になることが肝要である。

理を頓悟しただけでは実際の場にあって働けない。そこで悟後の修行が必要である。

○事の修行は先ず遠間大技の捨身稽古に全力を尽くすことである。さらに竹刀稽古と併せて古人が真剣勝負で体得した宝珠が秘められている古流の形とで間合殺活の技を真剣に鍛錬工夫すること。特に気の相続、正念相続に命を懸けることが秘訣である。この正念相続こそ正しい剣道の根幹であり、人間形成の蝋関である。事の修行は、悟りは易く相続は難しというところである。剣道の修行は事の修行までが基礎で少なくとも十年はかかり、この「黙々十年」の苦行によく堪え抜くことが大切なのである。この時は反省が大事である。打たれて自己の非を知り修行する時代であり、修行の最も苦しい時である。

理の修行は三年。理の修行は悟りであり、身を捨てて本当の自己を悟るのであるが、悟りだけではだめで、そのあと事の修行が十年。事の修行とは悟後の修行である。事の修行には相手がある。相手は十人十色であるから、技も千変万化である。したがって、一本技だけではだめであって、千変万化するには、それに処せるだけの修行をしなければならない。これが悟後の修行で、約十年はかかる。これが一番苦しい時であって、いやになってしまうことがある。そこで安易に陥る人は、相手のそばに行って、ホラコイ、ホラコイと自己流になってしまうのであるが、それは堕落である。いかに苦しくとも悟後の修行に歯をくいしばって、不退転《ふたいてん》の精進が必要である。ここは儒教で言えば克己のところである。ここで苦しみに負けて挫折する者は多いのである。ここを乗り越えると、あとは楽になる。理と事が一つになってしまう。

○世間には剣道は理であると心のみ主張して技を軽視する人、また技のみを主張して心を軽視する人がよくあるが、これは心と技とは独立した二つの別物と見ているのである。心と技とは別ではない。理即事、事即理、不二一如である。この関係を明らかにして錬磨功積む時は理事一致の妙処に到達できる。ここまで来ればしめたもので、一言で表現すれば「妙」という。「妙」は説明できない。「説似一物即不中」その物に似ているが何と説いても中《あた》らない。理事一致、自由自在の境涯は説けない。自得のほかはない。妙。ここは遊戯三昧、平常心是道の境涯である。ここまでくれば剣道は遊びである。骨を折ってやっては駄目である。順境も結構、逆境も結構、生も結構、死もまた結構、任運自在の自然の境涯となる。一刀流で言えば夢想剣。人生は畢竟《ひっきょう》夢。理事一致で正しく練った結果がここまでゆけるのである。

逆境がいやだというのは、苦しいからいやなのであって、逆境が楽しかったらいやではないのである。黒住教という教えには「難有り、有難し」というのがあるが、難があっても、難は有難しと、スラーッとしていれば、難が寄りつけない。剣道で言えば理事一致の境地であり、剣道によってこの境地まで到達することができるのである。ここは『猫の妙術』なら最後の眠り猫。虎は眠っていても百歩以内に他の動物を寄せつけないという「睡虎《すいこ》の気」。あるいは『木鶏《もっけい》』の「その徳全し」という木で作った闘鶏の境涯。剣道なら刀を忘れた無刀の境涯である。

剣道修行も木鶏の境涯に到達できたら、ここを自利上の悟了同未悟と言い、自分一個の人間は剣道で形成されたと言っても過言ではない。しかしながら社会は自分だけではない。他がある。真の人間形成とは人間社会の形成というところまで発展せねば止まるところを知らない。

〇人間社会の形成、即ち「理事相忘」「自他不二」、これが剣道修行の大目的である。理事相忘というのは、修行をし抜いて、一切をやり切って修行していない人とまったく同じになる。これを利他上の悟了同未悟という。人間の社会生活に於ては人間と人間が自然につながるものがある。この人間と人間をつなぐもの、これを一点無縁の慈悲という。

こうなれば親と子は別ではない。親子一如。夫婦も別ではない。夫婦不二。自分と他人とは別ではない。自他不二。この自他不二をかたちで示せば**合掌**である。自分の人格を**拝み**、同時に相手の人格も**拝む**。そこまで行けば、剣道でも、自分も無く、相手も無くなってしまう。

禅に「瞋《しんけん》拳笑面を打せず」という句があるが、これは**合掌**の精神である。瞋《いか》って握り拳を固めて赤ちゃんを撲ろうと思っても、赤ちゃんがニコニコ笑っていると、振り上げた拳が下ろせない。この話を小川範士が持田範士にすると、持田範士は「小川さん、剣道でそこへ行けるかもしれない」とおっしゃったという。

観音経では、相手が斬ろうと思っても、観音ということを念ずれば、刀が折れてしまうとあるが、これは刀が折れるわけではなくて、こちらが本当に慈悲の心になりきっておれば相手も慈悲の心を起こして、斬れなくなってしまうということを言っているのである。剣道でも本当にそういう構えで対すれば、相手が打てなくなってしまう。これが最高の修行であるから、平素から、この心掛けで修行することが肝要である。

ある人が、自分は三段までの人には打たせるが、四段以上をつかうときには、初太刀一本を取って、あとは絶対に打たせないと言ったのを持田先生が傍で聞いておられて、「私は初段の人が来たら初段と同じように、五段の人と願うときは五段と同じように、九段の人となら九段と同じようにつかいたいと思っている」と言われたことがある。これが相手を**拝む**稽古ぶりであって、理事相忘のつかい方である。

初段の人が来たら自分も初段になって拝む。五段の人となら自分も五段になって、九段の人となら自分も九段になって相手に合掌することである。これを不二という。自分と相手とは二つであるけれども、二にして一である。これが理事相忘であるが、これは難しいと言えば実に難しくなる。それは外に求めるからである。易しいと言えば易しい。誰でもが生まれながらに持っている神の心である。古神道では八百万《やおよろず》の神と言い、『坐禅和讃』では「衆生《しゅじょう》本来仏なり」と言う。俺が俺がとつっぱらず、氷になりさえしなければよいのである。この理を知ることは難しくはないが、自得することは難中の難である。

先ずこういう理合を知って修行をすることが大切であって、こういうことを知っていると脇道に逸れないで真っ直ぐ行けるのである。

（小川範士著『剣と禅』・小川範士著『剣道講話』より）

註73　想蘊・行蘊・一息截断の息

般若心経の眼目に「五蘊《うん》皆空」がある。五蘊の五とは色・受・想・行・識の五つの心身のはたらき。「色」というのは形あるもののことで、人間で言えば身体にあたる。「受」というのは外界のものを五官を通じて受け入れること。眼で見、耳で聞き、鼻で嗅ぎ、舌で味わい、身体では触れている。「想」というのは内なる思い。想像紛飛の念、意馬心猿、五蘊の中で一番激しい念慮である。「行」とは細かい念慮、連想。「識」は、朝起きてきれいに心が澄んでいるような時にポツンと湧く一念を言う。人間はこういう五つの内容で構成されているという考え方である。

蘊とは集積の意で、心の垢、雲のこと。生まれたままならば五つが備わっているだけだからそれでいいが、これに心の垢、雲がかかる。人間本来の心は明鏡のようなものであるが、それに雲がかかると無明となり迷いとなる。この雲は大雑把に言えば「我《が》」という雲。この無縄自縛の我《が》という雲を体と心にかけて苦しんでいるのが人間である。この雲を無くす、空ずる（五蘊皆空）。これが般若心経の眼目であり、剣道修行の基本である。

○第一の「色蘊」を剣道に当てはめると、色とは構え、正しい構え。この構えに雲がかかる。自分に構えがあるから相手にも構えがあると見て、そこで相手とは対立となり争いとなる。これを構えに雲がかかったと言う。その雲を取って本当の構えにしなくてはいけない。それが剣道の最初の修行である打込み三年の懸り稽古。我《が》を許さないで、懸かって懸かって懸かり抜く。そのうちに懸り稽古三昧に入る。これを儒教では〝己に克つ〟と言う。打込み三年で克己の修行をやる。当てっこの修行ではない。全身全力でやる。これを禅では〝己を殺す〟と言う。これが三昧。殺すから大きな自己が生まれてくる。それを「大死一番絶後に再蘇する」と言う。

剣道を打込み三年、本気でやり三昧力を養えば、そこから自然に本当の構えが生まれる。山岡鉄舟はこれを三角矩の構えと言い、苦修三年にして本体（構え）が得られると入門規則で言い切っている。そこには雑念が入っていない。「俺が」というものが入っていない。自分が無いから相手が無い。自分と相手が一つである。自他不二。これが構えである。自分の構えの中に相手が入る。相手の構えの中に自分がある。自分と相手は一つ、一如である。ここが剣道の第一基本であり、これが人間形成の土台になる。

○第二は「受蘊」。これは相手からの働きかけに対する心構えであるが、互いに一足一刀に剣を交えた場合、未熟の者はここに雲がかかって迷う。相手から色《いろ》をしかけられると色に迷わされる。少し上達した者は色には着かないが無念無想の穴倉に入り働きがない。恐ろしい境涯である。

この雲を取るにはどうしたらよいか。それは第一の構え、即ち自他不二の本体に立てば、ありのままが写る。写ったままで二念を継がなければよい。その働きは、相手と対した時に、面と思ったら思った時に面を打つ。小手と思う。思った時に小手を打てばよい。思った時に体はそこに出てしまっているのが自然の技というものである。それを思ってから打つのでは人為的であり、後れてしまう。思ってから打つのでは遅い。だが思ってもだめなのであるから、思わずにやってはなおさらだめである。それはでたらめ。思ったら打つ。これを一念不生という。二念以下をぶち切ってしまう。処世法もこれでいけばよい。自分でこれが赤だと思ったら誰が何と言っても赤は赤。白と思ったら誰が何と言っても白。これで行けばよい。これが剣道。それを赤だから赤だと言いたいけれど周囲を見て、白と言った方がよいのではなどと考えて、二念を継ぐからいけない。ぐずぐずしてはだめ。善いことは善い、悪いことは悪い、それで解決して行けばよい。これが道の上に立ったはたらきである。

以上、第一と第二は外部からの働きかけに対する心構えであるが、次の第三、第四、第五の三つは内部、即ち自身の心の中に生ずる雲に対する心構えである。

○第三「**想蘊**」。想像紛飛の念、意馬心猿、これが五つの雲の中で一番激しい荒い念慮である。時には蜂の巣をつついたように、妄念が紛起して収拾がつかないことがある。これをどう始末するか。神に祈ったり、水を浴びたり、そういう難行苦行では、荒れる意馬心猿には歯が立たない。しかしここに古徳の教えが残されている。それは数息観＝註55＝である。ズーッと息を吸う。吸う息の中に雑念を交えない。息をグーッと吐いて行く。吐く息の中に雑念を交えない。一念一念を正念化する。数息観こそが念々正念に入る秘訣なのである。元円覚寺管長釈宗演老師は「数息観は禅の初歩であるが、また終極である」と言われている。第一の三角矩本体は苦修三年頓悟でもいけるが、第三の念々正念が本当に自分のものになるには、二十年、三十年、否、一生かかっても難しい。それは、剣道では技や理念が邪魔するからである。持田先生が七十歳を過ぎてから「もう剣道はいやになった。難しい。構えていると内からヒョッと考えが浮かんでくる。どうしようもない。この世の中に剣道ほど難しいものはないであろう。いやになった」と言われたことがある。持田先生は七十歳を過ぎてもこの念々正念には徹していないと反省されながらこの修行に全力をかけておられたのである。世間で問題にしている段位などは先生の念頭にはない。先生の十段授与式の時、式場は妙義道場で、全剣連の渡辺敏雄（当時）事務局長が先生の前へ証書を持って行き、先生が受けられた時に合図をしてお祝の拍手をしようと望月正房先生が段取りをしていた。ところが渡辺事務局長が証書を持って行くと先生は、その証書をポーンと放り投げてしまった。そして、「わしはこんなものはいらない。実力がなくてこういうものがどうして受けられるか。わしにはこういうものを戴く資格がない」と言われた。そして列席の人々に「皆さんは若い。私は日暮れて道遠しだ。剣道は深いからしっかりやって下さい」と言われた。これが十段を受けられなかった時の先生の挨拶であった。先生は十段を辞退されて、後輩に、剣道修行の目的は段位ではない、人間形成である。人間形成の真髄は念々正念相続にありという秘訣を教えられたのである。

五十歳以後の宮本武蔵は日常この工夫をしていた。『五輪書』地之巻に、我が兵法を学ばんと思う人は道を行なう法ありとして、九ヶ条を挙げ、その第一条は「邪《よこしま》になき事をおもふ所」とある。うそをついてはいけない――これが武蔵という人の全体である。汚い着物で、風呂にも入らない。そこで弟子たちが、先生はどうして風呂に入らないのかと尋ねると、「身体の垢《あか》は桶一杯の水で取ることができるが、心の垢は取る暇がない」と答えた。一念、一念を正念化する。雑念を正念化する。一念、一念を正念化する。ここまで行ったら本物である。我は古今の名人に候と自認し、常に念々正念の工夫を絶やさず、二天道楽と号して道を楽しみ、本当の人生を味わい得た道人である。

雲弘流に「一息円想無我」という教えがある。一息とは『坐禅用心記』に「心散乱する時、**一息截断**両眼永く閉づるの端的に向て打坐工夫せば散心必ず歇む」とある。心散乱する時、即ち想蘊の起こった時、人間最後の一息、吐く息有って吸う息知らず、呼吸を「ウムーム」と踵に踏み込む、即ち踵《しょうそく》足三昧になりきれば散心必ず歇むと。これを真人という。荘子いわく「真人の息は之を息するに踵を以てす」と。これは雑念を呼吸に合わせて正念化するのである。この正念相続の修行こそ人間形成の嶮関であり真髄である。念々正念の修行は道場内だけではない。日常生活の上で正念の工夫を絶やさない。これが本当の剣道である。

○第四は「**行蘊**」。これは細かい念慮、連想である。人間はこの細かい念慮に悩まされる。過去の事にぐずついたり、現在にこだわったり、また一寸先は闇の将来を気にしたりして、自分で自分を苦しめている。こういうやっかいな雲をどう拂いたらよいか。それには、この細かい念慮は、畢竟夢・幻・空華のようなものであるということを見破っておくことである。空中の華とは、眼を患った時に、あたかも空中に在るが如くに見えるモヤモヤした華のようなもののことを言う。これといって拠り所のない、取るに足らないものである。雲弘流では、ここを「あと先のいらぬ処を思ふなよ、只中程の自由自在を」と、過去も未来もいらぬ、ただ現在になりきれと示しており、一刀流では夢想剣として秘している。ここは理屈では通れない悟りである。

○第五は「識蘊」。これは一念である。第三は荒い念、第四は細かい念、第五は一念と、こう心がいくつもあるのではない。第五の一念が本となっているのである。秋水のように心が澄んだ所から、ポツンと一念が生ずる。この一念に迷と悟の分かれる原点がある。剣道なら相手に一念が生じた時、どう空ずるか。押える。ヒョッヒョッと頭を押える。機先を制するのである。起こりを押えよう、機先を制しようと思うと後《おく》れる。相手に一念がポツンと生じた時、頭を押える。機先を制するのである。これで識蘊は空じられる。これが剣道の極意である。

以上が般若心経の五蘊皆空を剣道に当てはめたものであるが、五蘊皆空と照見すれば一切の苦厄は度せられるのである。これを剣道や坐禅の時ばかりでなく、一切時、一切処で修錬していく。これが人間形成の基本面の修錬である。

（小川範士「全国高等学校剣道指導者研修会における講話」・人間禅教団刊『剣

と禅』より）

註74　凝念
是非・善悪・得失の雑念を去って精神を統一したさま。

註75　十牛図五
『十牛図』＝註59＝の第五は「牧牛《ぼくぎゅう》」。第四の「得牛《とくぎゅう》」で実際にわがものにした牛（真実の自己、本心）が非常にやわらかくなってくる。剣道の技でいうと細かい技、大きい技等あらゆる技、近間等あらゆる間合。気分なら、ただ打つだけでなく懸待一致等、すべてにわたって綿密に修行してゆく時代である。ここでも油断してはいけない。自己の本心というものをじぃっとつかまなくてはいけない。この時代で役に立つのが古流の形。古流の形の中には真理が秘められている。この時代に稽古と古流の形との一致を骨折って修行してゆくと、さすがの荒牛も柔軟となってくるのである。
「前思纔《わずか》に起れば後念相随う」とは、〝この花はきれいだなあ〟と思うのは第一念。これは迷いでも何でもない。きれいだと思っただけだからそれでよい。しかしそういう気持ちが起こるとたいてい、きれいだから欲しいとか、誰かにあげたいとか二念が出てくる。そうして次々に連想したり妄想したり、初一念がだんだん変化してくる。その時に「覚に由るが故に以て真となり、迷に在るが故に而も妄となる」これは間違った、これはいかんということを覚れば、そうした連想や妄想を一度清算して、正念正想に立ち返ることができるが、あれこれ迷っていると妄念・妄想となり、正念相続はできなくなってしまう。「境に由て有なるに非ず。唯自心より生ず」それはまわりの環境によってそうなるのではなく、自分の心、俺が俺がという「我《が》」によってそうなってくるのである。だから「鼻索固くひいて擬議を容れざれ」牛の鼻につけている綱をよくコントロールして、牛が変な所へ勝手に行ってしまわないように、常に用心する。そうして正念を相続させていくようにしなければいけないのである。

註76　講談社
講談社野間道場。大日本雄辯会講談社初代社長野間清治《せいじ》氏が「事業の本《もと》は人である」との信念から、剣道による社員教育を実践するため大正十四年十月、文京区音羽に創設した道場。昭和四年の天覧試合に優勝した持田盛二範士が師範として招かれ、武徳会内藤高治範士ゆずりの遠間、大技の本体を練る剣道を指導。全国から著名な剣士が集まって活況を呈した。その流派、門閥を超えた交流と正統的な剣道の普及に果

たした功績は大きい。現在も森島健男範士を師範にむかえて伝統の朝稽古が熱心に続けられている。

註77　鶴海君
鶴海岩夫氏。明治四十年八月二十八日、岡山県邑久《おく》郡豊村に生まれる。高野佐三郎範士の修道学院で修行。笹森順造範士のもとで小野派一刀流を学び免許皆伝。警視庁剣道主席師範、東京大学師範などをつとめた。剣道範士九段。昭和五十年八月二十四日没。享年六十七歳。

註78　草の間
一刀流では組太刀を行なう場合、真・行・草のやり方がある。真は動作をゆっくり、大きく、確実に、間合も十分にとって行なう。行はやや早目、やや小さ目に。草は動作も小さく、すばやく、のびのびと、間合も近間となる。

註79　引本覚
笹森順造著『一刀流極意』によれば一刀流の組太刀に引身之本覚がある。これを小川範士は略して引本覚と言ったのだろう。
これは敵を引き込み、その正体を知って制する技。打方が力一杯、実の心で突いてくる時に仕方は少しも引かず、打方の身をこちらに引き寄せる心得で進み、実の心で摺り上げ、打太刀の切先が右にそれて空を突く。そこを上から鎬で摺り張り落とす。
引身には三つの段階があって、初めの引身は打方が攻めてきた時に、仕方は身を間合の外に引き離す。次の引身は仕方は身を引くが、心は引かず打方の動静を見て応ずる。第三の引身は打方が攻めてきた時に仕方は身も心も少しも後に引かず、打方の身と心とを仕方の身と心の綱に引っかけて打方の方へ引き摺り寄せ、迎え突きや迎え打ち（相手と差しちがえとなる）ではげしく勝つことである。

註80　羽賀君
羽賀準一氏。明治四十一年九月十一日、広島県比婆郡東城町に生まれる。十八歳のとき、市ヶ谷の猶勝堂に入門。そこで中山博道範士の門下生として本格的に修行。中倉清範士、中島五郎蔵範士とともに有信館三羽烏の一人として勇名を馳せる。右に出る者はいないと言われたその豪放な剣風は今でも語り草となっている。長谷川英信流の居合もよくし、剣居ともに熱烈な信奉者が多い。羽賀忠利範士（静岡）の実兄である。昭和四十一年十二月十一日没。享年五十八歳。

註81　谷崎君
谷崎安司氏。昭和二年一月十一日生まれ。当時、警視庁の助教として妙義道

場及び警視庁で小川範士に師事。また大森曹玄老師に参禅し、剣禅一如の剣を目指して日々の修錬を怠らなかった。四十八歳のとき、剣道八段となり将来を嘱望されたが、昭和五十年没した。

註82　鶴岡氏

鶴岡清明氏。明治二十年千葉県に生まれる。中山博道範士の有信館で剣道及び居合道を修行。専修大学師範。体は小さいが手元のしっかりした剣道で小川範士の妙義道場での良き稽古仲間であった。剣道範士。昭和三十七年死去。

註83　経行

経行《きんひん》とは、元来、僧がお経を誦じながら堂内を緩歩することから出た言葉で、歩きながら数息観や凝念（一心不乱に一つの念慮になりきること）を試みることを言う。

経行をする時は、身体を真っ直ぐに立て、手を胸に当て(叉手当胸)、顎をぐっと引いて二メートルくらい先を見ながら静かに歩む。そしてただ、左足、右足、左足と出しながら、救いを求めるでもなく、意味を考えるでもなく、純一無雑の心で念ずる。

禅では三昧力を養うことが大事だが、三昧の力は静坐して数息観を修する時ばかりに養われるものでなく、身体を動かしながらでも養われるもので、そのためには動中においても三昧の境の乱れない練習をしておく必要がある。古人も「動中の工夫は静中の工夫に勝る」と言っている。

註84　六不収

雲門宗の公案にある(雲門六不収)。公案であるから言葉で説明することはできないが、しいて言えば、六不収とは、山岡鉄舟が「苦修三年の捨身稽古で備わる」と言った体（剣道の本体）のことである。

註85　黒島君

故黒島一栄氏。警視庁で剣道修行。警視庁剣道助教（病のため助教でとどまった）。剣道教士七段。

註86　岡田道場

故岡田守弘範士＝註144＝の尚道館道場。戦後の剣道禁止時代にも剣道の灯を絶やさず、剣道復活を夢見る憂剣の士が集い熱心な稽古が行なわれた。

註87　高野孫二郎さん

高野茂義範士の次男。幼少時から剣才を発揮し、早稲田大学主催の中等学校大会に優勝するなど将来を有望視されたが、戦争により活躍の場を失った。

註88　入刃の手の内

一刀流の切り落としに出刃と入刃があ

る。出刃、入刃は切り落とす深さが異なる。入刃は深く入って切り落とすが、このとき手首は柔らかく、力は入れずに一瞬の締めを利かせた強弱、緩急自在の手の内となる。

註89　高野先生

高野佐三郎氏。文久二年（一八六二）六月、現在の埼玉県秩父市に生まれる。祖父佐吉郎苗正《みつまさ》から小野派一刀流組太刀を習うとともに山岡鉄舟の春風館で剣を修行。警視庁撃剣世話掛、東京高等師範学校教授をつとめる。明信館、修道学院を建てて子弟を育成。中山博道範士とともに剣聖と並び称された。昭和二十五年十二月三十日没。享年八十九歳。

註90　切り落とし

古来から〝切り落としに始まり切り落としに終る〟と言われているように、切り落としは一刀流、無刀流の極意であり、必殺必勝の烈しく強く正しい技である。

切り落としは相手の太刀を一度打ち落としておいて、改めて第二段の拍子で相手を切るのではない。相手から切りかかる太刀の起こりを見抜いて、少しもそれにこだわらず、こちらからも進んで打ち出すので姿においては一拍子の相打ちの勝ちとなるのである。

すなわちこちらが打ち込む一つの技により相手の太刀を切り落としはずして己れを守り、その一拍子の勢いでそのまま相手を真っ二つに切るのであり、つまり一をもって二の働きをなすのである。正しく打つことが同時に敵の太刀をはずすことになり、敵の太刀をはずすことが同時に敵を切ることになり、一をもって二の働きをするから必ず勝つのである。

もしもはずしてから改めて打ち、受けてから改めて打ったのでは一をもって一に、二をもって二に応ずることになり、確実に勝ちを得ることはできない。いわんや二をもって一に応じたら必ず負ける。切り落としは一をもって二の働きをなすところを教えるのである。

それでは相打ちでありながら相手の太刀を切り落としてわが勝ちとなるにはどうしたらよいか。その心得は、まずわが心をみずから切り落とすのでなければならない。わが心を切り落とすというのは、死にたくないとか打たれたくないとかいうわが心を切り落とすことである。すなわち相手からわが面に打ち込んで来るのを見ると、その危険を避けようとして退くのは本能であるが、その危険を恐れるわが心をまず切り落とし、よし来いと必死の覚悟と十分な気合とをもってゆくので、はじめてわが心の鋭い切先が太刀の鋭い切先となって働いて相手の太刀を切り落として無効となし、わが切先が生きて働き、わが勝ちとなるのである。
（笹森順造著『一刀流極意』より）

註91　十二ヶ条遠近の事

一刀流の流祖伊藤一刀斎景久が稽古場の壁書にして弟子への教訓とした兵法十二ヶ条の三つ目に「遠近之事」の教えがある。

これは相手を自分より遠く離し、こちらには容易に近寄れず届かないようにしておきながら、我は相手に近くあって、たちどころに切り突くことができるようにする心得のこと。このとき彼我は同じ物理的距離であるのにどうしてそんな差ができるのかというと、それは体と心の持ち方によるのである。たとえば互いに一足一刀の間合で立会っていても、反り身になると、相手からは遠くなるが、わが進退も思うに任せず、我からも相手に遠くなる。そうかと言って懸り身になると我から相手に近くなるが、また相手からも我に近くなる。だから身体はそらずかがまず、真っ直ぐにすべきである。

また、ここで大事なのは足使いである。歩幅が広く、手が伸び過ぎては相手から遠いが、我からも遠くなる。歩幅が狭く手を屈めて切先を合わせると、我から相手に近くなるが、相手からも我に近くなる。そこで歩幅は広くなく狭くなく、常に歩むようにし、脚と腰の弾力を養って、いつでもどこへも速やかに、前後左右に進退跳躍し、応変が自由自在にできるように心掛けなければならない。

遠近の差が生ずるところは、身体の取り方と太刀の長さとではどんなに工夫しても物理的な限度がある。それを超越するのは心の遠近である。わが心を丹田に納め、気魄を旺んにし厳然と相手を攻めると、相手はこの気に圧せられて逃げる心になるから、そこで初めて我より相手に近く、相手より我に遠くなる。相手に防ぎ逃げる心のみあって攻めかかる心がないと、相手はわが足許におっても禍は千里の外にある。この時、我からは近く一足に踏み込んで一刀の下に制することができる。つまり彼我の心の働きによって近きに遠きあり、遠きに近きがある。

一度心に勝って生きると死の禍から遠いこと甚しく、一度心に敗れて死すると、生の利から遠いこと無量である。一刀流の執行の要諦は、この生死の分かれ目を出入馳駆しながら生死の遠近を取り極めて日常心根体技に励み鍛えることである。
（笹森順造著『一刀流極意』より）

註92　龍尾返し

一刀流の極意「払捨刀《ほしゃ》」に〝龍尾返し《りゅうび》〟がある。この技は打方陰、仕方は脇構えから切先を龍尾返し（切先を上、左、下、右と左廻りに、初め小さく次第に大きく廻す）で間合に進む。打方は機を見て右足を前に踏み出し、仕方の面を打ちにゆくと、仕方は打方の右裏から切先を廻し、左下から右上へと打方の太刀を摺り上げる。そこで打方が右上段にとるところ、仕方がその右小手を打って勝つ技である。仕方は脇構えにて間合に入り、打方が面を打って来るのを左足を左前に踏み出しただけで打方の太刀から脱するのであるが、その上に龍尾返しで摺り上げるから絶対に安全となる。

直心影流にも「龍尾」の技があり、それについて直心影流極意開伝書には、「韜一本目、二本目の形也。打太刀頭上へ打込まんとする時、太刀合すと直ちに順に打太刀の頭上を切る。其きりかへし龍の尾の如く、返り早きを学ぶ形也。故に龍尾と云。切返じ勝たる形なれども、打太刀者《は》太刀を引下げ入、仕太刀上段に取いる。是あうんの形也。跡不レ残切返し有レ之勝とも跡をゆるさぬ所也」とある。

この業は〝後の先〟で勝を得る業だが、後の先となす以前に我より仕かけて、敵をさそい出す〝先〟の術があれば、より以上に有効となる。即ち〝先後の先〟の勝ちを得るよう修錬することである。

（石垣安造著『鹿島神伝直心影流極意伝開』平成四年、新樹社）

註93　昏散

藤吉慈海著『禅関策進』の楊州素庵の田大士の示衆に「近来志を篤《あつ》うして参禅する者少し。纔《わず》かに箇の話頭に参ずれば、便《すなわ》ち昏散《こんさん》の二魔に纏縛《てんばく》せられ、昏散と疑情《ぎじょう》と正《まさ》に相対して治するを知らず。信心重ければ則ち疑情必ず重し。疑情重ければ則ち昏散自ら無し」（この頃、求道の志を篤くもって参禅弁道する者が少ない。公案と取り組んだとたんに昏沈《こんちん》と散乱の二魔にとりつかれてしまう。実はこの昏沈・散乱と疑情とは、たがいに相手を殺し合う関係にあることを知らない。道に対する信念が強ければ疑情も必ず大きいし、疑情が大きければ心の昏沈と散乱は自らなくなるものである）とある。即ち昏散とは、昏沈（心がめいりこむこと）と散乱とをいうのである。

註94　一刀流二本目

一刀流大太刀二本目は突き（迎突・乗突・突返）を教えている。

笹森順造著『一刀流極意』には「打方正眼、仕方下段にて間合に進み、打方が正眼の位をもってなおも攻め入ろうとすると仕方が下段から切先を起こし、打方の右小手を攻めてくるから打方は応じて切先を少し右寄りに締まり守ると、仕方がその左表の隙に切先を上げ合わせ相正眼となる。仕方はさらに気力を増し攻め込もうとすると、打方はその意をくじくために右足を前にし、一足踏み出しながら仕方の水落を一気に突く。仕方はそのまま直ちに迎え突きに突き進み、打太刀の鍔元の上から乗りおさえ、打方の水落に突きつけてくる。この時、打太刀の切先は右にはずれて死ぬ。これは一旦引きはずしてから攻めて突き返すのではなく、打方の踏み込んでくるのを迎え、その太刀を殺して打方の出てくる体の勢いを仕方の切先でそのまま向かい突くので強さ、烈しさ、恐ろしさがある。

一刀流の恐しさは昔から突きだと言われているが、この二本目で教える突きは突きの本意とし有利な技としてしばしば使われている。この技で大事なのは、相手が突いてくる時に決して逃げよう避けようと思って退いてはならない。そうしたなら必ず突かれる。だからそうせずに突けよとばかりに身を進め、わが構えを正しく乗り出すと、こちらは上太刀となり、相手の切先がはずれ死んで、わが切先に相手の体が突きぬかれる。これは技よりもまず眼力胆力を養うことが先《さき》で、必死の覚悟が必勝となるのである」と書かれている。

（一刀流乗身の突については註197参照）

註95　一刀流三本目

一刀流の大太刀三本目は一刀流の名技の一手で、向寄身とも鍔割とも言い、真意は手繰打《たぐりうち》である。

笹森順造著『一刀流極意』には「打方陰、仕方正眼にて間合に進み、仕方が正眼に構えているところへ打方が猛然と右足を大きく踏み出し、仕方の面から全体を真っ二つとばかり打ち込む。仕方は正眼の構えを厳しく保ちながら左足から一歩引くと、打方の太刀は空を打って切先が下段まで下がる。その時に仕方の太刀先が打方の咽喉に突っかかる。仕方は正眼の正しい構え鋭くそのまま打方の咽喉に突き進むと、打方は虚をつかれて驚いて退き右上段に構えをとりなおすところを、仕方がその右小手を打つ。

相手が猛然と深く必殺必死と打ち込んでくるのに対し、こちらは正眼の構えを正しく保ち、切先を相手の咽喉につけたまま後足から一歩引く。このとき体は引くが心は少しも引かず、心眼を明らかにして相手の作為と挙動を察知し、相手の意欲とその打ち下ろす太刀先とに己が心の綱を引っかけて手前に手繰り込む。そうすると相手の切先は、わが鍔をかすめる程合まで深く入ってはずれ、空を打って下段となる。その曲合（兼合）は、わが鍔を割らせる覚悟である。

かくして仕方は打方を眼下に引きずり

腹中に呑み込んで、しかし仕方の切先は依然正眼であるのに、打方の切先は向うを打って下段に落ち、隙いた打方の咽喉に仕方の切先が厳しく突き勝っているから、打方が切りそこね、意乱れ、体崩れてしかも突き破られるので驚き、急ぎ構えをとりなおし右上段に引き上げる。そこを仕方はすかさず追い進んで打方の右小手を打つ。

この手繰り込んでおいて打ち出すのは、寄せては返す浪の心である。引くのは出るためである。この女波男波の心得は十分に稽古を積んで己が四肢五体に覚えさせること。また太刀の働きについては、盛衰生滅の理を会得するよう努めなくてはならない」と書かれている。

註96　南泉斬猫《なんせんざんみょう》

『碧巌集《へきがんしゅう》』第六十三則にある禅の公案。

「挙《こ》す、南泉一日、東西の両堂猫児《みょうじ》を争う。南泉見て遂に提起して云く、道《い》い得ば即ち斬らじ。衆対《こた》うる無し。泉猫児を斬って両段と為す」(ある日、猫の子が原因で東西両堂の争いになった。この様子を見かねた南泉禅師が姿を現わすと、やにわにその猫の子をつまみ上げ、皆を見回して言った。一句言えたら斬らんでおこう。一同は全く意表をつかれ、誰も答える者はなかった。これを見て南泉は、ためらいもなく刀を振るった)

南泉はなぜ仏徒の基本的な戒律である殺生戒を犯すような行動をとったのか。これが問題である。公案であるから説明することはできないが、南泉が斬ったのは猫ではなく、そこに居並ぶ雲水《うんすい》たちの執だったのであろう。

(風間敏夫著『新釈碧巌集』より)

註97　頭戴草鞋

『碧巌集』第六十四則にある禅の公案で前則「南泉斬猫」に続く話である。

「挙《こ》す、南泉復《また》前話《ぜんな》を挙して趙州《じょうしゅう》に問う。州便《すなわ》ち草鞋《そうあい》を脱して、頭上に戴いて出づ。南泉云く、子若し在らましかば、恰も猫児を救い得てん」(斬猫の事件があった時、たまたま趙州和尚は外出していた。帰って来た趙州に南泉が事の顛末を話して意見を求めた。すると趙州は直ぐに履いていた草鞋《わらじ》を脱いで、それを頭にのせて出て行った。それを見て南泉は、そなたがもし居合せたら猫の命を救うことができたろうに、と)

二人のやりとりは前則の非常の局面とはうって変わって、何ものにもとらわれない、のどかな遊戯三昧の境涯を感じさせる。

(風間敏夫著『新釈碧巌集』より)

註98　観見の位

宮本武蔵の『五輪書』水之巻に「兵法

の目付といふ事」として、「目の付けやうは、大きに広く付くる目也。観見《かんけん》二つの事、観の目つよく、見の目よはく、遠き所を近く見、ちかき所を遠く見る事、兵法の専《せん》也。敵の太刀をしり、聊《いささ》かも敵の太刀を見ずといふ事、兵法の大事也。工夫有るべし。此《この》目付、ちいさき兵法にも、大きなる兵法にも、同じ事也。目の玉うごかずして、両わきを見る事肝要也。かやうの事、いそがしき時、俄《にわか》にはわきまへがたし。此書《かき》付《つけ》を覚へ、常住《じょうじゅう》此目付になりて、何事にも目付のかわらざる所、能々吟味あるべきもの也」（岩波文庫版『五輪書』より）とある。

「観」は全体を広く目に入れ、心で察し真相をつかむこと、「見」は目に写った物をこれと捉えること。つまり観は、かんがみることであり、見は、みてとることであるから、心静かに落ち着いて一体をみると自然にその真相がかんがみられるものである。武蔵は観の目を第一とするように教えている。

註99　人境倶忘

山岡鉄舟の愛読書に『十牛図』＝註59＝がある。これは真実の自己（本心）を牛にたとえて十段階に分けて絵解きしたもの。その第八に「人牛倶忘《じんぎゅうぐぼう》」がある。これは牛も社会も両方忘れてしまう境涯。これと同じで、自分も相手もともに忘れてしまうこと。

山岡鉄舟は「自己なければ敵なし」と言っている。打たれまいとする畏《おそ》れもなく（我なし）打とうとする欲もない（彼なし）。自他の対立ではなく、我も彼もともに空じてしまったところ。ほんとうの〝空《くう》〟に徹することである。

註100　一刀流拳の払

一刀流の組太刀に「拳《こぶし》之払」がある。この技は、打方正眼、仕方下段にて間合に入り、打方が攻め入ろうとすると、仕方が下段から切先を起こして打方の右拳を狙って相正眼につける。これに対して打方は、切先にて左右に仕方の強弱と虚実をさぐり、機をみて右足を踏み出して仕方の左拳を表から払いに行く。仕方はそれを逸早く見てとり、右足を引いて外し、打方がはずみをくって崩れる体勢をたてなおして右上段にとるところ、その右小手を、右足を踏み出して打つ。（中略）

切先をつけて相手の心を試し、打ち間を知るのを読心というが、この拳の払ではその読心を学び、またその裏をも学ぶのである。打方が切先を仕方の切先につけて、仕方の心を読もうとするのであるが、それによって逆に仕方は打方の心を読むことができる。だから自分では相手の心を読んだと思っていても、相手から読まれているかもしれないので注意が肝要である。修行の優っている方は劣っている方の心をよく読むことができるので、この読心を学ぶには、三昧の修行により、よく心を養い、技を磨くことが大切である。
（笹森順造著『一刀流極意』より）

註101　大島先生
大島治喜太氏。明治二十一年十月七日、佐賀県に生まれる。大日本武徳会武術教員養成所で剣道修行。武道専門学校教授。警視庁、皇宮警察、東京大学、陸軍士官学校、陸軍戸山学校、法政大学、国士舘専門学校等の師範をつとめる。剣道範士。昭和十四年二月十日没。享年五十歳。

註102　利生突
突き技の一種。相手が前に出ながら技を出してくるところへ、こちらが諸手を突き出すと相手は自然に突き貫かれる。

註103　堀口清さん
明治三十六年群馬県館林に生まれる。修道学院、盈進義塾興武館、習成館で剣道修行。警視庁に入り斎村五郎範士に師事。警視庁主席師範、全日本剣道連盟審議員、東京都剣道連盟副会長。剣道・居合道範士九段。平成三年四月十六日没。享年八十七歳。

註104　応《おう》無《む》所《しょ》住《じゅう》而《に》生《しょう》其《ご》心《しん》
応《まさ》に住する所無くして其の心を生ず
——これは金剛経に載っている有名な言葉で、釈尊が十大弟子の一人である須菩提に修行中の用心について説いた一節。
「応無所住」とは、心がどこにも住しない、つまり留《とど》まらない。そのことをしながら、そのことに執着しないこと。「而生其心」は自分の心を自由自在に使っていく心の働きである。沢庵禅師は「応無所住而生其心」ができれば諸道の名人だと言っているが、これは禅では初心者に見せる公案である。公案は悟りであって説明では届かない。これは「三昧」と言ってもいいが、体得する以外に術《て》はない。
では三昧に入るにはどうしたらよいか。先ず正師を選ぶ。そしてその教えをよく聞く。しかしただ聞いただけではだめで、それをよく思う。それから実際に修行する。「聞・思・修」の三つで三昧に入る。

註105　明眼の人何に因てか……
これは松源《しょうげん》の三転語と言われる禅の公案である。
「松源和尚云く、大力量の人、何に因《よっ》てか脚を擡《もた》げて起《た》たざる？　口を開くこと、何に因てか舌頭上に在らざる？　明眼《めいげん》の人、何に因てか脚跟下《きゃっこんか》紅絲線不断なる？」（力持ちのくせに自分の脚を自分の手で持ち上げて、なぜ起ち上がることができないか？　能弁家であるのに、なぜ舌で喋らないか？　目明きのくせに、なぜ大手を振って自由に大道を闊歩することができないか？）

言葉の意味はこうだが、言葉の表現だけとらえたところで何にもならない。その真意は自得する以外にない。

（立田英山著『新編無門関提唱』より）

註106　猫の妙術

佚斎樗山《いっさいちょざん》著の寓話。ある剣術遣いの家に住みついた一匹の強鼠を捕らえるために雇われた猫たちの力量を剣の修行段階にたとえて説いたもの。小川範士は『不動智神妙録』とともに剣道家が読むべき本のトップに挙げている。

註107　植田平太郎先生

明治十年八月十四日、香川県に生まれる。父より天真正伝神道流剣道を修行し免許皆伝。大日本武徳会本部にて剣道修行。香川県巡査教習所、高松高等商業学校、武徳会香川支部剣道教授。植田一範士九段の父。昭和二十四年七月二十五日没。享年七十二歳。

註108　納富五雄さん

明治十六年佐賀県に生まれる。大日本武徳会武術教員養成所で剣道修行。同会剣道助教授。佐賀県警察部、佐賀中学、佐賀師範学校、歩兵将校団、佐世保海兵団、武徳会宮崎支部等の師範をつとめた。

註109　すり込み突

鎬を使い、ねじり込むようにして相手の働きを封じながらの突き。

註110　無縫塔の則

『碧巌集』所載（第十八則）の禅の公案。

「挙《こ》す、粛宗皇帝、忠国師に問う、百年の後所須《しょしゅ》何物ぞ。国師云く、老僧が与《ため》に箇《こ》の無縫塔を作れ。帝云く、請う師塔様。国師良久《りょうきゅう》して云く、会すや。帝云く、不会（後略）」

唐の粛宗皇帝が師と仰ぐ慧忠《えちゅう》国師に尋ねた。「百年の後に何かお望みがありますか」と。百年の後とは死後を意味するが、皇帝の力をもってすれば叶えられぬものはないという気概で尋ねたものである。

すると国師は「それでは箇の無縫塔を作って下さい」と。高僧の死を弔って塔を建てるのは当時の習慣だったが、箇の無縫塔とは何か。箇とは一箇、二箇の箇であるが、禅では曰く言い難いものを指すのに用いられる。無縫塔とは縫い目、割れ目の無い塔の意。人間の心は本来は曇りのないものだが、それにさまざまな雲がかかって自己を見失っている。その雲を取り除いて本来の姿にもどる。そのときの自分、すなわち本当の自分、真実の自己をここでは「無縫」と表現したのである。つまり忠国師は、「皇帝、あなたがそのような人間になられることが私の望みです」という意味を言外にこめたのである。

しかし皇帝はその意を汲み取ることはできなかった。それで「どうかその塔の様式を教えて下さい」と尋ねた。国師は何も言わず、しばらくして（良久）、「おわかりになりましたか」と。無縫塔というのはこれです、と自分自身を皇帝の前に露呈したのである。それでも皇帝には通じなかった。皇帝は「わかりません」と。公案の本質はここまでである。（風間敏夫著『新釈碧巌集』より）

この公案にあるように無縫塔というのは本当の自分、真実の自己ということで、剣道で言えば、山岡鉄舟が「当流を学び、苦修三年にしてその体を備えん」と言った剣の本体のことである。

註111　一黙

「維摩《ゆいま》の一黙《いちもく》」と言い、維摩経に出てくる言葉。釈尊の在世当時、維摩という大居士がいた。この居士が病床にあることを知った釈尊は弟子を見舞にやろうとしたが、居士の病気は、「一切衆生の病めるをもって、このゆえにわれ病めり、もし一切衆生の病滅すれば、すなわちわが病滅せん」という、生きとし生けるものの苦悩を苦悩とした病気であった。そのため日頃の居士の勝れた見識を知る弟子たちは唯一人として引き受ける者はなかった。そこで釈尊は最後に文殊菩薩にお命じになった。さて訪ねるは智慧の文殊、迎えるは学徳の維摩、達人と達人との対談やいかにと、弟子たちはわれもわれもと文殊のあとに従った。

上機嫌で文殊たちを部屋に招じ入れた維摩は一同に向かって「入不二《にっぷに》法門」、不二の法門に入るとはどういうことかと質問した。不二法門とは、相対差別を超越した絶対平等の境地を言う。この問に対して三十一人の菩薩がそれぞれ、生・滅、善・不善、有為・無為などの相対するものを挙げて、その不二なることを説いた。しかし維摩はそれでは納得せず、最後に文殊に質問した。これに対して文殊は「一切の法に於て、無言無説、無示無識、諸の問答を離る」、私の考えによれば、一切の法は言説をはなれたものであって、何とも口で言い表わすことはできない。いや、そればかりか、いかなる手段をもってしても示すこともできなければ識ることもできない。いわんや、これを他に問うこともできなければ、答えることもできない。これが不二の法門に入るということです、と。さすがに文殊は他の菩薩たちのように二つの対立するものを挙げて、その二つが不二であるというような説き方はしない。説くべきものがあれば、それはもはや二であって不二とは言えないわけである。

文殊を最後にすべての菩薩たちが所見を述べたので、今度は文殊が維摩に向かって逆に質問してみた。

一同は、いったい維摩がどのような名解答をするだろうとかたずを呑んで待った。しかし維摩は黙然として、いつまで経っても一言も発しない。実はこれが維摩の解答であり、後世にまで喧伝された「維摩の一黙」である。黙とは一般に「だまっている」「言葉を発しない」という意味だが、不立文字《ふりゅうもじ》の禅門では、黙によって言外の意味を示している。つまりこの一黙は、唯一絶対の真理・真実ということであり、「維摩の一黙、其の声《こえ》雷の如し」と言われているように、百雷の一時に落ちたかのような三千世界に響きわたる大説法なのである。

（西部文浄著『禅語の味わい方』・風間敏夫著『新釈碧巌集』より）

註112　風幡《ふうばん》心動

六祖慧能《えのう》禅師は、ねたみや迫害から逃れるために十五年間も身を隠していたが、もうそろそろ機も熟したろうと、行者姿のまま故郷の広州へ行ってみると、法性寺では涅槃経《ねはんぎょう》の講義が行なわれており、門前には高々と幡《はた》が掲げられ、その幡が風にあおられてバタバタと音を立てている。

それを見て二人の僧が、「あれは幡が動いている」「いや違う、風が動いているのだ」と議論を始め、その議論はいつ果てるともしれない。慧能はたまりかねて口をはさんだ。「それは風が動くのでも、幡が動くのでもない。仁者（あなた方）の心が動いているのです」。思いがけぬ言葉に二人の僧はびっくりして、事の次第を印宗《いんしゅう》法師に告げた。印宗は、これはただ者ではないと見て、自室に迎えてみると慧能であった。お互いにその邂逅《かいこう》を喜び、これが縁で慧能は六祖として世に出ることができた。

さて二人の僧が「風動」「幡動」と争っているのは、あくまでも風とか幡を自己と離れた対立するものとしてとらえており、これに対して六祖が「心動」と言ったのは、そういう対立を超越した不二一体のものとしてとらえている。つまり二人の僧が風とか幡とかにとらわれているので、その執着を取り除くために両者の相対的概念を断ち切ったのである。

しかし六祖の「心動」をただ不二一体の妙境とのみ受けとったのでは浅い。六祖は「心動」の一言で、すべてを一刀のもとに断ち切っているのである。「心動」などと言われると、またその心動にとらわれて、かえってそれが病根になってしまう危険がある。風動も幡動も、さらに心動までも断ち切るところに、六祖が「心動」と言った真意が生きてくる。

無門和尚は『無門関』において、「是れ風の動くに非ず、是れ幡の動くに非ず、是れ心の動くに非ず」と言っている。六祖も心動とは言ったが、また「本心をしっかり見つめて、心が動じないことが禅である」とも説いている。これは無門和尚の「心動に非ず」に相通ずるものである。

（久須本文雄著『禅語入門』・西部文浄著『禅語の味わい方』より）

註113　着語

禅を修行し公案を透過した場合に、公案に対してピッタリ合うように有名な漢詩や古来から伝わる一句を選んだもの。

「平原秋樹の色　沙麓《さろく》暮鐘《ぼしょう》の声」は黄山《こうさん》谷《こく》の「旧時の劉子政《りゅうしせい》」と題する詩の中の句。平原（徳州の古い地名）の木々は秋の気配を見せ、沙麓（同じく古い地名）の方からは暮れの鐘の声が聞こえるという、秋の紅葉の盛りに遠寺の夕鐘が響いてくる風情。静かな秋の景色に託して、寂然とした心境をうたっている。

「流水寒山《かんざん》の路《みち》　深雲古寺の鐘」は、絶《ぜっ》海中津《かいちゅうしん》禅師の「真寂竹庵《しんじゃくちくあん》和尚に呈す」と題する詩の中の句。流れに沿ったさびしい山路を、渓声を耳にしながらたどって行くと、雲深きかなたから、遠く古寺の鐘声が聞こえてきたという、山中の幽寂な情景そのままが悟りの妙境である。

「庭台深夜の月　楼閣静時の鐘」も『正宗記』所収の詩の一節であり、同様に悟得の境涯を示したものである。

（西部文浄著『禅語の味わい方』より）

註114　宝鏡三昧

洞山良价《とうざんりょうかい》禅師の作と伝えられる。「宝鏡三昧」の宝は、言うまでもなくたから、非常に貴いものということで、人間の心、無限に広がる心のこと。鏡はかがみ。物をもってくるとスッと写る。だから宝鏡とは、内に無限の心を蔵した現象界の一切ということ。三昧とは、そのもの、それになりきるということ。つまり宝鏡三昧とは、一言で言えば、本来の心そのもの、すなわち「真実の自己」「仏性」のことである。

この『宝鏡三昧』の冒頭に次の一文がある。

「如是《にょぜ》の法、仏祖密《みつ》に付す。汝《なんじ》今これを得たり、宜《よろ》しく能《よ》く保護すべし。銀盌《わん》に雪を盛り、明月に鷺を蔵《かく》す。類して斉《ひと》しからず、混ずるときんば処を知る」

如是とは「かくのごとし」ということで、見た通り、聞いた通りということ。赤ん坊のような素直な心になって、そのものをそのままにとらえる。それが真実であり、それを如是の法という。この法が仏祖、すなわちお釈迦さまから代々、伝えられてきた。「密に」というのは親密にという意味で、ちょうど二つの鏡を合わせたとき、両方の鏡に相手の鏡の映像がそっくりそのままピッタリと写るように、鏡から鏡へと密に伝えられてきたということ。

このようにして伝えられてきた如是の法を、今、お前たちは手に入れた。これを大事に護《まも》って次々と伝えていかなければいけない。

「銀盌に雪を盛る」とは、銀の盌も白いし、雪も白い。白いということから見れば全く一つ。しかし盌はあくまで盌であり、雪はあくまで雪であり、同じものではない。

「明月に鷺を蔵す」も同じ意。真白な明月の下に真白な鷺がいる。白一色のようであるが、明月は明月であり、鷺は鷺。

「類して斉しからず」は、似ているけれども同じものではない。混然としているようだけれども、それぞれ異なるものである。すなわち平等即差別、差別即平等、現象即本体、本体即現象の不二一体の境界を説いたものである。「両鏡相対中無影像」「白馬入蘆花」も同意である。

（春秋社刊『提唱禅宗五部録』下巻所収「宝鏡三昧」山田耕雲著より）

註115　松井松次郎さん

明治十一年四月十一日、福岡県に生まれる。浅野一摩に津田一伝流を学ぶ。大日本武徳会本部にて剣道修行。武徳会福岡支部教授をつとめ、戦後は筑紫中学などで後進の育成に努めた。剣道範士九段。昭和四十一年三月九日没。享年八十七歳。

註116　定力

雑念を交えず心を一点に集中して動かさない心の働きを「定《じょう》」と言い、その力を定力《じょうりき》と言う。禅門では、禅の修行によって定力を養うので、禅定力とか三昧力と言う。

註117　一刀流五本目・即意付

笹森順造著『一刀流極意』には次のように説明してある。

「一刀流大太刀五本目。仕方、脇構えにて進み、肩から一体を打て突けとばかりに誘うと打方に攻める心が出るから、その心を制しながらおもむろに右足を出して下段にかわり、左寄りに打方の右小手を下から攻めると、打方は左に寄って締り守るから、その動く機を逃さず切先を上げて相正眼となる。

力が拮抗し、仕方がなおも攻める意をみせると打方が咽喉を突いてくるので、仕方も応じて打方の咽喉を迎え突きにいく。互いに左鎬にて摺り込み、双方とも左右上下の力が相均衡して、互いの切先が互いに相手の左耳下に伸び、鍔元八寸のところでピタリと付く。ここで打方の太刀に仕方の太刀をピタリと付けたまま、なおも仕方から強く圧して攻め、初め大股に次第に小足に攻め進む。打方はそれを嫌って耐えながら退くので、仕方はそのまま少しもゆるめず抑え進む。

打方は攻められて踏み耐え、右足をうしろに踏みとどまって心気を増強して付け込み、仕方の太刀を右下に烈しく払おうとする。その払おうとする起こり頭を捉えて右足を右うしろに引き、仕方から打方の意表に出て急に脇構えに外して打方を動転させる。打方は拍子抜けして右前にのめり気味に体が崩れるので、構えを取りなおして急いで右上段にとるところを、仕方は右上段の右足を踏み出し小手を打つとともに全体を真っ二つに切って勝つ。

この五本目の技は脇構之付、即意付、続飯付《そくいつけ》、漆膠《しっこう》の付などと称し、最も堅実な理詰めで、しかも卓抜な勝利の技である。

敵の意を見てその意に即しつきまとい、敵が嫌ってのがれようともがくところを意表にはずし、その転機に生じた虚を捉えて勝つのがそくいの心である。

そくい付けは敵の意の赴く所を見て先ずその通りにくっついてゆくことである。続飯をもってつけたようにくっつけてゆくことである。敵の太刀にわが太刀をピタリと付け、敵の意に添ってどこまでも付いて行って敵に技をかけさせないことである。ただし付けるのは、ただ付けるために付けるのではなく、離す好機を生むのがその目的である。付けただけでは勝ちにはつながらない。こちらが即意付でゆくと、相手は嫌って必ず無理な技を出してくるものである。そのかわる瞬間に生じた機会を捉えてこちらからパッと糊《のり》をはがすと相手が拍子抜けして必ず虚を生ずる。そこを見極めて勝つのがこの技の主旨である」

註118　無功用《むくゆう》

何の造作も加えない自然の作用、一切のアカの抜け切った境界をいう禅の言葉。

梁《りょう》の武帝が遠来の達磨大師を招いて「私は即位してから、寺を建てたり、仏像を造ったり、経を写したり、僧に手厚くしたりしたことは数えきれないぐらいですが、それによってどんな功徳があるのでしょうか」と問うた。すると達磨は「無功徳」と一言。どれもこれも総て功徳にはならないと言う。武帝には達磨の答えは期待に反したものだったが、達磨の言葉は「あれもしたこれもしたと、功徳を積んだことを自負したり、恩に着せたり、誉められたり、崇《あが》められたりすることを期待しているのでは何にもならない」ということである。

善行だと意識している善行は真の善行ではなく、功徳だと意識している功徳は真の功徳ではないことを懇々と諭されたのである。ここに達磨の大慈悲心があり、親切心がある。

真の功徳は達磨が説くように無功徳でなければならないのである。禅門では功無き働きを「無功用」と言っているが、人知れず隠れて美事・善行を積む心得が肝要である。禅門でいう「陰徳」がそれである。

荘子は「無用の用」と「無功」を説いている。「無用の用」とは、真に有用なものは、世俗の有用さを超越することであって、それを超えたところ、世間的に無用とされているものの中に真の有用さがある。「無功」は世俗的な功徳を超越したところに真の功徳があるということである。禅門でいう無功徳や無功用と相通じていると言えるだろう。

しかし達磨の真意は、そうした無功徳という意識も空にして、ただ無心に功徳を積み、善行を重ねることが大切だということである。

（久須本文雄著『禅語入門』より）

註119　尽大地撮来粟米粒の大いさの如し

『碧巌録』所載（第五則）の禅の公案。

「挙《こ》す、雪峰衆に示して云《いわ》く、尽大地《じんだいち》撮《さつ》し来《きた》るに、粟米粒《ぞくべいりゅう》の大いさの如し。面前に抛向《ほうこう》す。漆桶不会《しっつうふえ》。鼓《く》を打って普《ふ》請《しん》をして看《み》よ」

雪峰和尚がある時、雲水たちに説いて言った。この全世界をひとつまみにすると、それは一粒の籾米《もみごめ》程の大きさだ、と。

粟はこの場合、あわではなくて、もみの意。全世界は極大、一粒の籾米は極小、つまり極大と極小は一致する、ということ。

そして、この米粒大の全世界を、そら、皆の前に投げ出したぞ、と。目の前に投げ出したというのは、各自これに気付くべきだということ。また人間であれば誰でもこれに気付きうる素地をもっているという意味である。

しかし、目の前に投げ出されたというのに、皆目《かいもく》見当がつかない。そこで、さあ、合図の太鼓を打って皆総出で探してみろ、と。漆桶《しっつう》は真っ黒、真っ暗のたとえ。普請《ふしん》は普《あまね》く請う、即ち衆僧を一時に呼び集めて共同作業をすること。禅語から転じて土木建築の意味に使われるようになった。ここまでが雪峰の語。

また同じく『碧巌録』所載（第十九則）の公案に「挙《こ》す、倶胝《ぐてい》和尚、凡《およ》そ所問有れば、只一指を竪《た》つ」とある。

倶胝和尚はどんなことを問われても何も説かず、ただ指を一本立てて示すのみであったという。倶胝が指一本を立てたというのは、その指に意味があるのではない。指一本は小さいが、これで宇宙のすべてを尽くしている。つまり極大を示しているのである。

この公案は、一指に「一即一切、一切即一」の道理を悟ることが眼目になっている。荘子は「天地一握、万物一馬」と言っているが、それと同じ心境である。

高い境界においては、一がそのまま一切（多）であり、小がそのまま大であるから、天地の大も一指と同じであり、万物の多も一馬と異ならない。つまりこれは対立の無くなった絶対の「一」、無心無我の境界。倶胝の一指は単なる一指ではなく、対立分別を断ち切った絶対の世界、自他不二、理事一致を示している。孔子が「吾が道は、一《いっ》もって之を貫く」と言った「一」と同じである。

（風間敏夫著『新釈碧巌集』・久須本文雄著『禅語入門』より）

註120　放と収

禅に「把住《はじゅう》放行《ほうぎょう》」という言葉がある。

把住はとりおさえて動かさないこと。放行はその逆で、ほしいまま、自由自在にするということ。また殺活自在、殺活与奪という言葉もある。これらの言葉に当てはめると、「収」は把住、殺であり、「放」は放行、活である。この放と収を自由自在に使っていくことが大事である。

註121　擾々怱々水裏月

禅の言葉。「擾《じょう》々怱《そう》々たり水裏の月」の擾々はみだれるさま、怱々はあわただしいさま。水中の月を取ろうとすれば、たちまち千々にみだれて、これを追う手許は慌しい、の意。

註122　巻き突

一刀流大太刀に「浮木」があり、このときの仕方の応じのやり方が巻き突である。笹森順造著『一刀流極意』によれば、次のように説明してある。

「打方下段、仕方正眼にて進み間合に入り、打方が右足を踏み出して表から仕方の手の内に打ち込むと、仕方はそれを切り落として打方の水落を突いてゆく。打方はそれをきらって仕方の突いてくる太刀を裏から右下に巻き抑えると、仕方はさからわずに裏から太刀を抜いて打方の太刀を右上から左下に抑えて乗り突きに行く。打方はそれをきらって表から右下に巻き抑えると、仕方は右足を進めて、巻かれながら表から太刀を抜いて相手の太刀の上に乗り右下に抑えて乗り突きに行く。仕方はまた打方が裏から抜いて左下に巻こうとするのにつけこみ突いて出ると、打方はもはや巻ききれず、体が崩れ、右足を引いて左上段にとりなおす、その左小手を仕方が打って勝つ。
浮木の技は、あたかも水上に浮く丸太の右を抑えるとくるりとまわって左に浮き、左を抑えるとくるりとまわって右に浮き、一方を強く抑えると強く抑えるほど他方が強く浮き上がってのしかかるようなものである。
これを続けて行なうのには、屏風をたたむように喰違いながら、すらすらとゆく。相手がいくたび巻き抑えてきても、こちらは少しもこだわることなく、相手の逸《はや》る力を利し、その心を御して攻め抑えて進むと、相手が死力を尽くしても、その力と技に応じて乗り移ることはたやすく、相手はこちらを害することができずに自然に滅びるのである。浮木の技は〝不争而勝上乗之太刀〟である」

註123　兼中到
曹洞宗の教理『洞山五位』の第五番目。五点なら独妙剣。五点は二つある。一は洞山五位から出ている『一刀正伝無刀流五点』であり、一は鐘巻自斎が伊藤一刀斎に伝え、一刀斎はこれを一刀流の最高位に置いた『一刀流高上極意五点』である。前の四位を兼ね、さらに穏坐地に到った悟了同未悟の境涯をいう。

註124　見性
剣道の修行にはその段階として「守破離」がある。守る・破る・離れる、この段階を経て大成する。「守る」ということは、師匠に絶対服従、師匠の教えを守っていくこと。そして守ることのギリギリまでいくと、そこにほんとうの自分というものが誕生する。これが「破る」。この破るという時機は修行も骨が折れるし、時間も長くかかる。ここを修錬していくと最後は「離れる」。離というのは〝とどまるな〟ということ。沢庵禅師が『不動智神妙録』で言っているのはこれである。
禅の修行も同じで、先ず守るという所に徹底して、その極地に行ったところを見性という。見性には段階があって、これが最初の見性入理。次に破るというところに相当するのが見性悟道。離、すなわち〝とどまるな〟は見性了々底である。これは修行の段階を三つに分けたものだが、五つに分ければ洞山和尚の五位（正中偏・偏中正・正中来・兼中至・兼中到）となる。悟了同未悟は見性了々底、五位なら兼中到である。剣道も禅もこのように低い所から高い所へと順序を経て修行していく、それは全く同じである。

註125　力抜山気蓋世　時不利騅不逝

秦の始皇帝の死後、天下の群雄が各地に兵を挙げたが、なかでも有力だったのが項羽《こうう》と劉邦《りゅうほう》である。この二人はやがて宿敵となって戦い、はじめ優勢だった項羽の軍も次第に形勢逆転し、とうとう垓下《がいか》の地で劉邦の軍に包囲される。このとき四方を十重二十重《とえはたえ》に包囲した劉邦軍の兵士が、項羽の郷里の楚の歌をうたった。世にいう「四面楚歌」である。これを聞いた項羽は、「漢はもはや楚をことごとく降服させてしまったのか。なんと楚の人の多いことよ」と慨嘆《がいたん》して自分の最期を悟り、とばりをめぐらした陣中で愛妾の虞姫《ぐき》に向かって歌ったのが有名な垓下の歌。これはその前二句である。

　垓下歌

力抜㆑山兮気蓋㆑世
時不㆑利兮騅不㆑逝
騅不㆑逝兮可㆓奈何㆒
虞兮虞兮奈㆑若何

(山をも抜き、世をおおいつくすほどの旺盛な気力を有しているが、時の運が味方せず、たのみとする愛馬の騅《すい》も進んでくれない。騅の進まないのをどうしたらよいか。虞《ぐ》よ虞よ、そなたをどうしたらよいものだろうか)

この詩から「騅逝《すいゆ》かず」が、苦境に陥ってどうにもならないことのたとえとしてよく用いられる。

註126　一刀流四本目・下段霞

笹森順造著『一刀流極意』には次のようにある。

「一刀流大太刀四本目。下段の霞・開打。打方が下段霞に構え、左足前に堅固に守っているところに、仕方は下段にて進み、打方の気を探って右方に攻めると、打方は切先を左に締めて防ぐ。仕方は自分の切先を打方の切先の上につけて右下に押しつけ、左足を少し左に開くと、打方は仕方の手の内が隙くのが見えるので、霞の切先を下に小さく急にはずして右に潜らせ、右足から一歩踏み出して仕方の内小手を打つ。仕方はそれを上から下にからりと切り落とすと、打方の真ん中が隙くから、そのまま真っ直ぐに打方の咽喉を突く。打方は左足から引いて右上段にとりなおすところ、仕方が打方の右上段の小手を打って勝つ。

この四本目は最も慎重でしかも放胆な技である。相手は下段霞に構えるが、霞の構えというのは突、切、払、進退、左右いかようにも出られる変化自在の構えであり、相手の心中のはかりにくい構えである。その相手の心の幕をわが心の切先で右に押し開き、ついで左に切り開き、隙間の真ん中を突き破って正体を見届け、ただちに踏み込んで大胆に打って出て勝ちを制するのである」

註127　小島主君

小島主《つかさ》氏。明治三十九年長崎県に生まれる。対馬《つしま》中学を卒業後、満州へ渡り、大正十二年十一月より高野茂義範士の指導を受ける。昭和四年上京、高野佐三郎範士に師事。昭和七年東京巣鴨学園剣道教諭。同十四年南満州鉄道㈱剣道主任師範。戦後は長崎県警察本部剣道師範を長くつとめ、勇退後は天道館小島道場にて少年指導に励む。剣道範士九段。平成三年二月四日没。享年八十四歳。

註128　些略

辞書によれば、些はわずか、すこし。略ははかりごと、たくらみのこと。(参考＝禅の言葉で作略は、禅僧が修行者を教導するために用いる種々の方法・手段)

註129　一刀流他流勝の勢十大極刀

一刀流組太刀の他流勝之太刀「勢十大極刀」(摩利支尊天御剣)。他流勝之太刀とは、流祖伊藤一刀斎は一生を通じて実戦仕合をなし、あらゆる剣術の手法に対し必ず勝つ技を工夫し組太刀を編んで教えを遺したが、その中で特に秀でた他流の極意とこれに勝つ法を秘術として伝えたもの。

勢十大極刀は、打方が陰から左上段にとり、草・行・真の間合の格をとる。この三つの間積りを三回行なう。仕方は正眼にて打方の左上段に対し、草・行・真の間合に応じ三つの曲合《かねあい》をとり、半ば単身となり左足を右足の際へ三段に引き寄せ格を固める。この三つの六・五・四尺の間積りを三回行なう。

(笹森順造著『一刀流極意』より)

註130　上からざっぷりあびるとも……

一刀流の極意である捨て身の教え。

註131　菱角尖々錐よりも鋭し

菱角《りょうかく》尖々として錐《すい》よりも鋭し(菱《ひし》の実は尖《とが》っていて錐《きり》よりも鋭い)――〝身を捨ててこそ浮かぶ瀬もあれ〟の捨て身の精神を示している。

註132　白井亨先生

白井亨は幼少の頃から一刀流を学んだが、一日も休むことなく道場に通い、家では毎日千回の素振りを繰り返したため、その技は衆に抜きん出るようになった。そして岡山で道場を持ち、門弟三百余人を数えた。

ところが白井は、自分は兵法を二十年学んできたが、当世流行の剣道を学んでいる人は、例外なく四十歳を越えると急に衰えてしまう。これはどうしたことかと考えるにいたった。若くて手足の柔らかいうちは体が自由に動くが、年を取ると手足もかたくなり、体は思うように動かなくなり、技もつかえない。天下の剣客と言われる人も皆同じだ。自分は今までこうした剣道を学んできてしまった。さてどうしたらよいものか。このまま一生が終ってしまうのか。「後悔の念しきりであった」と白井は後年『兵法未知志留辺』に書いている。

このとき白井は二十八歳。考えると居ても立ってもいられなくなり、江戸に出て寺田五郎右衛門宗有《むねあり》を訪ねた。寺田は一刀流同門の兄弟子だったが、打った打たれたの竹刀打ち稽古にあきたらず、一刀流の中西門をはなれていた。寺田は白井に、お前は今まで勝った負けたの邪道をやってきたから行きづまる。そういう稽古はやめて、自分の心を整理してみろ、と。そして酒と肉食を断って精進料理で体をきれいにして、心をきれいにするために毎日水をかぶれと、古来から伝わる〃みそぎ〃の法をすすめた。

白井は言われた通り、酒と肉食をやめて水浴すること日に二、三百回。夏でも冬でも毎日欠かさず、五年間これを続けた。

ところが、あまりに熱心にやりすぎて、だんだん体が衰弱し、このままいったら死んでしまうという状態となった。針灸や薬も効かない。母親や親戚が心配して、水をかぶるのだけはやめてくれと。そしてたまたま白隠禅師の書いた『夜船閑話』に出会った。

この本には坐禅によって自己を究明する方法が書いてあった。白井はこれを読んで自己流で坐禅を始めた（白井はこれを練丹の法と呼んだ)。やるとなったら熱中するたちの白井は、一心に坐禅三昧。するとわずか二ヶ月で元気が臍下に充ち、腹がマリのようになった。そして体中に力が湧いてきて、病いはすっかり消えてしまった。

喜んだ白井が師の寺田に話すと、それは悟りの一歩手前だと。あとは、ちょっとの縁で悟れるから、お寺に行って坊さんの念仏を聞け、と。それで寺へ行って静かに念仏を聞いていると、念仏の声と木魚の音が同じところから出てくるような気がした。その瞬間に悟った。そこで師の寺田に会ってみると、師は「汝、すでに道を成せり」と。練丹の法により白井は本来の面目（本当の自分、真実の自己）に気がついたのである。

註133　風吹柳絮毛毬走、雨打梨花蛺蝶飛

風、柳絮《りゅうじょ》を吹けば、毛毬《もうきゅう》走り、雨、梨《り》花《か》を打てば、蛺蝶《きょうちょう》飛ぶ（風が吹けば、柳の種子の上の白い毛状の玉が綿のように乱れ飛び、雨が降れば、梨の花にあげは蝶が飛ぶ）――自然の妙用をうたったもの。

小川範士は三十歳から本式に禅を始め

たが、剣道の修行で生死の問題を解決したので、最初の三、四年は禅もたいしたことはないだろうと軽く考えておられたという。ところが禅をだんだんやっていくうちに、そういう自分の体験ではどうすることもできない難しい問題（公案）にぶつかった。その公案が「風吹柳絮毛毬走、雨打梨花蛺蝶飛」であった。範士はこの公案に命がけで取組み、一年かかって解決した。そしてこれを解決してみると心境がガラリと変わり、それからは疲れもなければあせりもなかったという。

註134　荷葉団々円似鏡
荷葉《かよう》団々として鏡よりも円《まどか》なり（はすの葉は丸々として鏡よりも円《まる》い）――菱角尖々鋭似錐と対句になっている。南宗の大慧宗杲《だいえそうこう》禅師の偈頌に示したその悟りの境地。

註135　不即不離
つかず離れずの関係を保つこと。円覚経には「即せず離れず縛《ばく》するなく脱するなし」とある。
また笹森順造著『一刀流極意』には極意秘伝として次のように説明してある。
「敵から即意付に来たら、われは敵の技に付いてその意に付かず、不即不離を以て表裏をかけて押し込むか引き余すかしてその付きをわれから離すのである。敵が付けた太刀はわが太刀に付いているから敵は切角付けたと思うが、太刀が付いていてもわが心は一向に付いていないから、初めから離れていると同様である。よって敵は煩わされているがわれは少しも煩わされていない。さて敵意の付をわが手心で太刀から離してもわが意の付を敵につけてゆき、敵の変わりぎわの虚に思う存分仕《つか》うのである。即意の極則はわが心を敵の心に結び付けて敵を仕うことである。敵は縁を断って切れぎれに逃れたと思っても、われから結んだ心の綱で縛っているから、送り出すのも引き寄せるのもわが心のままであり、敵の離れて崩れた所に乗っ取って楽々と勝つのである」

註136　森正純氏
明治三十年一月、紫垣家の次男として熊本県に生まれる。一つ違いの弟が九州学院と龍驤《りゅうじょう》館で西山泰弘、中村毅といった名選手を育てた紫垣正弘範士八段である。八歳の頃より新陰流の野田長三郎師範が指導する龍驤館に入門。大正五年九州学院から京都武道専門学校へ進む。卒業後、鹿児島県警の巡回師範として招かれ、その後鹿児島師範に奉職。昭和三年と七年の全国中等学校剣道大会で鹿児島師範を二度優勝に導く。戦後は警視庁師範として、また朝は講談社野間道場で稽古に励む。剣

道範士九段。昭和四十年三月、警視庁主席師範を拝命したが、同年四月二十日没。享年六十八歳。クリスチャン剣士としても知られる。

註137　地生相下段

一刀流の大太刀にある技。一刀流の突の鋭さは突に対する迎え突ではっきり出る。それは打方から突いてくる突を仕方が上太刀をとって迎え、打方の太刀の進んでくる突を殺し、その進んでくる勢いを生かしてその勢いを倍にして激しく突くことにある。こうすると打方の意表に出ることにもなる。この技の理合は下から起きるものを同じく下から起こって上にとび乗り下に抑えて勝つのである。

註138　三殺法

剣道では敵を挫く方法として、竹刀を殺し、技を殺し、気を殺すことを挙げ、これを三殺法と言っている。竹刀を殺すというのは、相手の竹刀を左右に押さえ、巻き、払いなどして制し、相手の剣先を殺すこと。技を殺すというのは先を取って攻めたてて相手に思うように技を使わせないようにすること。気を殺すというのは、絶えず気力を全身にみなぎらせて〝先《せん》〟の気分で攻め、相手の志気をくじくこと。そしてこれらが一つ一つ単独ではなく総合的に働くことが大事である。

註139　望月君

望月正房氏。大正二年群馬県に生まれる。昭和二年同郷の大先輩野間清治氏が経営する大日本雄辯会講談社に入社。剣道による社員教育をめざす野間社長の方針により稽古に励む。野間道場師範持田盛二範士の指導により、めきめき上達。二十二〜二十三歳頃には、野間道場四天王（野間恒、森寅雄、安部正雄、望月正房）の一人に数えられる。昭和十五年、増田真助師範とともに天覧試合（府県選士之部）に出場し師弟揃って見事優勝（野間道場から野間恒、増田真助、望月正房と三名の天覧試合優勝者が誕生）。持田範士亡き後は、野間道場道好会師範として、年中無休、門戸開放の朝稽古の伝統を守る。剣道範士八段。平成四年六月二十二日没。享年七十九歳。

註140　小澤豊吉さん

明治二十五年福島県に生まれる。水戸東武館に入門。大正八年大日本武徳会本部講習科に入り剣道修行。皇道義会、東京帝国大学、東京高等学校などの剣道師範をつとめる。剣道範士。昭和三十一年三月三日没。享年六十四歳。

註141　宮崎先生

宮崎茂三郎氏。明治二十五年三重県に

生まれる。少年時代、北辰一刀流を学ぶ。内藤高治範士の門人となり大日本武徳会本部で剣道修行。京都府立農学校剣道教師、京都市立一商剣道教師、武徳会三重支部剣道教師、三重県立師範学校剣道教師、三重高等農林学校剣道教師、三重県警察剣道教師、津市立工芸学校教師、武道専門学校教授、京都府警察武道教師、南海電鉄剣道師範、大阪大学剣道師範、大阪大学講師等をつとめる。昭和四年、九年、十五年と三回の天覧試合にいずれも指定選士として出場。京都府剣道連盟副会長、全日本剣道連盟審議員。剣道範士九段。昭和四十七年六月二十八日没。享年八十歳。

註142　門奈先生

門奈正氏。安政二年水戸に生まれる。藩校弘道館にて水府流剣道を学ぶ。また北辰一刀流師範小澤寅吉に就いて北辰一刀流剣道、田宮流居合術を修行。明治二十一年警視庁に奉職し下江秀太郎に師事。同四十年大日本武徳会本部に奉職し武術専門学校教授を兼務。大正元年大日本帝国剣道形制定にあたり調査委員並びに主査委員をつとめる。大日本武徳会剣道範士。愛知県武道主任に挙げられ、さらに第八高等学校に招かれる。昭和五年九月二十二日没。享年七十六歳。

註143　渡辺栄さん

明治八年香川県に生まれる。二十歳頃から旧丸亀藩士、直清流原吉雄の門に入る。明治三十九年より大日本武徳会本部にて剣道修行。昭和四年、十五年の天覧試合にそれぞれ指定選士、特選試合選士に選ばれる。兵庫県武道教師、武徳会兵庫支部剣道教師、神戸高等工業学校剣道教師、滝川中学剣道教師、神港商業剣道教師、兵庫県警察練習所剣道教師等をつとめる。大日本武徳会剣道範士。

註144　岡田守弘先生

明治二十七年新潟県に生まれる。大正十二年に上京し警視庁巡査拝命。同時に当時警視庁剣道主任師範をつとめていた柴田衛守《えもり》範士の習成館に入門し鞍馬流を修行。鞍馬流の極意である巻き落とし技を剣道に応用し一世を風靡。また橋本統陽範士に居合を学ぶ。警視庁剣道助教・教師・師範、東京大学教養学部剣道師範をつとめる。昭和十年尚道館道場を創設。戦後の剣道禁止時代、柴田万策、小野十生、森正純、小川忠太郎、堀口清、中野八十二、渡辺敏雄、増田道義等の同志会の先生方が〝剣道の灯を消すな〟を合言葉に尚道館で稽古を続け、それが後に全日本剣道連盟発足に大きな役割を果たした。剣道・居合道範士八段。昭和五十九年四月二十二日没。享年九十歳。

註145　鈴木幾雄氏

明治四十三年東京都に生まれる。私立日本中学から東京高等師範学校に進み剣道修行。高師卒業後は東京府立第五中学教諭、東京都教育委員会指導主事、練馬区立石神井中学校長、国学院大学講師・剣道部師範等をつとめる。足さばき、体さばきのうまさには定評があった。剣道範士八段。昭和五十五年十月十日没。享年七十歳。

註146　滝澤君

滝澤光三氏。明治四十三年神奈川県に生まれる。高野佐三郎範士の修道学院に入門して修行。皇宮警察官を拝命し、のち警察庁に出向。警察剣道再興に尽力。皇宮警察七十周年記念天覧試合優勝。神奈川県警察本部剣道師範、神奈川県剣道連盟副会長、神奈川県剣道道場連盟会長、東京大学剣道部師範、警察大学専門講師、国際剣道連盟理事、全日本剣道連盟常任理事等をつとめる。思斉館滝澤道場館長。決して器用ではないが努力で大成。剣道範士九段。昭和六十二年七月二十九日没。享年七十六歳。

註147　小川金之助先生

明治十七年愛知県に生まれる。旧藩士加藤貫一の門に入り北辰一刀流を学び、傍ら誠心塾の小堀休忠に就いて漢学を修める。京都武徳会本部で剣道修行。明倫中学剣道教師、愛知県巡査教習所剣道教師、広島高等師範学校剣道講師、立命館中学剣道教師、武道専門学校主任教授等をつとめる。昭和四年御大礼記念天覧武道大会に指定選士および審判員として出場。京都市内に弘道館道場を創設。京都府剣道連盟会長。剣道範士十段。紫綬褒章受章。昭和三十七年三月三十日没。享年七十七歳。

註148　坐禅の腰

坐禅の基本は静坐であるが、静坐の姿勢について『坐禅儀』には「閑静処に厚く坐物を敷き、寛《ゆる》やかに衣帯をかけ、威儀を斉整《せいせい》ならしめ、しかる後、結跏《けっか》趺坐《ふざ》せよ」とある。結跏趺坐とは、仏・菩薩の坐像などに見られるあの坐り方で、「先ず右足を以て左股《もも》の上に安《やすん》じ、左足を右股の上に安ずる」坐り方である。

この結跏趺坐は、慣れない間は少々痛みを感じるが、慣れると痛みなど感じなくなり、自然で楽な坐り方であることがわかってくる。しかも、こう坐ると、両膝の先端と肛門とを三頂点とするほぼ正三角形の上に、上半身を支えることになり、身体の重心がおのずと下に移る。それに胡坐《あぐら》の場合のように下腹部が圧迫されることもなく、したがって血液の循環や内臓の働きも活発となり、ごく快適で安定した姿勢となる。

この結跏趺坐が坐禅の坐り方の基本であり正規なものである。しかし肥満型で脚の短い人の場合には結跏趺坐は無理なので、『坐禅儀』では「ただ左足を以て右足を圧す」、即ち左足を右股の上にあげるだけの「半跏趺坐」をも便法として容認している。

こうして結跏あるいは半跏に趺坐し、耳と肩、鼻と臍とが垂直に一直線になるようにする。つまり背骨と頸骨をのばし、後にそったり前にかがんだり、左右どちらかに傾かぬよう、真っ直ぐ上体を支える。そして不自然な力をどこにも加えず自然にして、しかも端正堂々と坐ることである。

以上が坐禅の基本としての静坐の姿勢（坐相）であるが、このほかに服装、坐具、場所、時間、目の処置、手の形などがこまごまと指示されており、正しい坐相を身につけることはなかなか容易ではない。

しかし不自然なゆがんだ坐相では、いたずらに疲労が多くて長続きしないし、坐禅の目標である禅定三昧に入ることはおぼつかない。まして正悟を開くことはできない。「真正の悟りは、正しい坐相からでないと生まれない」と言っても決して過言ではない。

註149　伊保君

伊保清次氏。大正九年福岡県に生まれる。剣道は小学生のとき末永時一氏に手ほどきを受け、福岡師範学校では占部誠、東京高等師範学校では高野佐三郎、佐藤卯吉、森田文十郎、三橋秀三、中野八十二等の先生方に師事。福岡師範時代には主将として全国中等学校大会、全九州有段者大会（個人）に優勝。東京高師でも主将として全国大学高専大会、明治神宮大会（個人）に優勝。戦後は全日本剣道選手権大会、国体、七段選抜大会、八段選抜大会等に優勝。福岡、鳥取、東京各都県の高校教諭、警察大学校教授等をつとめる。剣道範士八段。平成十一年八月十日没。享年七十八歳。

註150　公案

禅の修行を志して師家のもとに参ずると、師家から工夫すべき問題を授かる。この問題が公案と呼ばれるもので、「千七百則の公案」などと言われ、初歩的なものから高次なものまでたくさんある。入門当初に授ける公案は長い経験から、どこの僧堂、禅堂でもたいてい一定していて、六祖慧能《えのう》の「本来《ほんらい》の面《めん》目《もく》」、白隠《はくいん》の「隻手音声《せきしゅおんじょう》」、趙州《じょうしゅう》の「趙州無字《むじ》」の公案などである。

修行者は師家からこれらの公案のうちの一つを授けられ、真剣に工夫せよと指示される。公案はこのように「授かる」ものであるが、いったん授かった以上は自己自身の切実な問題として全力を傾注してその解決に取り組まねばならない。僧堂でも坐禅している時はいうまでもなく、食事の時も、作務《きむ》(庭の草を取ったり、廊下の拭き掃除などの作業)の時でも、いつでもどこでも油断なくその解決に全力を集中する。そして「これだ」という自己の解決、これを禅門では見解《けんげ》というが、その見解ができたら、その見解が真正の悟りであるかどうか師家の室に独参して鑑別してもらう。これを入室《にっしつ》参禅というが、この入室参禅は、あくまで自己の見解の深浅・邪正を鑑別してもらうだけで、決して教わりに行くものではない。師家も、工夫の仕方や方向を指示したり激励することはあっても、一言も教えはしない。また公案は考えるものではなく工夫するものであり、禅の修行の土台である数息観をやらずにいきなり公案に取り組んだりしたら、煩悩妄想や思慮分別が次から次へと果てしなく雲のように湧き起こって、いつまで経っても解決はできない。師家に否定されたら、さらに猛烈に工夫し、自信のある見解ができたらまた参禅し、真正の見解として肯定されるまで、すなわちその公案を透過するまで何回でもこれを繰り返し、徹底して自力で解決をはかるのである。

註151　四料簡・人境倶奪

『臨済録』の示衆にある臨済禅師の教え。示衆とは読んで字のごとく、衆に示すところの教えの意。

臨済禅師がある日の晩参(夜の説法)で、衆に向かって「有る時は奪人不奪境、有る時は奪境不奪人、有る時は人境倶奪、有る時は人境倶不奪」と言われた。これを「臨済の四料簡《しりょうかん》」と言い、ほとんど臨済の宗旨の根本をなすとさえみられるもので、師が弟子を指導する方法としてばかりでなく、広く人間生活のすべてにわたる有名な教えとなっている。

この教えは、道の修行および人間生活における境涯を四つに分けて示したもので、簡単に言えば、〝人〟というのは我・主観、〝境〟とは非我・物・客観のことで、邪念・妄想・分別心というようなものをきれいさっぱりと払い捨ててしまって、臨済禅師のいう奪人・奪境、すなわち主客を空じた無我・無心の境涯に到ることを説いている。

小川先生はこうした教えを禅の公案と剣道の稽古で練り上げ、それを日常生活においても工夫しておられた。このようにしてはじめて剣と禅が一味となり、修行と生活が一致するのである。

註152　独立無依《どくりつむえ》・独脱無依

たったひとり。相手も居なければ依《よ》るべきもの何ひとつもない境地・境涯。（註229参照）

註153　有句無句の……
禅の公案に「有句無句《うくむく》は藤かずらの樹に倚《よ》るが如し」がある。有句無句は、有無の義を四句を立てて分別する時、すなわち第一「有にして無に非《あら》ず（有句）」、第二「無にして有に非ず（無句）」、第三「亦は有亦は無（双亦句）」、第四「有にも非ず無にも非ず（双非句）」の前二句。「倚る」は、よりかかる、もたれるの意。

註154　剣禅の一致
当時の小川範士（五十四歳）は、剣は警視庁師範として、禅は人間禅教団一等布教師として子弟の育成に励むとともに、自らも剣禅一如を目標に精進しておられた。

ここまでの小川範士の剣と禅の修行の道程と経歴をざっと振り返ってみると、剣は、十二歳の時、吉岡道徳先生および直心影流七尾菊太郎先生の指導を受ける。十八歳のとき剣道修行を志して上京し高野佐三郎先生の明信本館に入門。その頃から斎村五郎、大島治喜太、中山博道の各先生にも師事。二十二歳で国士舘高等科に入学してますます剣の道に精進。二十五歳のとき国士舘中学校、国士舘商業学校剣道教師。この年、大日本武徳会より剣道精錬証授与さる。二十六歳のとき早稲田中学校剣道教師。二十七歳のとき茨城県友部日本高等国民学校剣道教師。二十八歳のとき国士舘専門学校剣道講師。三十歳頃より持田盛二先生に師事。三十三歳のとき大日本武徳会より剣道教士号を授与さる。三十九歳のとき満蒙開拓内原義勇軍訓練所剣道教師。この年、小野派一刀流第十六代宗家笹森順造先生に入門。四十歳のとき国士舘専門学校剣道主任教授。四十八歳のとき明信本部長高野佐三郎先生より剣道八段を允許。五十二歳のとき警視庁剣道師範。
禅は、二十九歳のとき臨済正宗釈宗活老師（両忘協会）に参禅。三十一歳のとき釈宗活老師より刀耕の道号を受く。四十七歳のとき釈宗活老師の法嗣宗教法人人間禅教団総裁耕雲庵立田英山老師に参禅。五十一歳のとき人間禅教団総裁より一等布教師を任命さる。
なおこれ以後も範士は「日々新なり」と正念相続の修行を続けられ、剣では全日本剣道連盟より範士号および九段位、笹森順造先生より小野派一等流免許皆伝、禅では立田英山老師より無得庵の庵号をそれぞれ授与された。

註155・註156　隻手音声《せきしゅおんじょう》、本来面目
白隠の「隻手音声」、六祖慧能の「本来《ほんらい》の面目《めんもく》」はともに禅の入門当初に授け

る公案である。

「隻手音声」の公案とは、「白隠和尚、隻手を出して云《いわ》く、この手に微妙な声がある。これを隻手音声という。その隻手音声を聞いてこい」というもの。両手なら打てば音も出るだろうが、片手に音があるはずがないではないか、などと言っていたのではこの公案は透らない。「隻手」とは、左右相対を超越した唯一絶対なもののこと。だから「隻手音声を聞いてこい」とは、唯一絶対なるものをつかんでこい、つまり唯一絶対なものになりきれということとなのである。

また「本来の面目」の公案とは、「父母未生《みしょう》以前における本来の面目如何」というもの。達磨から数えて第六世にあたる大鑑慧能《だいかんえのう》がある僧から「悟りを開くにはどう工夫したらよいでしょうか」と熱心にたずねられた時に示した教示をそのまま採って公案としたもので、見性《けんしょう》（禅の言葉で悟りのこと）のためにはうってつけの公案と言えるだろう。

この公案の「父母」とは、単に肉身である父母を意味しているのではない。男女、老幼、貧富、賢愚はもとより、上下、左右、大小、長短、曲直、方円、是非、善悪、真偽、美醜、さらには主観と客観、進歩的と保守的など、一切の相対的なものを「父母」の二字で代表させたのである。

われわれの生きている現実の世界は、すべてそうした相対的な世界であるが、この相対の未だ分かれない以前の世界、言い換えれば絶対の世界を「父母未生以前の世界」と言ったのである。そして一切の対立を越えた絶対の世界における「本来の面目」すなわち真実の自己（本当の自分）とは何か、それを探しもとめてこいというのがこの公案の眼目である。人は口を開けば自主・自由を叫ぶが、その「自《みずから》」とは何ものか。もしこの「自」が虚妄の自己にすぎないならば、その上に立つ自主も自由もともに虚妄にすぎない。この「自」が単なる本能、欲望のかたまりである「我」にすぎないならば、それを土台とした「自」が自己を毒し、他を傷つけるのは当然である。だから自主・自由が正しいものであるためには、虚妄の自己ではなく真実の自己（本当の自分）をはっきりつかむことが先決問題である。

釈迦の菩提樹下の悟りというのは、この真実の自己を発見し、「父母未生以前における本来の面目」をつかんだのであり、「本来の面目」の公案は、対立・相対の観念を断ち切り、絶対の世界に入ってこの真実の自己をつかませるための公案なのである。

（春秋社刊『禅入門』芳賀幸四郎著より）

註157　雲門関

これは「雲門《うんもん》の関」と言って、禅門第一の書と言われる『碧巌録』の第八則「翠巌眉毛《すいがんびもう》」に出てくる公案である。

唐代の禅僧翠巌の道場で春から夏にかけての九十日間の接心会が無事終ろうとする日、翠巌が大衆に向かって、「一夏以来、兄弟《ひんでい》の為に説話《せつた》す。看《み》よ、翠巌が眉毛在りや」（私はこの九十日間、毎日諸君のために色々と説いてきたが、どうじゃ、わしの眉毛はまだあるだろうか）と問うた。これは、仏法を誤って説いたりすると、仏罰により眉毛が抜け落ちてしまうという説をかりて、自分の説法はどうだったかとここに一問を投じたもの。

これに対して、まず保福禅師が「賊と作《な》る人、心虚《いつわ》る」（盗みをする者は、ビクビクして落ち着かぬものだ）と。次に長慶禅師が「生ぜり」（眉毛は生えておりますぞ）と。すると最後に雲門禅師が一言「関」と。この関は、せき、せきしょ、の意。じつはその翠巌、保福、長慶、雲門の四禅師はみな雪峰《せっぽう》禅師の弟子で、お互いに肚のうちを知り尽くしている間柄。だから眉毛にかこつけた問答によって、仏教の根本義を大衆に教示しているのである。そして雲門は、翠巌、保福、長慶のやりとりを聞いて、賊であるとか賊でないとか、そんなものは通行まかりならん、通れるものなら通ってみろとばかりに、「関」と新しい関門を設けて立ちふさがったのである。

この関の一字は雲門の大悟の心境であって、まず善も悪も、是も非も、悟りも迷いも、自己も天地も、何もかも一切を捨て切ってかからないと通ることはかなわず、この関門を通過するのは難中の難。白隠禅師がこの関の一字ばかりは「瞋拳《しんけん》笑面を打せず」（怒って拳を振り上げても、笑っている赤ちゃんの顔は打つことができない）と言われたように、なんとも手がつけられない思慮分別の入れようがないというところである。

（風間敏夫著『新釈碧巌集』・久須本文雄著『禅語入門』・西部文浄著『禅語の味わい方』より）

註158　小南惟精

本名小南宗磬《こみなみそうけい》。臨済宗。明治四年岐阜県に生まれる。東京専門学校卒業後、郷里の小学校準教員となり、かたわら農耕につとめるも肺患のため日夕楽しまず、雲照律師の誨を受く。明治四十二年円覚寺白雲庵の宮路宗海に就いて出家。昭和十五年七月二日示寂。

（大修館書店刊『禅学大辞典』より）

註159　体相用

『中庸』に「天命之を性といい、性に率《したが》う之を道という」と大道を定義している。大道を天命・性・道の三つに分けてあるが、これは体・相・用であり、近代語で表わせば生命力・調和・変化となり、これを剣道に当てはめれば心法・身法・刀法の三つの位となる。本体たる心法は、宇宙の一切の現象の根本にある唯一絶対のものである。孟子はこれを名付けて「浩然之気」と言い、山岡鉄舟は「浩然之気は天地の間に塞《ふさが》ると云ふは則ち無敵の至極である」と言っている。この本体を悟得してはじめて剣は道に通じ剣禅一如となり、人間形成の道となるのである。

相《すがた》なる身法は構えである。即ち十人十色に表われる相手の構えと自己とが多年修錬の結果、自他の畦が切れ、二にして一、一にして二、即ち不二一如となったところの無構えの構えである。

用たる刀法は「応無所住而生其心」まさに住する（執着する）ところなくして其の心を生ず、というように、心はどこにも止《とど》まらず、千変万化に応じて殺活自在、相手の変化に働く事である。

およそ存在するものはすべて、これを体《たい》（本体）、相《そう》（形相）、用《ゆう》（作用）の三方面からみることができる。水を例にとれば、海水であれ、淡水であれ、清水であれ、濁水であれ、その本体はみな水素と酸素の化合物であり、同じである。しかし本体からみて同じであると言っても、実際には液体、固体、気体として、また静止している水もあれば、逆巻き流れる水もあり、その形相は千姿万態である。しかもまたその作用は、発電機をまわし、蒸気機関車を動かし、あるいは人口の渇きをいやし、染料をとかすなど千差万別である。人間はどうだろう。仏性という本体からみたら万人みな平等である。しかし、その形相と作用、個性と能力などからみた場合、言うまでもなく十人十色、百人百色で一人として同じではない。

このように体・相・用は、もともと一つのものを仮りに三つに分析したまでのことで、体を離れて相・用はなく、相・用をともなわない体もない。すなわち体・相・用の三者は本来不可分一体のもので、三即一、一即三である。

註160　趙《じょう》州《しゅう》露《ろ》刃《じん》剣《けん》

『無門関』に出ている有名な「趙州無字」＝註161＝の則に対して五祖法演禅師がおかれた偈頌《げじゅ》（宗旨を含んだ詩）の最初の一節。

「趙州露刃剣
寒霜《かんそう》光り灼熱《しゃくねつ》
纔《わず》かに是《こ》れ如何《いかん》と擬《ぎ》すれば
身を分って両段と成す」

この偈頌は臨済門下の公案となっているので説明はできないが、ただ一言添えれば「両頭倶《りょうとうとも》に截断《せつだん》して一剣天に倚《よ》って寒《すさま》じ」（両頭とは彼我の相対を指す）というところである。

註161　趙州無字

禅の修行で修行者に最初に授けられる代表的な公案。

「趙州和尚、因《ちなみ》に僧、問う。狗子《くす》に却って仏性、有りや、また無しや？　州云く、無」（ある時、修行僧が趙州禅師に「あの門前にウロウロしている犬にも仏性が有るのでしょうか、それとも無いのでしょうか」と尋ねたところ趙州は一言「無」と答えた）

この僧は、釈尊が「一切衆生《しゅじょう》は悉《ことごと》く仏性有り」と説かれたのを念頭において質問したもので、趙州が「犬には仏性は無い」と言われたら、それでは釈尊の説にそむくことになりはしないか、また「犬にも仏性は有る」と言ったら、ではどうして犬は畜生になったのかとつめよるつもりだったのだろう。ところが趙州はただ一言「無」と答えた。いったい趙州はどういう考えで「無」と答えたのか。しかも趙州は別の僧が同じ質問をしたときには「有」と答えている。勿論、趙州がその時々で口から出まかせを言っているわけではない。じつは趙州の言う「有」「無」は、有る、無い、とかの相対的なものではなく、有無の対立、分別などを超えた絶対的なものを指しているのである。だから趙州にとっては、「有」と言おうが「無」と言おうが一向に差し障りはない。趙州は、この僧たちが、「有りや無しや」という有無対立の世界にいるので、その病根を断ち切るために「無」の一字を示したのである。

無門慧開禅師も「纔《わず》かに有無に渉《わた》れば喪身失命《そうしんしつみょう》せん」（分別心・執着心が起こると身命をなくすことになる）と言われ、また五祖法演禅師も「無」を名剣（趙州露刃剣＝註160＝）にたとえて、どうのこうのと分別心が起こったらだめだと厳しく戒めている。

（立田英山著『新編無門関提唱』より）

註162　不《ふ》欺《ぎ》之力《ちから》

禅の公案。その全文は〈雲居《うんご》強覚《ごうかく》禅師、衆に示して云く「たとえば獅子の如し。象を捉うるも其の力を全うし、兎を捉うるも亦其の力を全うす」。時に僧有り、問う「未審《いぶか》し何の力をか全うす？」。居云く「不欺の力！」〉　この公案の主眼とするところは「本来面目」「趙州無字」「隻手音声」などと同様である。

註163　仏早留心

（仏《ぶつ》早く心《しん》を留《とど》む）これも禅の公案「毘《び》婆尸仏《ばしぶつ》、早く心を留む。直に如何に到るまで妙を得ず！」にある語。

註164　両刃交鋒不須避、好手還同火裏蓮

禅の公案。「両刃《りょうじん》鋒《ほこさき》を交《まじ》え」とは、剣の名人と名人同士、真剣の切先と切先とが触れているどころか、さらに一寸入って交わっているところ。即ち一足一刀生死の間、ギリギリの間である。出ることも引くこともできない。そこで意をはたらかせない。そこを「避《さ》くることを須《もち》ひず」という。ここは生もなく死もなく、自もなく他もない自他不二のところ。ここまで鍛え上げた大力量の者は「好手還《こうしゅかえ》って火裏《かり》の蓮《れん》に同じ」、紅塵中に在って灰頭土面（禅の言葉。頭は灰だらけ、顔は泥だらけ。汚濁にまみれての〝為人〟の修行――『伝燈録』所載）〝どこからでも見よ〟と火中の蓮《はす》の華《はな》が火に逢って色香がますます鮮明になるのと同じである。

註165　凛々たる孤風自ら誇らず、寰海に端居して龍蛇を定む

禅の公案集である『碧巌集』第十一則「黄檗噇酒糟漢《おうばくとうしゅそうのかん》」の則に対して「雪竇《せっちょう》禅師がおかれた偈頌《げじゅ》（宗旨を含んだ詩）の起承の二句。

「凛《りん》々たる孤風《こふう》自ら誇らず」は、何人もひれ伏すような、天下に並びない威風を持っていながら、自ら誇りもせず卑下もせず、そんなことは忘れ果てている。そこが真に凛々たる孤風というべき「乾坤只一人《けんこんただいちにん》」のところである。「寰海《かんかい》に端居《たんきょ》して龍蛇《りゅうじゃ》を定《さだ》む」の寰海とは、寰中海内、即ち天下のこと。天下にドンと坐って、来る者の深浅邪正を見分け、凡聖龍蛇を弁別するという大機大用。

註166　龍蛇を定むるの眼、虎児を捉うるの機

「龍蛇を定むるの眼」とは、龍か蛇か相手の力量を見抜く眼力。「虎児を捉うるの機」とは、虎をいけどりにするという大きなはたらき。

註167　一刀流刃引

刃引の技は一刀流の極意技の一つであり、多年木刀にて切組全体を学び錬磨の功を積んだ者に、さらに一段と高い進境を開かせるために教える技である。これによって体の運び、心のはたらき、太刀の捌きを会得させ、真剣の扱いによる理合の場に役立たせるのである。刃引の稽古には、真剣の刃を引いたものを使用する。

刀剣には刃と宗のほかに切先と鎬《しのぎ》と反《そ》りがあり、これらを活用することが大切であるが、それをこの刃引の技で習い覚える。摺《すり》上げ、摺込み、摺下ろし、切り落とし、張り、撥《はじ》き、払い、巻きなど、みな鎬と反りを充分に活用しなければならない。反りを延長すると円となり、一刀流の極意である一円相となる。

刃引の一本目から四本目までは、表之摺、裏之摺、摺込み、摺上げとすべて摺技である。

（笹森順造著『一刀流極意』より）

註168　長島助教

長島末吉氏。大正十四年福島県に生まれる。昭和二十二年警視庁に奉職、森島健男、阿部三郎両氏とともに切磋琢磨して警視庁の一時代を築く。のちに主席師範をつとめる。剣道範士九段。

註169　仏光国師

中国宋末の臨済宗の禅僧祖元（無学）。仏光国師は勅諡。鎌倉幕府第八代執権で禅に傾倒していた北条時宗に招かれ、時宗が建立した円覚寺の開山となる。祖元は生まれて一年ぐらい経った頃から、興味を示すのは経文だけで、まるで僧侶になるために生まれてきたようだと言われていた。十二歳の時に出家求道を志し、翌年には得度。径山の無準師範の門下にあって参究工夫七年余、ある日、寺僧が打つ木板の音を聞いて開悟した。しかしそれを師から小悟と退けられたため、それから十有余年の行脚を続け、ある時、道場に井戸水を汲むロクロがくるくるとまわっているのを見て廓然と大悟した。三十六歳の時である。

その祖元が台州真如寺に住していたころ、宋も末期で元兵が国を荒しはじめた。真如寺にも元兵が乱入してきたので温州能仁寺へ移った。ところがそこへも元兵が押し寄せた。この時祖元はひとり寺にあって端坐瞑目していた。それを見つけた元兵が祖元の首に刀を当てたが、祖元は微動だにせず一偈を唱えた。

それが有名な次の偈である。

乾坤《けんこん》孤笻《こきょう》（竹の杖）を卓するに地なし
喜び得たり人も空法もまた空なるを
珍重す大元三尺の剣
電光影裏春風を斬る

これを聞いて、さすがの元兵たちも恐れをなして逃げ去ったという。

祖元がはるばる日本に来て、最初に時宗に授けたのは「莫妄想《まくもうぞう》」（妄想すること莫《なか》れ）の公案であった。時宗は幼い頃からよく臆病者と言われていたため、秘かに胆力のすわった武将になりたいと発心し、禅に活路をもとめて祖元を招いた。祖元は、そうした臆病心を去るためには「時宗という自己を捨てこい」「一切の妄念思慮を止めよ」と叱咤した。師の教えをよく守って禅の修行に励んだ時宗は、のちに元の兵が日本に攻めてきた時、少しの迷いもなく、一刀両断の采配をふるったという。

（禅文化研究所刊『禅門逸話選』下巻・久須本文雄著『禅語入門』より）

註170　佐藤顕君

佐藤顕《あきら》氏。明治四十一年福島県に生まれる。会津中学から国士舘専門学校にすすみ斎村五郎範士の指導を受ける。国士舘卒業後は福岡の若松中学、八女中学、筑紫中学、また埼玉の浦和高校で剣道指導。戦後は埼玉大学教授・名誉教授、関東短期大学教授・副学長をつとめる。剣道範士九段。昭和六十三年四月二十六日没。享年七十九歳。

註171　万法帰一

『碧巌録』所載（第四十五則）の禅の公案。

ある時、僧が趙州禅師に「万法一に帰す。一何《いず》れの処にか帰す」（万法は一に帰着しますが、その一はどこに帰着するのでしょうか）と尋ねた。これに対して趙州は「我青州に在って、一領の布衫《ふさん》（麻の短い衣）を作る。重きこと七斤」（私が青州にいた時、布衫を一枚つくったが、七斤の重さがあったよ」と。

万法とは諸法とも言い、森羅万象、一切の存在のことであるが、それらは千差万別の様相を示し一つとして同じものはない。しかし、その本源を尋ね求めていくと、万法は結局、絶対の「一」に帰してしまう。この「一」を禅では、真実の自己、本来面目と言い、宇宙の絶対的な本体、真理をあらわしている。僧は、千差万別の現象が絶対的存在に帰してしまうのなら、その絶対の「一」はどこに帰してしまうのかと問うたのである。

この質問に対して趙州の答えは、答えになっていないように思うが、実は趙州は、法衣をつくることも、法衣の重さをはかることも、またお茶を飲むことも、食事をすることも、作業をすることも、起居動作のすべて、ことごとくこれ「一」の帰するところでないものはない、すなわち絶対としての「一」はまた現象としての万法に帰してしまうと言っているのである。

つまり「一即一切、一切即一」「万法即一心、一心即万法」であり、「平等即差別、差別即平等」、この相対差別の世界がそのまま絶対平等の世界であるということである。しかし趙州の真意は、そんなことよりも、つまらぬ屁理屈などサラリと捨て、もうなんの臭みもなくなったすがすがしい境地、相対・絶対を超越した自在の心境にあると言えるだろう。

（久須本文雄著『禅語入門』・西部文浄著『禅語の味わい方』より）

註172　忠信館

昭和五年、東京・池袋に開設した白土留彦範士＝註221＝の道場。修道学院関係者を中心に多くの剣士が集い活況を呈した。

註173　皇宮警察七十周年記念武道大会

昭和三十一年五月二十日、皇宮警察は創立七十周年を祝して皇居内済寧館において記念大会を行なった。剣道の部には都内および近県から選抜された三十二名の選手が出場。警察庁の滝澤光三教士が、警視庁の阿部三郎教士を破って優勝した。昭和天皇皇后両陛下がお揃いでご臨席になられ、三十分に亘って決勝戦をご覧になった。第二次世界大戦後、空白の続いた剣道が再出発して間もないこの時点において天覧を仰いだことは全くの稀有で、参加選手一同もその光栄に感激したのであった。

註174　小澤丘君

小澤丘《たかし》氏。明治三十三年埼玉県に生まれる。埼玉中学（現不動岡高校）から東京高等師範学校に進み、高野佐三郎、持田盛二範士に指導を受けるとともに鞍馬流、小野派一刀流を学ぶ。東京高師卒業後は上田蚕糸専門学校、東京市立二中（現上野高校）等に勤務。東京薬科大、大成中学、東洋商業、興亜錬成所等の師範。警察大学校、日本体育大の教授をつとめる。全日本剣道連盟副会長、全日本剣道道場連盟会長、興武館館長。勲三等瑞宝章受章。『剣道の習い方』『剣道八十年』『近世剣豪伝』など著書多数。剣道範士九段。平成三年十一月二十日没。享年九十一歳。

註175　伊藤師範

伊藤雅二《まさじ》氏。明治三十八年千葉県に生まれる。小学校六年のとき伊藤吉勝に不二心流を学ぶ。大正九年匝瑳《そうさ》普通学校に入学し高野佐三郎範士門下の細井寿作より剣道の指導を受ける。大正十五年上京して警視庁に入り、中山博道、堀田捨次郎、檜山義質、斎村五郎、持田盛二等の先生方に師事。昭和十一年皇宮警察武道大会優秀錬士選抜試合優勝。警視庁剣道副主席師範。剣道範士九段。平成二年十月二十八日没。享年八十五歳。

註176　阿部三郎さん

大正八年福島県に生まれる。小学校六年のときに剣道を始め、相馬中学で園部武に指導を受ける。昭和十二年南満州鉄道株式会社に入社し大連道場で高野茂義、篠原義雄等の先生に師事。満鉄大連育成学校剣道師範。皇紀二千六百年奉祝天覧試合出場。戦後は警視庁に奉職。関東管区警察大会、全国警察大会、国体、東京都選手権などで優勝、全日本選手権、皇宮警察七十周年大会、全日本選抜八段戦などで準優勝等、各種大会で抜群の戦績をのこす。東京修道館、東京電力、鹿島神武殿（専務理事・道場長）等の剣道師範、警視庁剣道副主席師範。著書に『剣の真心』がある。剣道範士九段。

註177　黄檗噇酒糟漢

「黄檗噇酒糟漢」として『碧巌録』所載（第十一則）の禅の公案で、その内容は次のようなものである。

「挙《こ》す、黄檗《おうばく》、衆に示して云《いわ》く、汝《なんじ》等諸人、尽《ことごと》く是れ噇酒糟《とうしゅそう》の漢《かん》。恁麽《いんも》に行脚《あんぎゃ》せば、何《いずれ》の処にか今日あらん。還って知るや、大唐国裏禅師無きことを」（黄檗希運《きうん》禅師が大勢の雲水を前に言った。お前たちは皆、酒かすくらいのようなものだ。そんな調子で行脚していたのでは、いったいどこで大悟する日にめぐり遇えよう。だいたい分かっているのか、大唐国広しといえども禅師は一人もいないのだということを、と）

「時に僧あり出でて云く、只諸方徒を匡《ただ》し衆を領するが如きは又作麽生《そもさん》。檗云く、禅無しと道《い》わず、只是れ師無し」（その時一人の僧が進み出て言った。たとえば大勢の門弟を指導統率している人が諸方におられますが、あれはどうなるのでしょう。これに対して黄檗禅師は、禅が無いとは言っていない。ただその師というものが無いのだ、と）

この則に対して雪竇《せっちょう》禅師は「凛《りん》々たる孤風自ら誇らず、寰海《かんかい》に端居して龍蛇を定む」＝註165＝で始まる偈頌《げじゅ》（宗旨を含んだ詩）をおいた。

（風間敏夫著『新釈碧巌集』より）

註178　中島五郎蔵さん

明治四十一年新潟県に生まれる。六歳から剣道を始め、武徳会新潟支部で堀田捨次郎、吉浦宴正、上村秀等の先生方から指導を受ける。大正十三年、十七歳のとき上京し中山博道範士の有信館書生となり住み込みで修行。羽賀準一、中倉清等の兄弟弟子とともに腕をみがく。昭和四年警視庁に入り、すぐに助教となる。警視庁に入ってからも有信館をはじめ一高、猶勝堂、三菱など中山範士が師範をつとめているところに出稽古に通う。警視庁剣道副主席師範。剣道・居合道範士九段。平成五年十月一日没。享年八十五歳。

註179　三十而立

『論語』にある孔子の言葉。「我十有五にして学に志す。三十にして立つ。四十にして惑わず。五十にして天命を知る。六十にして耳順《したが》う。七十にして心の欲する所に従えども矩《のり》を踰《こ》えず」これは道の修行における心の段階を示したものだが、剣道でも同じことで、十五歳くらいで修行を志し、切り返し・懸り稽古の徹底した捨身稽古で練り上げる。小手先の当てっこではなく、全身全力でやる。そうすると、捨てて捨てて捨てきったところに機熟し、「身を捨てて　また身をすくう　貝杓子」で、大きな自己が生まれる。道の本体ができる。これが山岡鉄舟の言う三角矩。本当の構えができるのである。それが三十歳くらい。ここは乾坤只一人と立ち上がったところで、押せども引かず、引けども至らず、まことに雄大な気位である。

ところが、ここに執着するとその三角矩は自分一人の構えになって、相手には通じない。独り稽古になってしまう。これでは十人十色の実際の場に当たってはたらけない。そこでさらに修行が必要になる。これを「悟後の修行」というが、この時代の修行が最も苦しく、また長くかかる。この段階は〝悟りは易く相続は難し〟というところ。この修行には少なくとも十年、四十歳ぐらいまではかかる。この「黙々十年」の行は、油断のない、気を抜かない、正念相続の修行である。

「三十にして立つ」のところは、遠間捨身の一本技の体得、大きく立ち上がったところの一刀、「一刀万刀を生ず」の一刀であり、四十歳のところは、一心一刀の技がすらすらと連続していく修行。「万刀一刀に納まる」「万法帰一」という一刀。技が連続すれば一心はお留守になり、一心になれば技は生じない。ここの工夫が苦心のいるところである。

註180　渡辺敏雄氏

明治四十四年広島県に生まれる。福山誠之館中学で小寺鹿次郎範士に剣道の手ほどきを受ける。昭和七年東京高等師範学校に入学し、高野佐三郎範士をはじめ、菅原融、森田文十郎、佐藤卯吉等の先生方に師事。卒業後、島根県立浜田中学に奉職。召集・除隊後、昭和十五年上京。府立七中（現都立墨田川高校）、旧制東京高校での教職を経て大日本武徳会本部主事となる。昭和二十一年、占領軍命令による大日本武徳会解散、残務処理に従事。昭和二十七年、全日本剣道連盟創立と同時に事務局長となり、同三十九年退職するまで剣道の普及発展及び全剣連の組織づくりに専心。持ち前のバイタリティーを遺憾なく発揮してその実を挙げた。第八回明治神宮大会・一般青年の部に優勝したのをはじめ、皇紀二千六百年記念大会錬士の部準優勝、皇孫殿下御誕生記念七段・八段指定選手優勝大会準優勝、全日本東西対抗東軍大将など多くの大会で好成績を残す。剣道範士八段。平成元年三月二十八日没。享年七十七歳。

註181　良久

禅では特別の意味をもっているが、簡単に言えば、無言にしてしばらくしてから、の意（やや久《ひさ》し、とも読む）。

註182　使者太刀

一刀流に使者太刀の技法がある。すなわち探りを入れ、切先の案内によって敵情を知り、知って攻め、攻めて勝ち、勝っているところを斬るのが一刀流の教えであるが、本文中から察するに、小川範士の攻めを以てしても持田範士には見透かされ、使者の用を果たさぬうちに引き出されたので十分な打突にならなかったのではないだろうか。

註183　発《ほっ》

小野派一刀流大太刀六十本のうちの一つ。

打方陰、仕方下段にて間合に入り、仕方は打方の左拳に切先をつけその拳を突こうと攻め入る。打方は右に半歩体を開いて仕方の切先を避け、仕方の左肩が隙くのを見て右足を踏み出し、仕方の左肩を袈裟切にゆくと、仕方は右足を引いて陰にはずし、打方に空を打たせ、打太刀の勢いが尽きて下段になったところへ右足を踏み出して打太刀の上に鍔元へ乗込み抑え、内小手を取りにゆき、左足を出して巻抑え突きにゆこうとするのを打方はちょっと持ち耐え、右足を引いて脇構えに替わって左上段にとる。そのまま仕方の面を打ちに行こうとすると、仕方はすかさず応じて左足を進めてつけ入り、仕太刀をあげて打方の左上段の小手を高く抑えると、打方は左上段の小手を仕方に切らせ与えて、右手にて柄を握り、仕方の面を打とうと体にて圧して右・左足と左前に踏み入れると、仕方は上体を垂直に丹田に力をこめて腰を低くおろし、手元をやわらかくするりと太刀の刃方にて打方の左小手を摺り切り、切先を上に向けて突に生かし、打方の腋の下を突くように入身にもぐり、右足左足と一歩ずつ左前に歩むように打方の胴を払い抜ける。打方、仕方ともに左足を中心にして右足を右うしろに引き、逆の陰、陽の構えにとる。

発はすべてのことの発端《ほったん》であり、あらゆる技の起こり頭である。起こりは芽《き》ざしとして出てくる。芽ざしは生長の本である。打方の心意の発するところを知って、仕方からそれに先んじて技を発して打方を制することである。打方の腋の下をくぐり抜ける時は、腋を突き胸を突き、また打方の刀の中柄をつかんで逆捩じに奪い取る用意を蔵し、時々こころみる。また胸を払い切ってくぐり抜けたあとには打方の首を切り背を切る心構えもある。この太刀のつかい方は打方を払い切るとともに自らを守る太刀ともなるのである。

（笹森順造著『一刀流極意』より）

註184　抜順皮

小野派一刀流大太刀六十本のうちの一つ。

打方陰、仕方正眼にて間合に入る。打方は左足を静かに出し右足を添え、打太刀の切先で仕方の正眼の切先を右から左に抑え、手の内を破ろうと使者太刀をこころみると、仕方は応じて右方に右足左足と開き寄ると、打方はここぞとばかり仕方の面を望んで打ちにゆく。仕方は前腕を胸に屈してとり、打太刀を体に引きつけ、切先を上にし入身となり打方の腋を突くほどの曲尺(曲合・兼合)にて上体垂直に腰を低く、右足左前、左足左前と一気に踏み出し、打方の左胴を右から左に切り払いくぐり抜ける。打方が右方に空を打って意体ともにくじけるのを取りなおして左足中心に右に振り向き仕方に面して右上段に振りかぶるところを、仕方は打方に対し右に向きを変え、右足を前にし打方の右小手をなで切りにし、本覚の残心にとる。

この仕方の技は形と調子において仕方にしたがい、打方が切先にて攻め寄せてくる方に寄るが、心と技とは打方を右におびき寄せ、打方の二の太刀を深く打ち込ませ、むしろ打方を仕方の心にしたがわせておいて、喰い違いに出て切り払いにくぐり抜け、打方がしまったと振り返るところを、仕方は身を返してなで切ることを敏捷につかい慣れるようにする。初め右に寄るのは左に大きく踏み出すためであり、左に出てはまた右に打ち込むのである。

(笹森順造著『一刀流極意』より)

註185　払捨刀

払《ほ》捨《しゃ》刀は伊藤一刀斎が京師にて一夜酔って熟睡していた際に、十数人の謀叛者が不意に切り込んできたのに、一刀斎ははね起きてとっさに立ち向かい、無手から白刃取りで敵の刀を奪い取り、たちまち多数の敵を切り払い捨てて己が身を完うした真鋭無比な妙技を一刀斎が独創の刀法として後日順序を立てて組み合わせて、一刀流の秘中の秘極意の技として、神子上典膳に伝授したのである。

払捨刀の本旨は不意に立ち向かってくる悪敵をことごとく切り殺し払い捨て去るばかりでなく、己が前をさえぎり一刀を汚濁する陰謀と悪霊とを払い捨て、さらに進んで自らの心の塵を払い場を清め、世の暗雲を払い捨てて人の心を清め、国家社会を清浄にし、時代を明朗安寧にすることを目的とするものである。

払捨刀は組太刀の技にては「真之真剣」「真之右足」「真之左足」「真之妙剣」を一束に用い、切って突いて払って右に抜け、また切って突いて払って左に抜け、それを続けて繰り返し行なうのである。これは切り止め、突き止めではない。すべて切り払い、払い捨てる太刀の切先にて突き抜ける心にて遣うのである。これを左右に繰り返し丸く大きく敵のある限り限りなく行なうのである。

払捨刀の教えの真意は、これまで習い覚えたところをみな払い捨て、いま居る段階を突き抜けてどこまでも精進して行けというものである。技で考えてみると、せっかく覚えたよい技もそればかりにこだわっていては進歩が止まる。思い切ってどしどし捨て、それよりもっと上のさらに鋭いよいものを求め得なければならない。心の払捨刀を遣わなければ、ある段階に低迷し、その境域を越えて上達することはできない。

払捨刀は敵を払い捨てるよりはわが妄想邪念を払い捨てるのが真の目的である。払捨は報謝となり仏謝となるのが秘伝である。

(笹森順造著『一刀流極意』より)

註186　笹森先生

笹森順造氏。明治十九年青森県弘前市に生まれる。八歳にして北辰堂道場に入門し、対馬健八より小野派一刀流組太刀、浅利八郎より林崎流居合を習う。同三十九年早稲田大学に入り剣道を梅川巳之四郎に学ぶ。府下の大学高専剣道部の主将とはかり東京学生連合剣道会の結成に尽力。卒業後、東京新公論主筆をつとめる。渡米してデンバー大学に入り文学博士、哲学博士となる。北米武道会を創立し日米人に剣道を指導。帰国後、大正十一年東奥義塾塾長となり、小野派一刀流の研鑽に励み第十六代宗家を継ぐ。昭和十四年から十八年まで青山学院院長をつとめ、戦後は昭和二十二年に行なわれた第二十三回衆議院議員総選挙に初当選、国務大臣となる。復員庁総裁、賠償庁長官などを歴任。国会議員をつとめるかたわら同二十五年に結成された全日本撓(しない)競技連盟の初代会長に就任する。また昭和三十年に結成された全日本学生剣道連盟の初代会長もつとめる。剣道に関する著述も多く『闘戦経』『一刀流極意』(小社刊)などがある。勲一等瑞宝章受章。剣道範士八段。昭和五十一年二月十三日没。享年八十九歳。その人柄は清純温厚の高士として令名高く、聖人と呼ぶ人達もいた。

註187　初生孩子

禅の言葉。生まれたばかりの赤子の意。これは禅の公案集である『碧巌録』第八十則に「趙州初生孩子」として収められている。「挙す、僧、趙州に問う。初生《しょしょう》の孩子《がいじ》還って六識を具するや(也無)。趙州云く、急水上に毬子《きゅうす》を打す。僧復《また》投子に問う、急水上に毬子を打すと、意旨如何。子云く、念々不停流」ある僧が趙州和尚に質問した。「生まれたばかりの赤子にも六識は具わっておりますでしょうか」と。六識とは、眼識・耳識・鼻識・舌識・身識・意識であり、それぞれ見・聞・嗅・味・覚・知の識別作用をなす。これに対して趙州は「急流にマリをける」と答えた。すると僧は投子《とうす》和尚のところへ行って「急水上に毬子を打す」とはどういうことですか、とこの言葉の説明を求めた。すると投子は「次々に生まれる念はとどまることがない」と答えた。

この公案の意味を簡単に記せばこうなるが、真意ははるかに深いところにあり、それは説明では通らない。

（風間敏夫著『新釈碧巌集』より）

註188　本覚

一刀流に本覚の太刀がある。

本覚の構えは、常の正眼より両肘を開いて曲げ、左拳を水落に近く上げて寄せ、左刃向けにとり、切先と柄頭とは敵から見て一点となるように構える。

右手首を回し、引き込むようにしてこの構えをとり、両肘は水平にする。この構えはわが太刀を敵に秘し、ひたすらじっと構える。すると敵はわが方を知ろうとして動き出そうとする。われは敵の千策万謀の本をことごとく皆覚知し、その未来を覚悟して必勝をあげる働きを蔵する構えである。

本覚の太刀技は先ず構えを本覚にとることである。本覚の構えは太刀の切先と物見と違わぬようにし、敵の拳を下から縫うように遣うのである。構えを本覚にとり、わが心を正しく敵に対すると、敵の本心を覚ることができる。敵の企てる本を覚るとその末の技を制するのは易いことである。この本覚はまた敵からわが心を覚られない位である。わが太刀は敵に対し一点に集まり無相の位となる。かくてわれは敵を知り敵はわれを知らず。従ってわれ勝たずということはないのである。

本覚の要旨は自ら真如を証見することである。常住不動でしかも普遍通達し、万有一切の真性を悟了することである。仏の教えでは未来の仏性を覚悟し、仏果を証見することを本覚というが、一刀流では刀因刀果にとらわれているのでは未だ本覚の位に至ったといわない。

剣には本来善悪もなく、強弱もない。勝敗もなく、生死もない。そこには剣因も剣果もない。剣の最高価値は万有一切の真性を産みなす所にあり、その恵沢を以て万世を潤すことである。本覚の太刀は一刀流に於ける一高峰であって、行者が来って登りに登り、一つの巓を極めた所である。更に前方に目をあげると日本に独在する武道の本哲たる真鋭の最高峰が遙かに卓立するのが望まれるのである。

（笹森順造著『一刀流極意』より）

註189　歩々清風

歩々とは一歩一歩という意味だが、これを一挙手一投足、さらに日常における行動と解することもできる。真理探求をめざし、悟りへの道を着実にあゆむ一歩一歩には、おのずから清風が去来する。これを「歩々清風起る」、また「脚頭脚尾清風起る」という。

註190　百尺竿頭

禅門の修行を百尺の竿をのぼるに譬え、竿の天辺へのぼりつめたら、そこからさらに勇気をふるって一歩踏み出し、放身捨命して初めて悟りを開くことができるという禅門の言葉。自己を鞭打ち鞭打って、百尺竿頭にのぼりつめ、そこからさらに一歩進めて身命を放下し、大死一番して相対界から絶対界へ悟入するところをいう。

註191　灑々落々

さっぱりとして物事にとらわれるところのないさま。禅門では大悟徹底した境地を表現するのに用いられる。

註192　天覧試合

昭和十五年六月、皇居内済寧館において紀元二千六百年奉祝天覧武道大会が開催された。この大会の剣道府県選士之部（各都道府県の代表選手が出場）決勝戦で、東京代表望月正房選士（大日本雄辯会講談社社員、錬士四段、二十八歳）と宮城県代表萱場照雄選士（警察官吏、五段、三十一歳）が対戦。望月選士の中段に対し萱場選士は逆二刀。両者とも歴戦の雄とあって好勝負が期待された。

この一戦、先ず一本目。萱場選士が望月選士をジリジリと追い込み、望月選士の半面を狙って気合鋭く左の大刀を振り下ろした。ところがこの一刀は打ち損じとなり、萱場選士が一瞬ハッとしたそのとき、望月選士が小刀をもつ萱場選士の右小手を急襲。これが決まって望月選士が一本先取。

二本目。萱場選士が望月選士を追い込み、望月選士の手元が上がったところ、胴をめがけて大刀を一閃。見事な胴技で一本一本。

勝負となり、両者、死力を尽くして戦ったが互いに譲らず、決定打が出ない。疲労もその極に達している。こうなると野間道場で連日の猛稽古をこなしている望月選士が優勢となる。萱場選士が打って出ようとする起こり頭、望月選士が渾身の力をこめ、左片手を十分に伸ばして突きをくり出した。この突きが一本となり望月選士の優勝が決まった。予想に違わず、なんと試合時間十五分十秒という大熱戦であった。

この試合の表審判をつとめたのが持田盛二範士（裏審判は斎村五郎範士）。講談社の師範である持田範士は望月選士とは師弟の間柄であった。そのためによけいにいつもより公平な審判をと思われたのであろう。

註193　念々正念歩々如是

小川範士の師である立田英山老師が、禅の生命である正念工夫不断相続を日常生活の上において常に練りに練っておられた言葉。

註194　見性了々底

悟りにはいくつもの段階がある。廓庵和尚は心を牛にたとえて、その修行の段階を十通りに分けて「十牛図」＝註59＝を著わした。洞山大師は悟りの境涯を五つに分けて「五位」＝註34＝を設けた。山岡鉄舟の無刀流五点はこの五位から出ている。また見性入理、見性悟道、見性了々底という三段階とすることもできる。

一刀流では守・破・離という三段階があり、守る・破る・離れる、の三段階を経て大成する。

剣も禅も同じで、最初、守るという所に徹底し、その極地に行った所を見性という。これが見性入理の段階。次に、破るという所に相当するのが見性悟道。離の段階が見性了々底である。離とは、沢庵が『不動智神妙録』で「とどまるな」と説いた境涯。つまりここは事理一致・自由自在の境涯であり、悟了同末悟のところである。

註195　東門西門南門北門

禅の公案集である『碧巌集』第九則「趙州四門」に出てくる言葉。

「挙す、僧、趙州に問う、如何なるか是れ趙州。州云く、東門西門南門北門」

趙州和尚に一人の僧が質問した。趙州とは如何なるものですか、と。趙州とは地名であり、趙州和尚はその地に居住したので趙州と名乗っている。この僧の質問は表面上、地名にかけているが、その実は趙州和尚その人の本質を問うているわけである。

これに対する趙州の答えもまた地名にかけた即妙のもの。趙州城には東門も西門も南門も北門もある。どの門からでも自由に入ってきなさい。何ものがどの方面から来ようとも、あらゆるものを受け入れて、しかもそれによっていささかも動ずることはない。相手次第で自由自在。そういう境涯であるということであろう。

註196　佐藤貞雄君

明治三十七年新潟県に生まれる。八歳より父七三および新発田藩剣術師範今井常固《つねかた》より直心影流の指導を受ける。大正十年、十七歳のとき高野佐三郎範士の門（明信館本部修道学院）に入り一刀流を修行。この修道学院時代、小川忠太郎範士と共に修行した仲である。昭和二年宮内省皇宮警察部皇宮警手および剣道専修員となる。皇宮警手部長、剣道助手、剣道助教、剣道教師を経て同二十七年剣道首席師範となる。玉川学園小原國芳学園長に招かれ、剣道を通じた全人教育の一端を担う。剣道範士九段。昭和六十年十月二十五日没。享年八十一歳。

註197　一刀流乗身の突

一刀流組太刀の大太刀二本目に「乗突」がある。笹森順造著『一刀流極意』には、次のようにある。

「相手の突いてきた太刀にわが太刀をもって重く乗りかかるのには、両手に力を入れて、ともに下に押しつけても自分の体重は全部太刀にかかるものではない。物打ちから切先にかけてわが体重全部を乗せるのにはどうしたらよいか。その秘法は、柄を取る右手をもって充分に相手の太刀を下に押しつけ、左手をもって柄頭を持ち上げ、わが右足先に力をこめて爪立てて右踵を少し上げ、左足を爪立てて左踵を浮かし、わが体の重さをわが太刀に乗せ、その太刀をもって相手の太刀に乗ることである。

ただし重く乗りかかっているばかりでは勝ちとはならない。相手が嫌って競い力み、撥《はじ》き上げるのに乗って御し、その上がった離れぎわにこちらから、からりと放すところに相手の虚が出る。そのはずみの隙を打つのである」

註198　榎本君

榎本正義氏。大正十三年山形県に生まれ、小学校四年のときに剣道を始める。昭和三十一年全日本剣道連盟の事務局に入り事業部門を担当。全剣連の〝生き辞引〟として貴重な存在であった。その間、野間道場や妙義道場で修行を続け、その誠実な人柄から、同郷で刀剣界の大御所佐藤寒山博士をはじめ、持田盛二、佐藤忠三、渡辺敏雄など多くの先生方から将来を嘱望されていた。だが昭和五十四年、高血圧性心不全のため五十四歳の若さでこの世を去った。法政大学剣道部師範。剣道範士八段。

註199　両鏡相対中無影像

禅の公案集である『碧巌集』所載の「無縫塔の則」＝註110＝の着語にある言葉。

註200　色即是空

世界で一番短いお経と言われる『般若心経』の中の言葉。文字通り読めば〝色はすなわちこれ空〟と読めるが、その内容は深い。色とは「この世に存在するもの」「形あるもの」ということだが、それが〝空〟だという。

山岡鉄舟は『剣道悟入覚書』に「自己なければ敵なし」と書いている。「自己なし」とは本当の空に徹すること。打たれまいとする畏れもなく（我なし）、打とうとする欲もない（彼なし）。我も彼も共に空じてしまったところ。「自己なければ敵なし」、我も無く彼も無い自他不二の無敵の極処である。

註201　無声無臭

『般若心経』には「空」は「無色無受想行識」（色・受・想・行・識のいずれも

無く、五蘊皆空〉、「無眼耳鼻舌身意」〈眼・耳・鼻・舌・身・意の六根も無く〉、「無色声香味触法」〈色・声・香・味・触・法の六境も無い〉とある。また『中庸』では「上天のことは声も無く臭も無し」と。これは『論語』にある「天何をか言わんや」と同じこと。天は何も言わないが、春夏秋冬は順行しているし、一切万物は生成発展しているの意。

註202　貴殿の兵法

沢庵和尚が柳生但馬守宗矩に与えた『不動智神妙録』の中で〝応無所住而生其心〟について説いている部分。〝貴殿の兵法〟とは勿論柳生流のことであり、『不動智神妙録』は柳生流の極意になっている。

註203　十重禁戒

十重禁戒とは禅門に伝承されている十ヶ条の重要な戒律であり、公案となっている。「慳生毀辱戒」はその第八番目に掲げられているが、語の表面上の意味は、慳生はものをむさぼり惜しむこと、毀辱は他をそしりはづかしめること。

註204　不慮天

一刀流他流勝之太刀＝註129＝の七本目に「不慮天」がある。

打方陰にて間合に入ると、仕方が隠剣におるから、打方は右足を出し正眼に出る。仕方は隠剣から右足を出して仕太刀を以て打太刀に右から左に当たり、右足を引いてまた隠剣にとる。打方は左足を出して陰に出るから、仕方は右足を踏み出して、打方の脛を右から左に払いにゆくと、打方は左足を引いて右上段となる。仕方は左足先を右足の踵まで寄せ、真の正眼に構えると、打方から仕方の面に深く打ち込みに来るから、仕方はひしぎ打って入刃に切り落とす。

仕方が隠から右足を出し仕太刀で打太刀に当たる所は盧天である。仕方が左の足先を右の足の踵まで引き寄せ、よい打ち間を秘し真の正眼に指すところは不盧天である。この慮《おもんぱか》り得ない間合を取るところに勝ちが蔵されてある。

一刀流では、この間合を知ってつかうことを慮天（または慮点）と教え、この間合を敵に知ることができないようにつかうのを不慮天（または不慮点）と言うのである。

註205　伊東祐蔵

明治三十五年東京都に生まれる。大正九年早稲田大学附属高等学院に入学し剣道部主将をつとめる。第一回早慶両大学剣道対抗試合に主将として出場。昭和三年全日本学生剣道連盟創立に貢献、その功により会長菱刈隆閣下より表彰を受ける。剣道範士八段。昭和五十八年八月四日没。享年八十一歳。

註206　玉利君

玉利嘉章氏。明治三十六年鹿児島県に生まれる。大正四年、名門鹿児島二中に進んで神陰流の森修に手ほどきを受ける。また武徳会鹿児島支部において佐々木正宜範士に師事。斎村五郎範士の招きで早稲田大学に入り全国を武者修行。卒業と同時に保険会社に就職し、勤務のかたわら稽古に励む。全日本剣道連盟常任理事・副会長。竹刀づくりの名人としても有名。座右銘は〝交剣知愛〟。剣道範士九段。昭和六十年十一月十七日没。享年八十二歳。

註207　高霞

一刀流には下段之霞＝註126＝、中段之霞（巻霞）、上段之霞（高霞）とそれぞれ霞の構えがあり、いずれも変幻自在、その蔵する心術のわかりにくい構えである。

註208　入室《にっしつ》

「にゅっしつ」とも読む。教えを受けるために師家の室に入ること。

註209　昭

小川範士の長男・昭《あきら》氏。

註210　遠近の間

笹森順造著『一刀流極意』には次のようにある。

「われから勝手のよい間合というのは一足一刀の常の間合である。双方からする常の間合は切先三寸を合わせた所になる。この常の間合にも心と体との懸り合いによって近くも遠くもなる。同じ距離でもそり身になると敵に遠く、わが進退も思いに任せない。かかり身になると敵に近くなり働き易いが、敵からも近くなる。わが進退の反り懸りによっていくらか間合の遠近を制することができるものである。しかしそれよりは常に上体を正しく垂直にし、寸田と丹田とがそれにはずれず、歩巾は片足が一足程前に出で、あまり足巾を広げて踏ん張ることなく、顎を引き、膝腰の関節の弾力を養い、必要に応じて前後左右大巾にも小巾にも自在に転化し得るような間合をとる。更に大事なことは心の間合によって距離の遠きに近きがあり、近きに遠きがあることを学ぶことである。その理はわれから攻め進む心があるとわれから敵に近く、敵に逃げる心があると敵からはわれに遠い。わが注文の尺度に合う曲合（兼合）を造るのには常に敵を攻め動かし敵に逃げる心を起こさせ、敵からわれに遠くなるようにする。攻める時にはわが足巾を前後左右ともに常の歩巾よりも殊更に広く開いてりきんではならない。そうすると本当の打突をかける時の踏み込みが足らなくなるものである。一刀流は正常の間合、自然体の体運び足心を尊ぶのである」

註211　乳井君

乳井義博氏。義廣または義宏、義耀とも名乗った。明治三十九年秋田県鹿角郡に生まれる。大正九年、高野佐三郎範士の明信館道場に塾生として入門、東京商工学校に通いながら剣の技を磨く。この修道学院時代、小川忠太郎範士と共に修行した仲である。昭和四年に旧制二高の師範として招聘され、以後「仙台に乳井あり」と謳われるほどその名を轟かせた。昭和五十年十二月三十日没。

註212　臘八《ろうはち》

臘八摂心会の略称。十二月（臘八）八日の釈尊成道《じょうどう》（開悟）を記念して厳修される禅の専門道場における約十日間の修行の会のこと。臘八会《ろうはちえ》とも言う。

註213　不敗の間

間合は、「我が間」「彼の間」の二つに分けることができる。すなわち我が間とは、自分の剣先より自分の体に至る空間。彼の間とは、相手の剣先よりその体に至る空間のことである。この間合は、いわゆる「不敗の間」で、これを破らるることがなく完全に保つときは、相手から容易に打突されることがない。

間合には「有形の間合」と「無形の間合」があって、間合の真の妙諦は、無形の間合にあることを知らねばならない。すなわち剣道の間合とは間隔ばかりでなく、攻防の理合、気合、技、心の働きなど、種々の要素が含まれている。

註214　将に技を起そうとする所……

「将に技を起そうとする所を相打をもって出よ、これ技を起すの真機也」。この文章の解釈は、次に続く文章に尽きるだろう。「勝敗を決する最後の一点は心也」とある。剣道の心は「無心」である。無心とは、是非の分別が無く、是非を知る心也。心の鏡に相手の変化が写れば、即刻技に感応すればいい。〝心気力一致〟と言う。

註215　無思無為、寂然不動……

原典は『易経』繋辞上伝に云う。

易无思也、无為也。寂然不動、感而遂通天下之故。非天下之至神、其孰能与於此。

「易は思うことなきなり、為すことなきなり。寂然として動かず、感じてついに天下の故《こと》に通ず。天下の至神にあらずんば、それたれかよくこれに与《あずか》らん」

（大意）易は無心である。また作為しな

い。その不動のゆえにこそ、感応すればたちまち事物の法則を映しだす。無上の霊妙さを備えているが故に、これができるのである。さればこそ、聖人は、易によって天地の深奥を究め、万物の機微を察するのである。聖人はひたすらに深奥を究める。それゆえ人々の志を遂げさせることができる。ひたすらに機微を察する。それゆえに天下の大事業を成し遂げることができる。

註216 高山峰三郎氏
天保六年頃、伊予大洲藩の儒家の子として生まれる。七歳のとき父に従って江戸に出、直心影流藤川弥次郎右衛門に入門。その後一刀流忠也派近藤弥之助、北辰一刀流塚田孔平、鏡心明智流桃井春蔵に就いて学び、幕末は京都で、直心影流戸田栄之助道場の師範代。明治十六年末、滋賀県令籠手田《こてだ》安定《やすさだ》に引率された関西剣客が東上して警視庁に挑戦した際、この頃大津の撃剣場養勇館場長をつとめていた高山峰三郎は、警視庁撃剣世話掛三十余名を連破して明治剣道史上に名をとどめることになった。だが、この高山峰三郎も山岡鉄舟との試合では、最後、山岡鉄舟の突きを食ってたまたまそこにあった椅子に腰を掛けてしまった、と観戦していた小澤愛次郎範士が「小澤愛次郎先生内原剣話」(島津書房刊『武道の研究』所収)の中で語り残している。明治三十二年二月、大阪で死去した。

註217 直心道場
「道場」とは、釈迦が悟りを開いた菩提樹下の金剛座(坐禅をする場所)を指すが、転じて仏徒が修行する神聖な場所を言うようになった。広義に解釈すると、修行ができる場所ならどこでも道場となる。剣道では板敷の稽古場所を道場と呼んでいるが、剣道の究極の目標は剣道即生活、生活即剣道であるから、毎日の生活が即修行であり、生活の場がすべて道場ということになる。そしてさらにこれをつきつめていくと、道場とは空間的な場所や建物などを指すばかりでなく、〝直心是道場〟と維摩経の教えにもあるように、直き心、真っ直ぐな正しい心、純粋無垢な心、散乱することのない心が道場ということになるのである。

註218 一刀流の形の長短……
笹森順造著『一刀流極意』には次のように書かれてある。
「一刀流大太刀。長短。打方正眼にて間合に入ると、仕方が下段から切先を起こして相正眼につけ攻めてくるから、切先を働かせて左右前後に虚実をはかり、右足から一歩踏みだし使者太刀をつかって仕方の腹を目がけて突きにゆく。仕方は切先を接したまま左足から一歩引くと、打方がここぞとばかり四足大きく踏み込み、長駆して仕方の腹を突きにゆくと、仕方が右方に体を開くから、打太刀の勢い余って仕太刀の鍔元の上から深く乗りいって仕太刀を下に重く宗の上から押しつける。仕方は下から抱え上げ、一瞬耐え、急に右足を右に開き脇構にはずすから、打方は拍子抜けして体が右前にのめり崩れる。打方が体を取りなおそうとして左足から体を少し引き目に右上段となるところを、仕方はそのままの体にて両手首を左に巻き返し、打方の右小手を打ち、逆の本覚残心にとる。
打方がつかう使者太刀に応じて仕方の引くのはそれを案内役として深く引き入れるためである。それに導かれ長駆して入ってくる打方を接待して下にもおかず抱え持ち上げると、打方が重々しく乗りかかる。そこを仕方は素早く短くはずすところに勝ちがある。はずれて打方が前のめりに崩れたところを仕方は柄頭で眉間を打つか、あるいは手の内を巻き返して即座に切るのは真の勝であるが、組太刀の稽古では打方の体の崩れを取りなおさんとする隙のところを正確に打つことを習う。
長短の技は使をつかわし、長距離を駆けて突いてくるのを迎え抱えておいて、急に短くかわして、長を短にて即座に勝ちとる技である」
使者太刀はわが切先を働かして相手の出方を逸早く察知するのが役目。しかるのち大技をもって攻め勝つのである。

註219　探竿影草《たんかんようぞう》

この語は有名な臨済の四喝の中の一つで四喝とは、

「ある時の一喝は金剛王《こんごうおう》の宝剣《ほうけん》の如く
ある時の一喝は踞地金毛《こじきんもう》の獅子《しし》の如く
ある時の一喝は探竿影草の如く
ある時の一喝は一喝の用を作《な》さず」

探竿とは竿をもって水の浅深をはかり、影草とは草の影によって日の傾きを知るという、探りを入れること。他にも説があるが、要は相手の様子を見ることである。

註220　生きた構

構えの元は、呼吸が丹田に収まっていることが第一の要件。攻められて手元が上がるということは、心が動揺することであるから構えは崩れている。その後の働きができなくなる。すなわち死んだ構えという。呼吸が丹田に収まり、左拳が決まっておれば、心は動かない。相手の変化に応じて千変万化できる。これを生きた構えと言う。左拳によって生死が分かれるという意味である。

註221　白土氏

白土留彦氏。明治二十一年水戸市に生

まれる。幼少より東京明信館で高野佐三郎範士について小野派一刀流を修行する。同四十五年千葉県立銚子商業学校剣道教師。大正六年大日本武徳会剣道精錬証を授与される。同八年旅順工科学堂剣道教師。九年に退職後、陸軍士官学校、市ヶ谷・巣鴨刑務所、皇宮警察部の剣道師範となる。高千穂中学、日本大学中学校剣道教師を兼務。昭和二年より大日本雄辯会講談社剣道師範として勤務の後、同五年東京池袋に忠信館道場を開設。昭和九年に行なわれた皇太子殿下（現在の天皇陛下）御誕生奉祝天覧武道大会の指定選士として出場し、有信館の山本忠次郎氏と決勝戦で対戦する。剣道範士九段。昭和四十一年四月一日没。享年七十七歳。

註222　破れがない……

「破れがない……」とは、生きた構えが崩れないこと。構えにも実と虚があり、生きた構えは実であり、死んだ構えは虚である。〃実を以て虚を打つ〃は、剣道の鉄則である。

註223　左足のひかがみが曲がる

構えの根本となるのは左足。左足のどこが大事かというと、ひかがみ（膝の後ろのくぼんでいるところ）を伸ばすことである。ひかがみを伸ばすには、踵を外側に捻転するような心持ちで左足をぐっと真っ直ぐにして腓骨《ひこつ》を伸ばせばよい。そうすると腰が入る。腰が入ると肩の力が抜ける。これが自然体である。腰から下がしっかりして、腰から上がやわらかくなる。

反対に構えたとき左足が開くと、ひかがみがゆるむ。だから左足を開いて稽古している人は、バタバタして無駄打ちが多くなる。

持田範士七十四、五歳のとき、妙義道場で稽古しているのを増田真助氏が見ていた。するとあとで、「増田さん、私の左足は曲がっていませんでしたか」また「アゴが出ていませんでしたか」と聞いたという。左足が曲がると丹田の力が抜け、腹の力が抜けるとアゴが出る。持田範士にして、平素の稽古をこれだけ注意してやっておられたのである。まさに修行に終わりはない。一生涯修行である。

註224　擬議《ぎぎ》

禅問答において、ものを言おうとして言えず、まごまごすることを言う。問いかけられて、すぐに対応できず、まごつくこと。

註225　居付き

心身が凝滞した状態をいう。笹森順造著『一刀流極意』には次のようにある。

「もし敵に対しわが得意技を頼みにして、こう打とうああ突こうとこだわると、われはそれに囚われてそこに居付くことになる。こんな時にはわが想定を払い捨て、無想となって自然に出るわが太刀の働きに任せ、一心不乱に打ち込むと心身の凝滞がたちまち解けて居付く所がなくなり、敵が打ち込む所がなくなる。平素の稽古に於て竦む心身をほごしほごしして胆力と能力とを養い置くと、まさかの時に臨んで居付くことがなく、思いのままに闊達の働きが成るものである。（中略）

目が居付くと心気が居付き、心気が居付くと目もまた居付く、目に心が欺かれず、心に目が欺かれず、常に真相を透視するためには肉眼と心眼とがともに居付きを取り去ることにある」

註226　写る

持田範士は、相手が打とうと思ったとき、それが「うつる」と表現された。だから相手が面を打とうと思うと、その機先を制してしまうのである。

某範士曰く、「持田先生に稽古をお願いすると、みんなの技を覚えておられるから、打ち込めません」

持田先生答えて曰く「いや、それは違う。みんなが私の前に立つと、みんなの気持ちが私に写るんだよ」と。

つまり自分の心を鏡にたとえる。そして鏡のように心の曇を取り去る。そうすればその鏡に何でも写る。相手も写る。その写ったものをありのままにとらえる。そうすれば相手を打つこともできる。それを相手に勝とう、打とうなどの「我《が》」が出ると鏡が曇ってしまう。したがって、先ずこの「我」を取る修行をしなければならない。

面白い話がある。神様の前で、鏡の前で頭を下げる。そこで我というものを取ってしまう。「カガミ」の前で「ガ」を取れば、残るものは「カミ」である。それが神だというのである。

註227　内藤高治先生

文久二年（一八六二）水戸に生まれる。十二歳の冬から北辰一刀流小沢寅吉の門に入り、剣道を修行。明治十六年上京して榊原鍵吉の門を訪れ修行。以後、関東から中部・関西一円を武者修行の旅に出、免許皆伝。同二十二年警視庁巡査を拝命、牛込署撃剣世話掛となる。牛込山吹町に養真館道場を建て後進の指導に励む。同三十二年大日本武徳会の楠正位より「ミチノタメキタレ」の電報を受け取り武徳会本部剣術教師となる。三橋鑑一郎亡き後、武徳会本部の剣術主任教授となり、明治四十五年に開校した武術専門学校の主任教授を兼務。その指導は、小手先の技を問題にせず、打ち込み、懸り稽古の捨身稽古で学生を鍛え、その門下生には持田盛二、斎村五郎、中野宗助、大島治喜太、小川金之助、宮崎茂三郎らキラ星のごとく顔を揃える。昭和四年四月九日没。享年六十八歳。

註228　林田敏貞氏
明治二十九年熊本に生まれる。大正四年熊本中学から東京高等師範学校へ進む。体育科の第一期生として佐藤卯吉らとともに高野佐三郎範士の薫陶を受ける。同八年卒業とともに宮崎県師範学校に赴任。三年後熊本の名門校済々黌に転任、以後二十年間にわたり済々黌剣道部を指導し黄金時代を築く。昭和十六年文部省に移り、文部省嘱託となる。この間、東京高等体育学校の講師も兼任。戦後は熊本商科大学教授として多くの子弟を育成。剣道範士八段。著書に『剣道いろいろばなし』がある。昭和四十五年六月二十一日没。享年七十四歳。

註229　一剣倚天寒
楠正成は兵を用いること自在、その戦いぶりは神のごとくであったと言われているが、湊川の戦に出陣するに先立って、広厳寺に明極《みんき》楚俊禅師を訪ね、「生死交謝《しょうじきょうじゃ》の時如何《いかん》」(今や最後の時が来ました。生きるか死ぬかの場に臨んで、どう覚悟すべきでしょうか）と訴えた。やはりこれほどの人でも、生死の岸頭に立って、心中穏かならざるものがあったのだろう。これを聞いた明極禅師は、ただちに「両頭倶《とも》に截断《せつだん》して一剣天に倚《よ》って寒《すさま》じ」(なにをうろたえているのか。時はすでに至っている。生だの死だのという両頭を断ち切り、全身ただ一振りの剣となって、まっしぐらにつき進むよりほかに何がある）と叱咤。それで正成は、心にかかる雲も取れ、生死を超越した心境で勇躍出陣したと伝えられている。

註230　高野弘正先生
明治三十三年、高野佐三郎範士の次男として東京九段に生まれる。大正十二年東京高等師範学校卒業。昭和二年、道場修道学院を継ぎ、さらに早稲田大学、東京工業大学などに奉職。昭和十一年日米親善使節として渡米、州立カリフォルニア大学講師となり、アメリカ学生を指導するとともに、アメリカ、カナダ全土に剣道を普及。帰国後、東京朝日新聞社に入社、また雑誌『新武道』を発刊し、文筆生活もあわせて行ない、『剣道読本』『兵法一刀流』など多くの著書をのこしている。また有名な「大菩薩峠」をはじめ多くの映画にも武道考証で参画した。父譲りの天才的な剣を遣い、その所作はまるで鶴が舞いおり舞い上がるようだったという。

註231　無刀流五点の独妙剣
一刀正伝無刀流独妙剣の形は打太刀陰刀、仕太刀正眼で、互いに一足一刀の間に進み、打方は陰刀より仕の正面を

乾坤一擲と打ち下ろしてくる、それに対して仕方は正眼に構えたまま不動、打たせっぱなし。打方は引いて正眼となって終わる。

打太刀、仕太刀とあるが、独妙剣の位では、打太刀とか仕太刀とかということは念頭にない。また打方が陰刀から仕の正面を乾坤一擲と打ち下ろしてくるのに対して、仕方は正眼に構えたまま不動、打たせっぱなしで、形の上から見ると、これでは仕方はでくの坊に見える。しかしそうではない。

持田範士が円熟した七十五歳のころ、妙義道場の朝稽古のあとで、ニコニコしながら独り言を言った。「剣道は先ず技に習熟し、次に気を練り上げ、さらに間合が明るくなり、最後は案山子《かかし》のようにただ独り立っているだけでよいのだが、このただ独り立っているところまでゆく修行は容易なものではない」と。

この案山子のようにただ独り立っている境涯が独妙剣の形で、打たせっぱなしの仕の位、悟了同未悟の境涯である。ただし初めから修行もしないで案山子のように立っているのと、技・気・間合を修錬し究め尽くし、最後は初心者の田地に帰り来たって案山子のように立っているのとは、同じ案山子でも雲泥の差がある。『証道歌』にも「絶学無為の閑道人」というのがある。「絶学」とは、学ぶべきものは学び尽くして、さらに学ぶべきものもない。なすべき事はなし果てて、今さらなすべき事もない悟了同未悟の境涯を「閑道人」と言うのである。

無刀流独妙剣の要点は、ただ独りボロをまとって秋風に立っている案山子である。

無刀流は山岡鉄舟が剣と禅に大悟徹底して創ったものであり、その内容は非常に高く、そして深いものがある。

註232　升田九段

升田幸三棋士。将棋九段。大正七年広島県双三郡三良坂町に生まれる。十四歳の時、家出して大阪の木見金治郎八段の門に入る。昭和九年（十六歳）初段、同十一年四段(十八歳)、同二十二年八段（二十九歳）となり、二十七年木村義雄名人を破って王将位を獲得、三十二年には名人戦、九段戦を制覇して初の三冠王となる。昭和四十八年、紫綬褒章を受章。著書に『勝負の虫』『升田十五番将棋』等がある。

註233　岸川先生

岸川辰次氏。明治二十五年佐賀県に生まれる。大正四年武徳会本部講習生となり、同五年上京。昭和四年警視庁剣道師範となり、慶應義塾大学及び東京農業大学の剣道師範を兼ねる。警視庁剣道名誉師範。剣道範士九段。昭和五十八年二月二十五日没。享年九十一歳。

註234　学院

高野佐三郎範士が新しい理想のもとに門下を育成しようと、実業界の渋沢栄一の支援を得て、神田今川小路に創設した修道学院のこと。八年後の関東大震災によって一旦灰燼に帰したが、翌春には早くも再建が成り、東都の剣道復興に貢献するところが多かった。その後、修道学院は神田一ツ橋に移り、第二次世界大戦で戦災を受けるまで、剣道修錬の殿堂として重きをなしていた。

修道学院の関係者で結成されている修道学院会の主だった顔ぶれを挙げると、白土留彦、中村定芳、鈴木祐之丞、高野茂義、乳井義博、小澤丘、小川忠太郎、佐藤貞雄、黒崎稔、大澤龍、宮澤常吉、高野弘正、菅原恵三郎、鶴海岩夫、清水保次郎、佐土原勇、奥山直文、小島主、滝澤光三、内山真、菊池傳、上村篤、高野武、高野初江、田島次男、萱場照雄、高橋英、伊沢善作、遠藤忠、坪内三郎、岡田茂正（順不同）などの先生方で枚挙にいとまがない。

註235　清水保次郎氏

明治四十一年東京・京橋で生まれる。十四歳のとき日本橋高等小学校に入り、剣道部で田宮流真貝忠篤範士の高弟水谷清二から手ほどきを受ける。昭和二年、白土留彦範士の紹介で通いの塾生として修道学院に入門。高野佐三郎範士はもとより高野茂義、高野弘正、それに黒崎稔、乳井義博といった先輩方から言語に絶する荒稽古を受ける。戦争が激しくなると修道学院も閉鎖を余儀なくされたが、氏は昭和十六年、世田谷区経堂に「修誠館」道場を創設、剣道を通じて青少年の育成に努める。剣道範士八段。

註236　菊池傳《つたえ》氏

大正六年静岡県賀茂郡南伊豆で生まれる。横浜の本牧中学に入ってから剣道を始める。中学卒業後、専門家を志して昭和十一年四月、高野佐三郎範士の修道学院に入塾。六年間の厳しい修行の後、兵役につき復員。昭和二十八年神奈川県警察剣道教師となり、同四十八年主席師範。神奈川県剣道連盟理事長、会長を歴任した他、観心館館長、神奈川大学師範などをつとめる。剣道範士八段。

註237　中村定芳氏

明治二十四年十月二十八日生まれ。高野佐三郎範士の門に入り剣道を修行。星野仙蔵、大沢藤四郎、奥田芳太郎、鈴木祐之丞、白土留彦、千頭直之らと共に、高野佐三郎の高弟の一人に数えられる。皇宮警察で活躍し、また講談社野間道場でも指導にあたっていた。剣道範士。昭和三十七年二月十五日没。

享年七十一歳。

註238　常山の蛇

常山《じょうざん》の蛇勢《だせい》。孫子の兵法九地第十一に「善《よ》く兵を用うる者は、譬《たと》えば率然《そつぜん》の如し。率然は常山（中国の五岳の一つである恒山のこと。北岳とも呼ぶ）の蛇なり。その首を撃てば尾が助け、その尾を撃てば首が助け、その中腹を撃てば首尾ともに襲ってくる」という故事から、兵法で先陣と後陣、左翼と右翼とが互いに攻撃・防禦に援護しあって、敵が乗じることのできないようにする陣法を言う。

直心影流にある「龍尾」はこれを理とし、打太刀の頭上へ撃ち込むと、仕太刀は我が頭上でその太刀を合わすと同時に、瞬時に打太刀の頭上へ撃ち返す（または胴へ撃ち返す）。その切り返しが龍の尾の如くに素早きを学ぶ業なので龍尾《りゅうび》と名付けたのである。

また、一刀流の極意「払《ほ》捨《しゃ》刀」にも〝龍尾返し〟＝註92＝がある。

註239　横竪上下

一刀流兵法十二箇条目録の四つ目に「横竪上下之事」の教えがある。

たとえば相手が上段から一心に打ち込もうとするなら、われは下段から突き込むか、体をかわして胴を払いあげ抜け出る。また相手が横から打ち込む時は、竪に喰い止め竪に切って勝つなど、すべて陰陽、表裏、奇正みな喰違いに勝つ勘考が大事であるという教え。

この教えはまた形が必ず竪を横に上を下に勝てとばかりに限ったのではない。形に於ては横を横に竪を竪に、上を上に下を下に勝つこともある。その時には相手を誘って、行くところまでゆかせ、その形に添いながら、心にては意表に出でて勝つのである。つまり、相手の仕掛けに動かされず、相手の計略を齟齬させて勝つのである。これは形の横竪上下を脱却し、中央に鎮座する心が横竪上下に向かって自在な働きをなすところである。

横竪上下十字は二線交叉の十字に止まらず、上の横と左右の竪と下の横とで結ぶ四角ともなる。これは四角四面の立体ともなる。さらにふくらみ拡がって多角の平面から多角の立体ともなり、遂には大極の球となることを秘している。横竪上下の教えは、初めは単線の一に応ずる一に始まり、終わりにはすべての円満な一切の一に納まるのである。結局は一刀則万刀の極意に帰するのである。

横は地上に物があり横たう初めの一の姿であり、地上の一切のものが一に帰する姿である。一刀流の始めは横に抜き放つ活人剣の一線に当たる。竪は天地を貫く一線で一刀流の切り落としの殺人刀に当たる。人が英智の限りを尽くしても得られない尊い天啓を受け、神通力を得るのには人が天に通ずる誠の信の働きによって煩悩を切断することにある。この横竪上下は十字の教えである。竪なる天啓直観を以て横なる普遍大智を貫き、以て生死一切を自在にするのである。

註240　松風

一刀流兵法十二箇条目録の八つ目に「松風之事」の教えがある。

松は自ら声を持たない。風もまた自ら音を発せない。松は風を受けて初めて松風の音を奏でる。同じ松が風の遅速で高低の音を出す。南風は北に松風を流し、北風は南に松風を伝える。東風は西に松風を送り、西風は東に松風を響かせる。同じ風が通っても海浜の松風、山上の松風、曠原の松風、古城の松風とみな風趣を異にする。このように勝負はすべて相手次第である。相手が変われば品変わり、品変われば処方また変わるものと心得べきである。

稽古に於ては相手の強弱に応じて己れの強弱を以て快く対し、心気理機技を適宜に替えて施すべきことを教えるのである。教えにはまた別に、強さにはさらに強く、弱きにはさらに弱くして勝つ理をも教える。いずれにしても相手の強弱を知り、己れの強弱を知ってよくこれに応ずることを教えるのである。

註241　唯《ゆい》要一氏

明治三十三年十一月鳥取県生まれ。大正九年鳥取中学から大日本武徳会武道専門学校に進む。同十三年同校研究科に入学、剣道助手を拝命。その後、第五高等学校、熊本高等工業学校、武徳会熊本支部、熊本県立中学済々黌、松江高等学校、松江中学校等で教鞭をとる。昭和三十四年五月、小川範士と同じ年に剣道八段を允許。同三十七年剣道範士。昭和五十五年十二月十六日没。享年八十歳。

註242　石に綿の理

一刀流の教えに「荻之事」がある。

荻は風が吹くと靡き媚う。風が止むと元の姿に返る。風が強く吹くと多くなびき、弱く吹くと少しなびく。どんな風にもなびくから風に折られることがない。ここではわれを荻に譬え、相手を風に譬えるのである。風になびく所は調子である。風の吹く強弱によって荻がなびき、また撥ね返る調子が出てくる。調子よく撥ね返る所は荻が風に勝つ所であり、われが相手に勝つ所である。

石に石を打ちつけるとどちらにも勝ちがない。強いものに強くゆくことは無駄である。綿に綿をもって行っても勝ちがない。弱いものに弱く行っても無意味である。ところが堅い石を強く打ちつけて来た時に綿で受けて包んでしまうと石が綿に負けてしまう。これは拍子が無拍子に負けた所である。しかるにまたこの無拍子に拍子が出てくるのである。例えば一刀流組太刀の三本目「鍔割」のように、相手が陰から打ち出す拍子をわれは無拍子にはずす。この無拍子にはずした所は我が勝ちの拍子となるのである。

また「松をたわめて柳を折る」という教えもある。荻も柳も同じである。柳も荻も強い風に折れないが、拍子には折れる。一本の荻の茎の両端を左右の手にもって〳〵の字なりに逆にひょいと折るとたわいもなく折れる。これは無拍子の拍子である。荻之事では拍子の無拍子、無拍子の拍子を教える。わが調子に相手を乗せ、わが拍子を以て相手に勝つ。拍子と無拍子を使い分け、合気を避けて勝つ心得を教えているのである。

（笹森順造著『一刀流極意』より）

註243　中野八十二さん

明治四十四年新潟県北蒲原郡加治川村に生まれる。大正十二年新発田中学に入り剣道を始め、金谷為吉に手ほどきを受ける。昭和四年東京高等師範学校に入学、高野佐三郎範士をはじめ、佐藤卯吉、菅原融、森田文十郎の各先生方に指導を受ける。昭和八年高師を卒業、千葉県木更津の公立中学に赴任するが、同十二年上京して慶應義塾大学に奉職。講談社野間道場に通って持田盛二（義父）、柴田万策、森正純、増田真助等の先生方に指導を受ける。昭和十七年東京高師（のちに東京教育大に移行）に勤務。また拓殖大学武道科講師、第一高等学校講師等をつとめる。昭和五十年東京教育大学（教授）を退職し、日本体育大学教授となる。昭和十三年錬士選抜優勝試合に優勝したのをはじめ、同二十九年第一回全日本東西対抗剣道大会特別選抜個人戦優勝、同三十三年第一回全日本剣道七段指定選手優勝大会優勝、同三十五年皇孫殿下御誕生奉祝記念全日本剣道七・八段指定選手優勝大会優勝など、数々の輝かしい戦歴をもっている。剣道範士九段。昭和六十年十月十八日没。享年七十四歳。

註244　通身《つうしん》是《これ》道《どう》

頭の素天辺から足の爪先まで全身つっくるめて大道になりきっている状態をいう。禅門に「通身是れ道・全身是れ法」という語がある。

本書は、月刊『剣道時代』誌上に平成四年十月号から平成九年十一月号まで連載した「百回稽古」を加筆修正し、一冊にまとめたものである。

略年譜

持田盛二（もちだ　もりじ）

明治18年1月26日、群馬県勢多郡（現前橋市鶴光路町）に生まれる。
明治33年3月、郷里の高等小学校卒業後、父善作・兄愛作《あいさく》について剣道を習い、
かたわら谷昌賢の私塾昌賢学院において3年間漢学を学ぶ。
明治35～40年まで大日本武徳会群馬支部において修行。
明治40年3月、武徳会群馬支部の推薦により武術教員養成所に入所。同41年卒業。
明治44年大日本武徳会より剣道精錬証、大正8年剣道教士の称号を授与さる。
武術専門学校助教授、武徳会千葉支部主任教師などを経て、
大正14年7月、朝鮮総督府に招聘され、昭和2年には剣道範士の称号を授与さる。
昭和4年御大礼記念天覧武道大会に審判員および指定選士として出場し優勝、
満鉄師範高野茂義範士との決勝戦は名勝負として今に語り伝えられている。
その後は講談社野間道場師範に招聘され、警視庁、皇宮警察、慶応義塾、
学習院、第一高等学校などの剣道師範をつとめた。
昭和32年全日本剣道連盟より剣道十段を允許。昭和36年紫綬褒章を受章。
昭和49年2月9日没。享年89歳。

小川忠太郎（おがわ　ちゅうたろう）

明治34年1月10日、埼玉県熊谷市に生まれる。

12歳のとき、吉岡道徳および直心影流七尾菊太郎の指導を受ける。

大正8年、剣道修行を志して上京し高野佐三郎範士の明信本館に入門。

その頃から斎村五郎、大島治喜太、中山博道範士等の指導を受ける。

大正12年、国士舘高等科に入学するとともに森茂の私塾において漢籍を学ぶ。

卒業後、国士舘中学校、国士舘商業学校、早稲田中学校、

茨城県友部にある日本高等国民学校などの剣道教師をつとめる。

昭和5年、臨済正宗釈宗活老師（両忘協会）に参禅。同7年、刀耕の道号を受く。

昭和6年頃より持田盛二範士に指導を受ける。

昭和15年小野派一刀流第16代宗家笹森順造範士に入門。同37年免許皆伝。

昭和16年、40歳のとき、国士舘専門学校剣道主任教授。

昭和23年、立田英山老師（人間禅教団総裁）に参禅。同31年、無得庵の庵号を受く。

昭和28年警視庁剣道師範。同42年警視庁剣道主席師範。同45年警視庁剣道名誉師範。

昭和34年剣道八段、同35年剣道範士、同46年剣道九段を允許。

平成4年1月29日没。享年91歳。

あとがき

月刊『剣道時代』平成四年十月号の編集後記に当時の社長小澤誠（編集局長を兼任）が次のように書いている。

小川忠太郎先生の生前、お宅にうかがったとき、先生が奥から古びた和綴じの書類のようなものを出してこられ「これは面白いぞ。若い人が熱心に読めば参考になる」とおっしゃった。いったい何かとのぞいてみると赤茶色に変色した紙に鉛筆書きの細かい文字がびっしり並んでいる。これが今月号から連載をスタートする持田盛二範士との「百回稽古」を克明に記した稽古日誌であった。

小川先生の謦咳《けいがい》に接したこともない私が、「百回稽古」の連載を引き継ぐことになったのは、今から四年前、平成八年の夏からである。当時の日記を引く。

七月二十九日（晴れ）社長の奥さんに「百回稽古」の原稿を小川先生宅へ送ったことを報告する。社長の容態は芳しくないようだ。テレビではアトランタ五輪の女子マラソンで活躍した有森裕子の話題で一色だった。

七月三十日　早朝、電話が鳴る。社長の奥さんより「昨夜十一時四十七分永眠。百回稽古の件を話したのが最期の会話」とか。言葉を失う。享年五十二の若さで逝ってしまった。この日は日本武道館で道連の少年大会を取材する予定だったが取り止め、会社関係をはじめ手分けして連絡する。小川先生の奥様が電話口で泣かれた。あとで聞いた話だが、前日の夕方、高体連の岡村忠典先生がお見舞いに行かれたそうだ。虫が知らせたのだろうか。社長を取り巻く人たちの優しい心情に触れ、胸が熱くなる。

前年の暮れに体調を崩し、この年の六月下旬から順天堂医院に入院加療中だった小澤誠は、病床にありながらも小川先生の稽古日誌を自らの手で最後まで書き起こし、それを息子の竜氏がワープロに入力して、「百回稽古」の膨大な資料とともに手渡されてから、わずか数日後の出来事であった。

「禅語については、すでに宏道会の長野（善光）先生よりお手紙でご回答をいただいているそうですから、それを参考にして下さいとのことでした」

私は社長の奥さんより預かった資料を眺めながら、果たして自分に後任が務まるのだろうか、とためらった。しかし、連載を途中で終えるわけにはいかない。本企画の主旨である、後に続く人たちの指針書として後世に遺すことが小澤の考えでもあったわけで、その遺志を受け継ぐことが最大の供養になると思い、決意を新たにした。こうして「百回稽古」は平成八年八月号と九月号の二回休載したものの、十月号から連載を再開し、好評裡に終了することができた。

早速かねてから要望が強かった単行本化の作業に取り掛かった。

いいものを遺したい——ただその一念でいろいろな人に相談に乗っていただき、編集部の責任において註だけは誤りのないようにしなければならないと、特に念入りにチェックした。註釈のほとんどは小澤の筆によるものだが、参考文献を明らかにしたほうがより親切だろうという結論に至った。けれども、今となっては確認のとりようがない。その作業は遅々として進まなかった。気持ちばかりが焦る。そんな折、小川先生宅でご長男の昭氏よりうかがった言葉が心の支えとなった。

「父はよく言っておりました。火を点けていれば必ずお湯が沸く、と。まさに正念相続ですね」

また、ある方からいただいた激励の手紙には「山登りでは頂上を仰ぐことをあまりしません。頂上を仰ぐとがっかりしてしまうからです。なるべく足許を見つめ、息切れをおこさない程度のゆっくりした速度を保って歩きます。上り三十分に十分の小休止、この小休止では肩からザックを離さず、斜面にもたれかかって一息いれます。長く休むとかえって疲れてしまうからです。大きな仕事を抱え込んだときは、この山登りの要領を思い出して自分を励まします。歩いていれば、いつか頂上に着きます」と書かれてあった。そうか、と思った。

本書が出版されるまでには、実にさまざまな人のご協力とご助言を頂戴した。森島健男範士には剣道の術理面について、小野派一刀流第十七代宗家笹森建美、柳生新陰流第二十一世宗家柳生延春の両氏には古流の用語について、長野善光老師には禅語について、それぞれご教示をいただいた。また編集に際しては、作家堂本昭彦氏、フリーエディター石井孝春氏、写真家徳江正之氏、さらに㈱島津書房の村瀬博一氏、㈱タイトの梅田徹社長・石山和雄氏にたいへんお世話になった。これらの方々に謝意を表します。

そして、剣道を真剣に学ぶ人たちのためになるならと、ご理解を賜りました小川先生の奥様茂子様はじめ、ご家族の皆様には心より感謝を申し上げる次第です。特に次女の道子様には、連載中から小川先生の代わりとなってご教導いただき、厚く御礼申し上げます。

謹んで本書を亡き小川忠太郎先生と小澤誠前編集局長の御霊前に捧げます。

平成十二年六月

剣道時代編集長　張替　裕

索　引

百回稽古《ひゃっかいげいこ》　新装版　検印省略　

平成12年７月29日　初版発行　定価：本体3800円＋税
平成23年６月８日　新装版第1刷発行
令和４年10月20日　新装版第2刷発行

著　者　小川忠太郎《おがわちゅうたろう》
発行者　手 塚 栄 司
発行所　株式会社体育とスポーツ出版社
〒135-0016　東京都江東区東陽2-2-20 3階
TEL (03)3291-0911
FAX (03)3293-7750
振替口座　00100-7-25587
印刷所　株式会社デジタルパブリッシングサービス

ISBN978-4-88458-243-2 C3075 ¥3800E